U0649132

# 四招搞定管理

## SIZHAO GAODING GUANLI

曹同军 著

中国财富出版社
（原中国物资出版社）

图书在版编目（CIP）数据

四招搞定管理/曹同军著.—北京：中国财富出版社，2012.6
（华夏智库·金牌培训师书系）
ISBN 978－7－5047－4270－4

Ⅰ.①四…  Ⅱ.①曹…  Ⅲ.①企业管理  Ⅳ.①F270

中国版本图书馆 CIP 数据核字（2012）第 098807 号

| | | | | |
|---|---|---|---|---|
| 策划编辑 | 黄　华 | | 责任印制 | 方朋远 |
| 责任编辑 | 丰　虹 | | 责任校对 | 孙会香　梁　凡 |

| | |
|---|---|
| 出版发行 | 中国财富出版社（原中国物资出版社） |
| 社　　址 | 北京市丰台区南四环西路 188 号 5 区 20 楼　邮政编码　100070 |
| 电　　话 | 010－52227568（发行部）　　010－52227588 转 307（总编室） |
| | 010－68589540（读者服务部）　010－52227588 转 305（质检部） |
| 网　　址 | http：//www.clph.cn |
| 经　　销 | 新华书店 |
| 印　　刷 | 三河市西华印务有限公司 |
| 书　　号 | ISBN 978－7－5047－4270－4/F·1768 |
| 开　　本 | 710mm×1000mm　1/16　　版　次　2012 年 6 月第 1 版 |
| 印　　张 | 17.5　　　　　　　　　　印　次　2012 年 6 月第 1 次印刷 |
| 字　　数 | 251 千字　　　　　　　　定　价　32.00 元 |

# 《华夏智库·金牌培训师书系》编委会

前言

何为管理？如何管理？人与事，哪个靠管，哪个需理？

企业如何才能让员工更有责任感、忠诚度、执行力？

企业如何导入危机意识？激发起强烈的危机感和凝聚力，使团队全力以赴？

如何铸造新员工的归属感？

如何使员工与企业同心同德？

如何让老员工重具激情和创造力？

"大道至简"道出了管理的精髓，管理越简单越好，复杂的管理程序只会增加管理成本，降低管理效率。看、想、说、做是本书的主旨，学会这四招就能轻松搞定管理。

看，看什么？机遇，风险，状况，格局……

看，看见，看不见，看见不见，看见看不见。

想，想什么？困惑，前景，规划，流程……

想，想通，想不通，想通不通，想通想不通。

说，说什么？能说，会说，实话，真相……

说，说出，说不出，说出不出，说出说不出。

做，做什么？工作，任务，职责，权限……

做，做到，做不到，做到不到，做到做不到。

看对应的是领导力，效果导向。看懂企业发展格局，明晰组织管理流程。

看是一种洞察能力，透视人性内在的力量，学会懂得欣赏，用发现的眼睛去看这个世界，一切都将是美好的。

想对应的是思考力，目标导向。想通市场竞争战略，前瞻思维平衡规划。

想是思维方向，心态积极了，结果必然是美妙的，同一事物不同的心境必然有两个以上的结果，没有什么是想不到的，重要的在于是否愿意用心去面对。

说对应的是沟通力，动力对话。能说令客户满意的话语，区分聆听，聚焦合作。

说是说服他人的能力，你需要有意识地去挖掘他人的潜意识，让彼此产生共鸣，没有什么是不可以谈的，关键在于你对输或赢的认识程度。

做对应的是执行力，价值行为。会做工作目标制订，理清权责，直达多赢。

做指的是效率与绩效的提升，为什么没有行动力？为什么总是效率低下不满意结果？每个人总是选择认为是对自己好的，动机总是对的，行为却产生偏差，这在于我们的动机还是不够完整。

综观中国企业家，为何一些企业家能雄霸天下，而有的企业家只能一朝风光？为何不同管理风格的领导，有的领导企业走向辉煌，有的没几日便走向衰落？清楚成功管理者背后的企业隐性力量，掌握管理行为背后的价值驱动奥秘，才会成为运筹帷幄的管理专家。

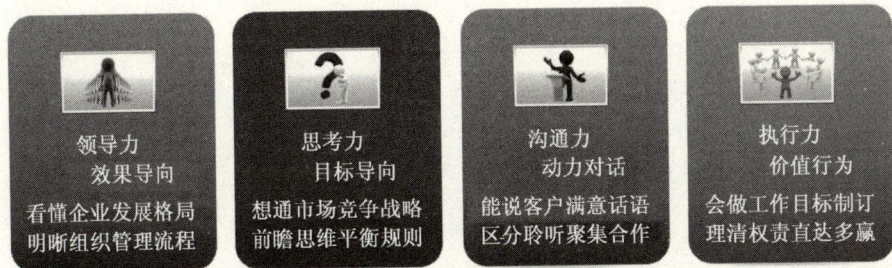

| 领导力<br>效果导向<br>看懂企业发展格局<br>明晰组织管理流程 | 思考力<br>目标导向<br>想通市场竞争战略<br>前瞻思维平衡规则 | 沟通力<br>动力对话<br>能说客户满意话语<br>区分聆听聚集合作 | 执行力<br>价值行为<br>会做工作目标制订<br>理清权责直达多赢 |
|---|---|---|---|

对企业管理者来说，只有那些参与到企业运营当中的管理者，才能拥有足以把握全局的眼光，才能有作出正确取舍决策的思考力。而且无论组织大小，都不应该将其交付给其他任何人。为此，管理者必须亲自执行三个流程：挑选管理团队、制订战略、引导企业运营，并在此过程中落实各项计划。领导者和管理者应该练就一副好眼光，这对事业发展的成败和快慢有举足轻重的作用。因为具有"眼光"的领导者，就好像戴上了望远镜，肯定比他人看得远、看得清。最后，将既有战略落到实处，用超凡的执行力将计划付诸实施，使企业得以永续经营、青春永驻！这就是管理的精髓，仅此四招，足矣！

本书通过"看、想、说、做"简单易懂的四个字深悟出管理四大精髓："领导、思考、沟通、执行"。管理细节与行为分析贯穿始终，使本书读起来"易懂而不浅显，简洁而不简单"。

作 者

2012 年 1 月

# 目录

## 第二篇　想——思考力

## 第三篇　说——沟通力

## 第四篇  做——执行力

### 第七章  会做工作目标制订 ·································· 205

### 第八章  理清权责，直达多赢 ··························· 238

# 第一篇

# 看——领导力

看是一种洞察能力，透视人性内在的力量，学会懂得欣赏，用发现的眼睛去看这个世界，一切都将是美好的。

# ● 第一章　看懂企业发展格局 ●

## 领导要有双"火眼金睛"

今天成功的企业，不能保证明天可免于失败。成功时所用的策略，并不永远有效。一个企业只有居安思危，不断进取，才能立于不败之地。如果企业领导沾沾自喜于一得之功、一孔之见而裹足不前，是难免要落伍的。成功是暂时的，追求和拼搏才是永恒的。

这是一种动态的、转化的观点。眼前平安无事，难保日后不问题丛生。现代化并无绝对标准，当今最先进，转瞬已落伍，竞争中后来居上者，俯拾即是。

不少中外著名企业家都有一段失败史。如果企业暂时受到挫折，只要认真吸取教训，励精图治，自强不息，也有机会得以复兴。反之，一蹶不振，灰心丧气，那就只有死路一条。

我们过去常把西方企业的倒闭看做是一种消极现象。实际上倒闭是通过竞争进行社会选择的一种形式。通过这种形式，社会生产选择它的最佳经营者和经营方式。世界上有不少国家每年都有不少工厂倒闭，经济却年年发展。每个企业都有自己的优劣处，企业家应扬长避短，多谋善计，善用策略，两军相遇智者胜。企业如不了解自己的优劣处，就无法制订有效的竞争策略，就不能用自己的优势战胜对方，反而会把大好市场拱手让给别人。

随着人们消费观念的变化和市场竞争的加剧，竞争寿命概念的建立将越来越重要。产品皆有使用和竞争寿命。竞争寿命标志着产品在市场上有竞争力的时限，随着科技的发展和消费水平的提高，产品竞争寿命越来越明显地短于使用寿命。如国外的电脑产品，使用寿命在十年以上，竞争寿命只有一年到一年半。因此，企业一方面应主动改进产品性能，不断提高老产品质量，以延长产品的竞争寿命；另一方面要主动进行产品更新换代，有计划、有步骤地推陈出新，使企业产品永远具有竞争能力。

企业家应该有强烈的竞争欲望和拼搏精神。如果同行中出现比自己强的对手，产生的不应是嫉妒和众人群起"枪打出头鸟"，而应是"你行我要比你更行"的竞争和拼搏精神。当代企业家应具备的素质是——"无功就是过"，出人头地，敢冒风险。如果在竞争中失败，也没有什么了不起，再来一次开拓。

郭芳枫先生，是世界上的大富豪之一。1983 年，美国《投资者》月刊评出世界上最富有的 12 个银行家，郭芳枫名列第二。1988 年，美国《福布斯》杂志评选出的超级亿万富翁排行榜中，郭芳枫又被选中。能被选入这两类人物的财富都必须在 10 亿美元以上。中国香港《远东经济评论》也把郭芳枫列入"亚洲十大首富"之列。

郭芳枫显赫于世，他是丰隆集团的主席。丰隆集团的投资遍及新加坡、马来西亚、中国香港、中国台湾等地，下属 60 多家不同的企业。投资范围从金融、保险、贸易到制造业，非常广泛。郭芳枫从 20 世纪 40 年代开始创业，50 多年来，事业发展极为迅猛。

他有一个鲜明的优点，就是善于准确地判断时代和市场发展的趋势和要求，并能抓住机遇，充分利用时代提供的有利条件。他在传授自己的生意经时说："要做生意，就要有远大的眼光，要认清形势，要配合时代的需要。"在他50年来的创业史中，为了配合时代需要，在每个关键时刻，他都能审时度势，顺应形势的要求，把握时代的脉搏，因势利导，采取有力的措施。

1945年，在第二次世界大战刚刚结束时，郭芳枫就预感到，物资必定会出现短缺，因为受战火破坏的国家和地区需要重建家园。而且，新加坡作为一个转口贸易港，是战后各国轮船的必经之地，有条件购进大量的物品和设备。所以，他和他的兄弟商议，立即行动，收购战争剩余物品。

在当时，战火刚熄，战争剩余物品的价格都不高，他们便以低廉的价格购进了五金、建材、轮船配件和其他用品。在短短几年之后，这些物品就都成了紧俏商品，于是，郭芳枫从中大赚了一笔。

在这笔生意成功时，他又预料到，随着战后各国经济的恢复，必定会出现经济大发展，地皮、建筑材料必成紧俏商品。从1947年开始，他在经营战后剩余物资的同时，逐步把注意力转移到房地产、建筑原材料等生意上来。他抓住时机，选好地盘，把有发展前途的地皮，廉价买入。果然，这些地皮价格年年上升，20世纪70年代已成身价百倍的奇缺之货。这时，郭芳枫成立了丰隆实业有限公司，经营房地产，建设住宅区和写字楼。

郭芳枫又预料到，随着地产业发展，水泥必定抢手。于是，他就在1957年与三井和黑龙洋的公司联合办水泥厂，1961年投产，大量生产。此时，水泥恰成新加坡的畅销货，财源滚滚而来。

郭芳枫的丰隆集团也由此闻名世界。

## 管理者格局决定企业格局

多数企业都有一个大目标，但不外乎以下几种：求生存；巩固现有市场、保持繁荣；发展、壮大。求发展先要求生存，因此必须解决两个问题：哪种具体行动计划会促进企业发展、壮大？企业准备为此付出多少努力？

确定企业发展方向时，一般有如下四种做法，无论选择哪种做法都有着深远的意义，因为它基本上决定了企业今后的大局。

### 1. 维护现有市场

维护现有市场，就是让现有的顾客对企业目前的产品或服务满意。这种做法也许是一种选择，不过一旦管理者知道只能这样做，他们就会采取行动，不断提高产品或服务的质量，最大限度获利。

这种战略的显著优点是可以最大限度地减少资金外流。采用这种策略，企业就能完全避开开发新产品和寻找新顾客带来的风险。

由于企业长期以来一直向相同的顾客提供同一产品和服务，在顾客中会形成独特声誉。至于是因产品质量而声名鹊起，还是因同顾客的关系而为人称颂并不重要，重要的是，这家企业已经声名远扬，而且在顾客中口碑不错。

但总是经营现有的产品或服务确实有其不好的一面。潜在的威胁是现有市场的稳定性。如果顾客的订单时多时少，订量时大时小，飘忽不定，那么整个的经营结构就会摇摇摆摆，变得不可信赖。

产品或服务要受生命周期的限制。和新产品竞争时，先推出的产品最终都会露出暮秋之色。那些预计生命周期行将结束或受到新潮流和新技术威胁的产品，显然无力维持一个企业将来的经营。

### 2. 从新产品或服务中获利

也就是说，向现有顾客销售新产品。一旦企业建立起一个稳定的顾客群，并跟顾客建立了关系后，下一个战略抉择就是要看看还能向顾客提供些什么产品或服务。企业还可以增加别的服务，提供新产品，或寻求能增加价值的经营新方法。比如，一些旅行社向他们的客户提供剧场订座服务，许多加油站也在出售杂货和二手车。

向现有顾客销售新产品有无数好处：已建立起来的相互信任、互通信息的客户关系会得到深入发展；就现有顾客增加销售比尽力赢得新顾客更具成本效益；密切同客户的关系，会带来许多新客户，从而创造更多的机会，并且分散了风险。

好处固然诱人，潜在的陷阱也不少，比如新产品和服务的成功率低得可怕。你可能会开发出几乎没有需求的新产品和服务，或受困于一些专业领域，听凭几个大客户的任意摆布。企业可能没有创新的动力和灵活性，无法在这个经营领域中保持佳绩。

### 3. 进入新市场

即为现有的产品和服务寻找新顾客。对那些不可能重复销售的生意来说，不断寻找新顾客必不可少，而增加市场份额、占领市场缝隙也至关紧要。在这种情势下，提供的产品大体不变，但也要适应当地的市场条件。

采用这种战略的企业会最大限度地延长现有产品的生命周期，它可以收回当初开发这些产品或服务的费用。此外，随着企业的员工在生产和提供这种产品或服务时变得越来越有经验，生产同等或更高质量产品所用的时间越来越少，从而最大限度地降低了成本。

永不停息地寻找新顾客的企业，就永远不会被几个顾客困住而不得不过分依赖他们；在同大客户进一步发展关系时，也不会被他们捆住手脚，甘受他们摆布。

寻找新客户是企业所有工作的核心，从而能创造一种内部推动力，防止企业故步自封。

这种战略也有弊端：和新顾客达成交易的花费要比向现有顾客销售高

出好多倍。例如，有些加工商算出，前者要高出后者 16 倍。这还要视行业而定。企业有时会缺乏长远眼光，认识不到现有产品或服务正走向其生命周期的终点，因此，没有得到新订单。

### 4. 产品多元化

也就是说，开发新产品、寻找新顾客。如果企业财力雄厚，利用新产品打入新市场也是可能的。然而，只有核心业务员工拥有了成功运作新产品和新市场的必需知识和经验时，才能迈出这一步。比如，一家男式服装店开始卖女式运动装。

尽管各企业的情形不同，但其产品多元化都具有下列优点：企业总是去追随最吸引人的机会，它不受过去的羁绊，会成为一个新领域的主角；它会力争比现有市场可能有的产品和服务赢得更多的声誉或更长期的利润。

采用这种战略的企业一定要做好准备：抛开得来不易的专长和声誉；建立新的顾客群（可能要付出很高代价）；开发新的产品或服务（可能要冒大风险）；在不大熟悉的市场中运作；面对陌生的竞争对手；短时间内要学很多东西；在新业务上大量投入。

# 管理者就是责任承担者

管理者不管权限范围有多大，都应该在自己的权限范围内，承担起相应的、最大的管理责任。

有位营销前辈曾说过这么一段话："你们都是我的亲信、嫡系。你们每个人做好了成绩，你们的成绩全部都是我的成绩。同样地，你们每个人做错了事情，你们所有的错误也要我来承担。所以说，我们是统一战线的!"这段话说的很经典，也很贴切。管理者，应该承担责任，不管这个责任的后果是好是坏，管理者都应该承担起全部的责任来，而不是将责任"推卸"给员工。

管理者必须承担责任，这是责无旁贷的，也是义无反顾的。管理者，作为自己权限范围内的最高负责人，必须承担起全部的责任和后果。管理者不能去找任何下面的员工来顶替，事实上，下面的员工也永远不能代替管理者来承担该由管理者承担的责任。

而且，管理者也不能以"员工执行力不强""员工综合素质太差"等冠冕堂皇的话语来狡辩和推脱自己的责任。管理者，作为自己权限范围内的一把手，同时就承担了自己权限范围内所有员工的管理、分工等所有工作。"永远不要责怪员工不听话、执行力差"，我们的管理者先得想想，自己是否做好了管理。如果我们的管理不善，出了问题，同样是我们管理者的责任，这一点是明确无误的。

"商场如战场"，战场上的士气非常重要。管理者勇于承担责任，则下面员工将彻底放开包袱，勇往直前，创造出更好的业绩。"领导"这个词既指领导过程又指领导者。尽管领导的定义言人人殊，但其基本内涵主要指影响力，即影响人们心甘情愿地和满腔热情地为实现群体的目标而努力的艺术过程。

下面我们主要讨论领导伦理。约翰·科特认为：作为优秀的管理者，其任务是为庞大而复杂的组织提供必要的秩序及协调性，相比之下，作为富有感召力的领导者，他应该具有远见卓识，能够将人们团结在一个共同的目标周围，能够"满足人们对于成就感、归属感、认同感、自尊，对自我命运的把握以及实现理想的基本需要"。领导的影响力是一个多因素的复杂系统，其构成要素可分为权力因素和非权力因素，权力因素包括传统因素、职位因素、资历因素等；而非权力因素即非权力性影响力，不是由社会或组织所赋予的，而是由领导者自身的因素所产生的。它对下属所产生的心理和行为的影响是建立在他人信服的基础上的。非权力性影响力对人的激励作用远远超过权力性影响力，因为前者不是靠心理上的压力，而是通过潜移默化的作用，调动起员工的内在驱动力，使其自愿地行动。非权力性影响力包括品格因素、能力因素、知识因素、感情因素等，其中品格因素是基础。

美国《华尔街日报》曾对美国大型企业的 782 名领导者做过一次调查，结果表明：领导者取得成功的 3 种最重要因素是正直、勤奋、与人相处的能力。美国普林斯顿大学的教授 W. J. 鲍莫尔提出了作为一个领导应具备的 10 个条件：合作精神、决策能力、组织能力、精于授权、善于应变、敢于负责、敢担风险、敢于创新、尊重他人、品德高尚。在 10 个条件中，品德方面的因素超过半数，而且特意强调了品德高尚这一条。正如彼得·M. 圣吉所言："在学习型组织中，领导者是设计师、仆人和教师。"

领导者工作的特点是通过他人来完成工作，领导者通过施加影响力使员工能心甘情愿地努力工作是最重要的事情。而影响力主要来源于非权力性影响力，在非权力性影响力的四个要素（品德、能力、知识、感情）中，最不可缺失的是品德，因为领导者在其他方面的某些不足可以通过他人来弥补，如知识缺陷，可聘请顾问，成立智囊团；能力不全，可由管理层的其他人来弥补；而品德则不能由别人来弥补，品德具有不可替代性，比智慧、能力更加重要，更高一个层次。在我国先贤许多精辟的论述中，品德都是一个领导者的核心素质。日本平成时代的"经营之圣"稻盛和夫认为："如果企业家只想增加自己公司的利润，想过更加奢侈的生活，以这种利己的私欲为动机来经营企业，起初，经营也许会很顺利，但是绝不会长久持续下去，总有一天会破产。由于这类企业家考虑的是只要自己好就行，所以，不定在哪里就会采取与一般大众为敌的反社会性行动。这样做，必然会造成来自社会的反作用，与社会发生矛盾，令经营陷入困境。我们应该具有把别人的喜悦作为自己的喜悦来感受之心和把别人的悲伤作为自己的悲伤来感受之心。我们把哪个置于更重要的地位，人生的结果将大不一样。"对于一个领导者来说，品德是本，技巧是末。

首先，试图通过玩弄技巧来赢得下属是最不可靠的，缺乏品德支撑的技巧，充其量只能蒙骗一时，而不能长久，一旦被识破，将彻底丧失领导能力。

其次，每个领导者面临的情景不同，没有普遍适用的技巧，盲目照搬别人的技巧，无异于东施效颦。其实在风格迥异但同样成功的领导技巧背后，确实存在着一种共性的东西，那就是品德。斯蒂芬·R.柯维说："唯有基本的品德能够为人际关系技巧赋予生命。"品德的最好显现是行动，行动永远比言谈的效果来得深远。中国古代先哲早就认识到了这一点："昔舜在雷泽，见渔者皆取深潭厚泽，而老弱则渔于急流浅滩之中，恻然哀之，往而渔焉；见争者皆匿其过而不谈，见有让者，则揄扬而取法之。期年，皆以深潭厚泽相让矣。夫以舜之明哲，岂不能一言教众人哉？乃不以言教而以身传之，此良工苦心也。"（《了凡四训·积善之方》）圣吉也说："鼓励别人追求'自我超越'的最大力量，便是自己先认真地追求自我超越。"有学者认为企业家有多大的人格，就能办多大的企业，领导者的伦理层次决定了企业的境界。

总而言之，伦理的领导性质主要指伦理中所蕴涵的人类行为的基本原则和基本价值取向具有非强制性影响力。人们生活在这个世界上，时时刻刻都在进行着人际交往，不断产生着各式各样的人际关系，在一切有人际交往的地方，都会产生一定的行为规范、人生价值观和每个人个体的内在道德品质。伦理关系渗透于一切社会人际关系中，并在社会的运行中起着相当大的规范管理作用。如果说管理是外在的规范，那么伦理则是一种内在制约——内在的自我要求和自我追求，它所指向的是自我的内部世界，是主体对人类行为的基本原则和基本价值取向的信念。

在现代这个信息高速发展的时代，一个企业如果不讲声誉、不讲经济信用是难以为继的。现代企业不仅要有雄厚的资金、先进的技术、优秀的管理人员，而且应该能够承担企业的伦理责任和相应的经济信用。这正如著名管理学家克拉伦斯·沃尔顿所说："企业经理人应该用一种全局观来看待企业的责任，因为在这种观点之下，企业被看成是讲信用、讲商誉、讲道德的组织，而不是赚钱的机器。"

现代社会，越来越多的人相信，工作是整个生活计划的一个重要组成部分，应当是有趣的。现在越来越多的员工在权衡所得到的报酬时，往往较少考虑金钱上的多少，他们更注重的是个人成就的满足程度。在现代人的意识中，工作不是单单意味着工资，它更是人生价值的体现。

企业发展到今天，已不单是一个工作场所，而是一个与生活密不可分的文化体系，在人们的生活中，企业文化对于每一个参与者发挥越来越重要的作用。企业如果能在为人们提高收入的同时，充分展示出一种人性化的氛围，则能长盛不衰，永远保持活力。

卓越的企业文化是卓越企业家的人格化。企业家精神及企业家的形象，是企业文化的一面镜子，卓越的企业文化是企业家德才、创新精神、事业心、责任感的综合反映。因为优秀的企业文化不是自发产生的，而是企业家在长期实践活动中产生的。企业家深知肩负塑造企业文化责任的重大，在企业文化建设中，企业家从本企业的特点出发，以自己的企业哲学、理想、价值观、伦理观和风格融合成企业的宗旨。企业价值观逐渐被广大员工所认同、遵守、发展和完善。

# 企业家，一个肩负企业荣辱的社会个体

《2010 年中国 500 企业家公众形象满意度调查报告》显示，香港长江集团董事长李嘉诚以道德修养 954.30、业绩表现 916.60、企业信誉

960.75、社会责任 926.11、竞争力 907.79，综合 930.71 高居第一位。而因为曝出学历造假丑闻的新华都集团总裁唐骏排在最后一名，排名靠后的还有：紫金矿业集团董事长陈景河、深圳航空原总裁李昆、富士康董事长郭台铭、玖龙纸业董事长张茵、丰田中国总经理佐佐木昭、谷歌中国刘允、圣元奶粉张亮等。

该报告称：2010 年度最不具社会责任的企业是发生重大环境污染事故的紫金矿业。紫金矿业紫金山铜矿湿法厂发生铜酸水渗漏事故，事故造成汀江部分水域严重污染。而紫金矿业直至 12 日才发布公告，瞒报事故长达 9 天之久。紫金矿业当初是靠压低成本提炼"低品位"金矿发家而名声鹊起的，伴随它一路的是多次的重大环境污染事故，另外就是后来的媒体"封口费"事件，曾一度使紫金矿业陷入了泥潭。

作为一个企业的核心，企业家们也的确有自己的许多无奈，企业但凡出点事，所有的责任都无一例外地落到他们身上。不过这也难怪，谁叫你是一个企业的掌舵手呢，触礁了，不找你还能找谁呢？更让企业家们无奈的是，自己的一点私事如果被公之于众，那可就不是私事了，所有社会媒体和民众都会拿着放大镜来看问题，稍不留神就影响了整个企业的运营。

所以说，企业家是一个肩负企业荣辱的个体，企业家和企业在民众的眼中早已是一个不可分割的整体了，而民众的评论又极具感性色彩，因此只要其中一个出现问题，那就是"一损俱损"，谁也跑不了！

但是，同理可证，企业家和企业也是可以"一荣俱荣"的。比如 2010 年排名第一的李嘉诚，他可是社会上有名的大慈善家，因为他的良好言行，让民众对他的企业也更加充满信心。同样，排名第三的吉利集团李书福，因吉利集团一次世界瞩目的收购案让他成为了行业中耀眼的新星，并获得了广大民众和社会的认可。这些良性的互动，让企业家和企业相互成就彼此、荣耀彼此，实现了组合价值的"最大化"。

提及比尔·盖茨，想到的是"智慧"和问鼎世界的微软；提及张瑞敏，想到的是"胆识"和走向世界的海尔；提及马云，想到的是"百折不挠"和开启互联网辉煌之门的阿里巴巴……一位企业家，一种公众形象，一个知名企业，这些因素在民众的脑海中像条件反射一样被自觉地联系在了一起。由此可见，民众要了解一个企业，除了其产品、服务、广告甚至高价聘请的明星代言人，企业家也成为了关键。可以说，企业家才是在民众心中一个企业的最大代言人！

俗话说：看一家之主，晓一家风气；观一国之主，知一国姿态。可见，每个人都会因为自己在社会中的地位而具有不同的影响力，也因此而具有不同的社会责任。企业家，是企业的顶梁柱，他们不再是独立的社会个体，更承载和背负着一个企业的兴衰荣辱，也就是说，企业家社会价值体现的主要载体就是企业。如此，企业家要承担的不仅是自己的社会责任，更重要的是要担负起整个企业的社会责任。

谈及企业家，就不能不说"公司精神"，"公司精神"的实质就是公司领导人人格精神的一种延伸，而公司凝聚力是否强大在很大程度上取决于公司领导人的人格魅力。领导人的人格魅力是公司形象的外在流露，影响并决定着公司人员的人格质量。因此，公司领导人的道德素质包括知识、经验、能力、品质等的内在修炼。

公司经理层道德人格的主要表现是公司经理层具备良好的思想、精神和工作作风。具体来看，首先，公司经理层要有大公无私、公而忘私的忘我精神，一心为公，严于律己，宽以待人。其次，公司经理层要有一丝不苟、实事求是的工作作风。有成绩不夸大，有缺点不缩小，勇于批评与自我批评。用严肃的态度、严格的精神，去做好公司各项工作。再次，公司经理层要有雷厉风行、艰苦奋斗的实干作风。要言行一致，不尚空谈，追求务实，树立威信，带领职工群众沿着公司正确的发展轨道前进。最后，公司经理层要有密切联系群众的民主作风。要有群众观点，走群众路线，工作上依靠群众出谋划策，生活上要关心群众疾苦，全心全意依靠工人阶级办好公司，公司经理层要牢固树立"公仆"意识。唯有具备上述作风品质，公司经理层才能有效树立个人威望，发挥自己的领导力，通过科学决策，领导公司在市场挑战中保持强大的竞争力。

在公司经理层中，处于最高的公司经理是公司 CEO，即 Chief Executive Officer。而 Chief Ethics Officer，即首席道德官，或公司伦理主管，正好也可简单表示为 CEO。所以我们认为，首席执行官首先应该是首席道德官（虽然首席执行官不一定兼任该职务），他应该是公司道德楷模。在我们的专题调研中，当问及"公司 CEO 是首席执行官，首先应该是首席道德官，是公司道德楷模"，非常赞同的有 71 人次，占 32.87%；赞同的有 114 人次，占 52.78%，这也印证了我们的说法。

从 2002 年 10 月到 2003 年年底，美国就有 100 多家公司聘请伦理长，因为美国致力于从制度与机构设置上规范公司伦理，纽约证券交易所要求所有的上市公司都必须设立伦理规范，该项规定实施使许多公司纷纷聘用伦理主管。华尔街的一系列丑闻使美国公司主管明白，对员工进行商业伦理训练，重要性不亚于收支平衡或行销等业务训练。国际纸业公司伦理长伯格说："如果公司看重伦理道德，这种美誉在今天的市场上是一种竞争优势，不仅客户对你忠诚，而且你也可赢得员工的忠诚。"

# 做一名有远见的领导者

远见也许是今天在讨论领导能力和管理时最常听到的时髦词语。

远见是领导者的认识所独有的广角透镜和远程透镜。远见使领导者看到未来，领悟大量的机会。具有这种意识的焦点，领导者能看出有吸引力的、可信的未来情况。那么，在平时的工作环境中，该如何培养自己的远见呢？

### 1. 正确识别各类人才和周围的环境

由于领导者是管理和组织人才的人，这一特殊的领导地位和职业特性，决定领导人必须有识别人才的真知灼见。只有识人不迷，才可能用人不疑，将各类人才安排在适当的位置上。这样不仅对于各类人才的成长十分重要，而且对于领导者自身获得事业上的成功也是至关重要的。

正确识别自己周围的人才环境，是领导行为顺利展开的重要外在因素。领导者要正确识别，善于处置。对于人才环境的正确识别主要应考虑以下因素：①上级领导在事业上对自己是否同情、理解、支持、帮助；②下属智能素质是否足以能完成自己交办的一切任务；③自己在领导班子里是否处于最佳位置；④从整体上看，自己所处的人才环境是否有助于获得事业上的成功。

### 2. 善于选择薄弱环节为突破口

短暂人生，有限的领导生涯，不允许你在地层最厚、水位最低的某一点上打持久战、消耗战。作为一流的领导人，必须选择水位最高、地质条件最好的某一点，作为打井的"突破口"。在这方面，各类领导人才，都积累了不少成功的经验。军事领导人才，往往先打分散、弱小之敌；政治领导，往往先采取代价最小、影响最大、遇到阻力最弱的政治行动；企业领导，往往先上成本最低、获利最高、原材料来源最充足的"拳头"产品……

### 3. 认清大形势，顺应时代潮流

认识的最重要一条，就是要看清大势所趋，人心所向，顺应历史发展，适应时代潮流的需要。

俗话说："机不可失，失不再来""时势造英雄""三分人才，七分机遇"。能够顺应历史潮流，具有战略目光，善抓机遇，这是一流的领导人获得成功的关键因素。领导人只有捕捉到机遇，被时代潮流推上各个最能施展才华的位置上，才能成就一番事业。相反，如果缺乏远见卓识，尽管你具有突出的才学水平，也会误入歧途，最后落个一无是处的下场。古今中外，此类例子不胜枚举。楚汉相争时期的项羽，三国时期的吕布，都具有一流的军事才能，由于逆时代潮流而动，缺乏清醒的"卓识"，最终都逃脱不了彻底失败的结局。

日本松下电器公司有一条成功的领导艺术，是说："领导者要有认清时代潮流的眼光和预知环境变迁的能力，才能想出因势利导的方法，才有先声夺人的气势。"对于领导者而言，有没有先见之明是影响极大的因素。时代不断地变迁，许多昨天认为正确的事，也许已经不适合今天的潮流了。领导者要是没有展望未来的眼光，就没有资格当别人的指挥者。他必须认清潮流的方向，预知环境的变迁，并想好应采取的对策。因为他对未来的判断正确与否，牵涉太多人的幸与不幸。为了企业正常持续地运转，为了在现代市场的风吹浪打中立于不败之地，"看清方向，顺应潮流，具有远见卓识"，这是领导者必备的条件。

过去的历史一再证明，一国的繁荣，必定有先知先觉的领导者。再看看今天优秀的企业，也都是因为经营者有先见之明才得以缔造。所以在当今这种社会主义市场经济条件下，竞争局势动荡，市场千变万化，作为领导者更应该具有培养先见之明的胆识。

然而有限的远见会排斥可能性。

1895年，皇家学会的会长凯尔文勋爵说："重于空气的飞行器是不可能的。"1899年，美国专利局的局长宣称："凡能被发明的东西都已被发明了。"1927年，沃纳·布罗斯图片制作公司的主任哈里·沃纳对有声电影的到来作出了反应，他厉声说："究竟会有谁想听演员说话？"

有限的远见可以预测公司的严重问题。

当 IBM 公司选定在个人电脑上安装英特尔公司的集成电路和使用微型软件公司的操作软件时，并没有看得很远。IBM 公司这步棋使这两家公司成为产业巨头，并使每个人对电脑业务发生兴趣和改制 IBM 机器。如果 IBM 公司的经理们具有较广的视角、较远的眼光，就可以看出，他们本该从这些公司购买技术。知觉障碍物还会使数字显示设备失去作用。1975 年，数字显示动力的智能型设备创造者肯·奥尔森说："没有人想在家里需要一台电脑。"所以，他决定忽视含苞待放的个人电脑市场而偏爱主机，结果使数字显示器公司经济上损失惨重。

没有远见可能正好说明了为何在 20 世纪 90 年代初期出现许多组织机构解雇总经理的事情：汤姆·巴雷特被好运年公司挤出；詹姆斯·克特尔森被坦内科公司开除；罗德·卡尼恩被康柏克公司解职。在各个例子中，董事会都意识到，需要一种新的眼光来看公司的未来。当伊斯门·柯达公司的总经理凯·R. 惠特莫尔于 1993 年 8 月被挤出公司之时，公司宣布要外聘一名局外人取代他。这个宣布传递了一条明明白白的信息：需要一个全新的视角。只有新的意识焦点才能看出应付正在不断变化着的环境的方法。

## 领导者的热情是企业的凝聚力

首脑人物、负责人比任何人都要有热忱，越是热心，对部下的建议越感到高兴。听到部下说一点点有益的事，都会为"啊！我竟然没发现，幸好他提醒了我"而不胜欣悦。

如果缺乏热忱，在部下提出建议的时候，可能会有一种"你算什么？竟敢来指导我"的不悦反应，而部下当然也会很郁闷："难得想到好主意告诉他，谁知道好心被当做……下次还是算啦！"除非是非常杰出的领导人才，否则多半会造成这种后果。

松下幸之助常常对处在各个岗位上的负责人这样讲：

"在你的部门，有种类繁多的工作。那么多的工作，即使你是部长，你也不可能是神仙，不可能什么都会做。甚至有时候就某一项工作来说，你的部下更有才能；在别的什么方面，他比你更了不起。所以，你作为负责人、领导者，不是每个方面或在专业技术下都能指导的。然而，由于你处在领导的地位上，你还必须领导，必须管理。在这种情况下，什么是重要的？那就是对你所在部门的经营要比谁都更有热心，不能亚于任何人。知识、才能不及别人是可以的，因为优秀的人才很多。不及人家是常有的事，但是，做好此项工作的热情你应该是最高的。这样大家就会行动起来。如果不具备这一点，做部长就不合格了。

"作为位居他人之上的指导者，我认为其中最重要的一点就是热情。当然，作为位居他人之上的人，如果一切都优于他人的话，不用说这是不可挑剔的。既有知识，又有本领，还有才能，且人格又好的人当然是最理想的，但是实际上这种一切都很出众的人大概还不会有。就拿我本身来说，在其他方面也都像我说的那样，学问啦，知识啦，都没有多少，在这一点上不但说不上最高，倒可以说是处在最低的状态，再加上身体不好，在这一点上差不多劣于所有部下。不管怎样，作为社长和会长，位居大多数人之上，我对事业上的热情不亚于任何人，能够让每一个人都发挥出所具有的力量，所以我能够长期胜任重要的职务，我常常想经营这家商店、这家公司，自己一定要比任何人都有热情，这一点是重要的事。正因为我有这种热情，会员们也就产生'他像父亲那样热心于公司，我们又有什么理由不好好干'的情感。然而，即使有智慧、才华上远远优于他人的头脑，在经营商店、公司时没有热情，那么在其手下的人们恐怕就很难产生'在这个人的领导下使劲儿干'的情绪。这么一来，难得的智慧和才华也就完全等于零了。还是这样，在其他方面哪怕什么也不具备，但是对于经营的热情必须要保持。如若这样，即使自己什么也没有，部下也会有智慧的出智慧，有力量的出力量，有才华的出才华，各自都会合作。

"特别是最近，公司在飞速地进步，技术上的事可谓日新月异，还不断地有一些新的难题产生出来，就经营而言，大量使用电子计算机等进行复杂的分析已成为必需。对于我来说，不是轻而易举就能够理解这种高超的问题的，在某种程度上讲，甚至完全不懂也是实际情况。不仅是我，一般的人要明确地了解那些专业性的东西也是十分困难的。这样一来，站在他人之上开展工作是非常不可靠的。但我觉得没有担心的必要，因为有通晓各专业的人，大家都会去做。所以，可以说只掌握一知半解的知识没关系，而需要担心的是，自己是否有经营公司和干工作的热情。如果没有这种热情，人们就会各自离去，即使不离去，我想他们为公司、为工作耐心地提供自己的聪明才智的情绪也会渐渐地淡薄下来。如果出现那种情况就糟了，所以负责人、领导者必须经常地自问自答这些问题。如果是十个人的科长，在这十个人中自己是否最有热情，如果是百人的部长，或者是万人大公司的总经理，在这百人当中或者万人当中，自己对经营方面的热情是不是最高的？如果你自信是最高的话，那么你表面上哪怕像玩一样，也可以充分发挥大家的作用，而完全尽到责任。但是，如果对这个问题总是含含糊糊的话，那么，你还必须去培养这种热情。如果缺乏热情，认真地说，这个人恐怕就不得不离开负责人的地位了。"

作为团队的领导者，我们没有办法改变控制周围的客观环境，但是我们可以尝试改变对身边人和自己工作的态度，以激励团队更有创造力地思考和工作。

# 看准优势，抓住机会

对于企业而言，企业战略的制订事关企业的资源分配以及今后的长远发展目标，是为了实现最大限度的赢利，以及今后在市场竞争中取得胜利，在对外部环境和内部条件进行详尽而科学的分析的前提下，对企业的发展目标及为了实现目标所作出的一种全局性的规划。

在企业中，总经理是战略规划的主要决策人。在进行企业战略决策之前，总经理要承担的主要工作是进行全局性战略分析，也就是对有可能会影响企业战略制订的各种内外因素进行全方位、深入细致地分析，为企业选择一个合理的战略方案打下牢靠的基础。

优秀的管理者要对企业的内外因素进行全局剖析，从中找出对企业最为有利的方面，进行利用和发扬，找出对企业有负面影响的因素，发现在企业发展过程中存在的问题，并采取一定的办法予以解决，明确企业今后的发展方向。同时要把问题按照轻重缓急来进行分门别类，明确哪些问题是当务之急，哪些问题是可以延迟解决的，哪些属于战术上的问题，哪些因素对战略目标的实现造成障碍，并将这些问题全部罗列出来，逐条分析并采用一定的办法加以解决，在此过程中得出科学而理性的结论，帮助总经理做出正确的决策和规划，形成适合企业成长发展的战略。

## 1. 企业竞争优势

作为现代企业，企业的竞争优势至关重要。竞争优势指的是一个企业超越它的竞争对手的能力，这种能力能够帮助企业更快地实现自己的目标——赢利。换句话说，当两个业务相同的企业都有实力向同一个顾客群提供产品和服务的时候，如果其中的某个企业相对于另一个企业具有更高的赢利率和赢利潜力，那么，我们就可以说这个企业比另外一个企业更具有竞争优势。

这种竞争优势有多种多样的表现形式，有可能体现在能够为消费者提供有别于其他竞争对手的产品或服务，也有可能体现在质量、功能、可靠性、适用性、风格和品牌上，甚至会体现在服务及时、态度热情等方面。具体而言，企业的竞争优势表现在以下几个方面：

第一，有形资产优势。拥有现代化车间和设备，先进的生产流水线，充足的资金和丰富的自然资源储备。

第二，无形资产优势。拥有优秀的品牌形象，良好的商业信用，积极进取的企业文化。

第三，技术技能优势。拥有独特的生产技术，领先的革新能力，雄厚的技术实力，低成本生产方法，完善的质量控制体系，丰富的营销经验，上乘的客户服务以及卓越的大规模采购能力。

第四，人力资源优势。核心领域拥有专长的职员、积极上进的职员，他们具备很强的组织学习能力和丰富的经验。

第五，组织体系优势。拥有高质量的控制体系，完善的信息管理系统，忠诚的客户群和强大的融资能力。

第六，竞争能力优势。能迅速研发新产品，拥有强大的经销商网络，与供应商保持着良好的伙伴关系，能迅速把握市场环境的变化，市场份额占有绝对的优势。

可见，总经理只有明确自己的企业在哪个环节或哪个领域具有优势，才能够充分发挥自己的竞争优势。

## 2. 企业竞争劣势

竞争劣势是指某种公司缺少或做得不好的东西，或指某种会使公司处于劣势的条件。可能导致内部弱势的因素有以下几个方面：关键领域里的竞争能力正在丧失；缺乏具有竞争意义的技能、技术；缺乏有竞争力的人力资源、有形资产、无形资产，等等。

### 3. SWOT 分析

我们在对企业进行综合考评的时候，一般采用 SWOT（道斯矩阵分析法）分析法。在中国电子信息百强企业排行榜上，海尔集团一直稳居榜首，即使是在世界市场上，也是很有影响力的家电制造商。以海尔集团为例，我们进行 SWOT（道斯矩阵分析法）分析。

S（Strength 优势）：经过多年的创新与发展，海尔集团的多种产品在国际市场的占有率均名列前茅，其他的产品在国内市场上也长期处于领先地位。不仅如此，在网络家电、智能家居集成、大规模集成电路等技术领域也始终处于世界领先水平，无论是在国内市场还是在国际市场上，海尔集团雄厚的实力都显露无疑。

在创新实践方面，由海尔探索并开始实施的市场链管理、"OEC"管理模式以及"人单合一"的经营管理模式已经引起了国际管理界的高度关注，许多世界顶级商学院，诸如美国哈佛大学、瑞士 IMD 国际管理学院、南加利福尼亚州大学、法国的欧洲管理学院等还曾经专门对海尔进行案例研究，海尔的市场链管理还被纳入了欧盟案例库。海尔"人单合一"的发展模式为解决全球商业的库存和逾期应收提供了全新的思维，被国际管理界誉为"号准全球商业脉搏"的管理模式。

在知识产权方面，海尔集团尤为重视，为自己的产品和技术累计申请了 6000 多项专利，其中包括发明专利 819 项、软件著作权 589 项。在开发与保护自主知识产权的基础上，海尔还主持或者参与了近百项国家标准的制订、修订工作。海尔洗衣机双动力技术、海尔热水器防电墙技术还被纳入 IEC 国际标准提案，这从侧面说明了海尔的创新能力已经达到了世界级水平。

除上述几点外，海尔的优势还包括：良好的企业文化和企业氛围、高素质的员工、多年规范化管理打下的牢固基础、始终把信息化作为一把手工程，等等。

W（Weakness 劣势）：海尔是一家老牌企业，因此，在传播和公关技巧方面，还有所欠缺，不能够及时地处理好企业和媒体之间的关系。

在聘任机制上，海尔也存在着一定的问题，只注重对技术和知识的考察，而忽略了对员工个人能力的考察，使得员工的整体素质受到了一定的限制。

海尔的信息化发展可以说如火如荼，然而相对来说，外部的信息化尤其是与国内供应商、分销商的电子数据交换，却始终处于停滞不前的境地。海尔的信息化程度之高使得供应商和分销商的信息化水平都远远落后于它，导致孤掌难鸣，对海尔的发展产生了掣肘的作用。采购和分销成本一直无法降低，使企业的成本始终无法降下来。

O（Opportunity 机会）：随着国内市场上国际化的趋势越来越明显，海尔也面临着巨大的机遇和挑战。海尔的发展机会主要在于把握住时代发展的契机，坚持与时俱进，不断实现企业的创新。海尔未来的发展方向主要依靠三个转移：一是内部组织结构的转移；二是走出国门，从国内市场转向国际市场，不是指产品的出口，而是要在海外建设工厂、开办公司；三是要从制造业转向服务业，做到前端设计，后端服务。

T（Threat 威胁）：随着市场环境的变化，海尔面临着各方面的威胁。家电企业的不断兴起、高新技术的不断发展，都会给海尔带来一定的压力。因此，海尔必须提高自己的科学技术创新水平，进而强化自己的优势，弥补自己的弱势。此外，海尔还应该向着多产业的方向发展，以提高企业的核心竞争力。

海尔集团的成功，正是因为它很好地把握了内部条件和外部环境。

了解了 SWOT 的四个要素之后，总经理在利用 SWOT 矩阵分析法进行战略分析的时候，可以遵循以下三个步骤：

第一，把企业的优势和劣势，以及可能会遭遇的机会与威胁全部列出来。运用各种各样的调查研究方法，分析企业所处的各种环境因素，并把它们罗列出来，以便于更直观地进行分析。值得注意的是，在调查分析这些因素的时候，不仅要考虑到历史与现状，而且更要考虑未来发展问题。

第二，把优势、劣势与机会、威胁进行两两组合，将罗列的各种因素根据轻重缓急或者影响程度等排序方式排列出来，构造 SWOT 矩阵。在这个过程中，把那些对企业发展有重要的、直接的、迫切的、大量的、久远的影响因素优先排列出来，而将那些次要的、间接的、不急的、少许的、短暂的影响因素排列在后面。

第三，制订出相应的战略计划并加以实施。总经理在完成环境因素分析和 SWOT 矩阵的构造以后，就可以制订出相应的行动计划。运用系统分析的综合分析方法，将排列与考虑的各种环境因素相互匹配起来加以组合，确定企业目前应该采取的具体战略与策略。在制订战略计划的时候，要遵守的基本思路是：发挥内部优势，降低内部劣势，利用外部机会，化解外部威胁；考虑过去，立足当前，着眼未来。

通过战略分析，总经理就可以预测到，企业采用什么样的战略，将会产生怎样的风险，是否能够得到预期的结果。总经理要根据战略分析设计出科学而又合理的战略定位预选方案，同时，提出战略定位的关键原则，尽可能对潜在风险以及威胁筹划出相应的对策，从而有效规避或减少不必要的损失，充分发挥企业的优势，为企业决策层提供战略选择的决策依据。

# 在企业发展机遇中塑造权威

一个人能不能成为一个成功的经理人，是取决于他的个人特质，还是看机遇是否垂青？换句话说，是"时势造英雄"，还是"英雄造时势"？有这样一句话让人印象深刻："不要空等伟大的机遇，要抓住每天之中最普遍的机遇，并等它们变成伟大的机遇。"一个人很努力，但是没有机遇就不会成功；一个人有很多机遇，但是不具备经理人的特质也不会成功。当机遇来临时，作为经理人，想要充分利用这次机遇，是需要技巧的。

所谓的英雄和伟人不一定就要像毛泽东、孙中山那样，做出了惊天动地的大事。如果一个人尽到自己的本分，把本职工作完成得非常出色，那也可以算是本行业的英雄。孙中山先生讲：有的人能够为10000个人服务，那么他的管理范围就是10000人；有的人只能为1000个人服务，他的管理范围就是1000人；有的人就只能够帮助100个人工作，他的管理范围就是100人。问题在于不是看10000、1000还是100，而是看他能不能尽到自己的本分，在自己的职责范围内像一位伟人那样彰显自己的能力，把该做的事情都做好。

国内很多人想要移民，有人要移民澳大利亚，有人要移民欧洲，有人要移民新西兰，有人要移民加拿大，然而中国才是世界上最大的一个市场，世界500强企业都要来中国寻找发展机会。改革开放以后，不论北京、上海、广州等大都市，还是一些中小城市，处处都充满着商机。西部大开发给许多企业和人才提供了良好的发展机遇和发挥才能的空间。新疆生产建设兵团的发展就是一个非常成功的例证。

新疆生产建设兵团成立于20世纪50年代，几十年来，几辈人前赴后继，很好地完成了屯垦戍边的历史使命。21世纪开始后，在西部大开发的机遇面前，兵团大力改善基础设施和生态条件，积极调整经济结构迎来了新的发展。目前，那里的农业已由单一的种植业"一枝花"——棉花，逐步向种植业、养殖业和果蔬园艺业等多方面转变。工业上则形成像新天干红、天中基番茄酱、伊力特酒业、天宏纸业、天富电力等一批带动作用明显的集团企业。服务业在改造提升传统领域的同时，又新崛起了旅游、保险等优势产业。非公有制经济比重接近1/4，经济结构逐步趋于优化。新疆生产建设兵团原司令员张庆黎的话充分说明了机遇的重要性："抢抓机遇，开拓创新，就会大有作为。强烈的机遇意识是一种无形的力量，是一笔取之不竭的财富，是我们各项事业成功的前提和基础。"

# 卓越领导力背后的习惯

为什么有些管理者可以把一些散兵游勇瞬间组建成一支精锐部队？

为什么有些管理者可以将一些看似混乱无序的方案措施，进行合理地顺序排列，且条理分明？

为什么有些管理者可以将现有资源进行充分的整合与搭配，加以合理利用？

为什么有些管理者可以在短期内形成自己的领导风格与魅力，打造出极具凝聚力的团队文化？

为什么呢？很简单，因为那些管理者具备卓越的领导力，而其他大部分管理者则不善于去发现自己的领导力，不善于去利用领导力，更无法形成自己的卓越领导力。

在这个世界上，每个人的时间与精力都是有限的，因此，做任何事，要么不做，要做就要争取做到最好，充分发挥自身的一切能动性。作为企业组织的管理人员，无论职位高低，都应把成为一名卓越的管理者、形成卓越的领导力作为自己的首要目标。

很多人可能会问，那么具备卓越领导力的管理者通常都具备什么习惯呢？

我们先来看一则小故事，它出自《轶闻杂记》。

有一个山村，经常受到附近山上猴子的侵扰。那些猴子通常在晚上成群结队地下山，去祸害村民的庄稼，偷吃树上的瓜果、田里的谷物，甚至有些调皮的猴子还跑进村民的家里打碎水缸、锅碗瓢盆等生活用具，这让村民们不胜其烦。

渐渐地，村民发现如果只是捉住几只捣乱的普通猴子，效果并不明显；只有逮住猴王，失去头领的猴子们，才不会再来骚扰，直到它们选出新的头领。

意识到了这一点，村民们开始特意去捕捉那些身强体壮、年轻健硕、打头阵、闹得最凶的猴子，因为在村民看来，这样有着鲜明个性特征的猴子就是猴王。可是，当他们自认为已经捕捉到了"猴王"之后，其余的猴子仍然还会下山搞破坏，还变得警惕性更高，更加机警了，它们一旦得手，就会马上撤回山里；出现的时间，也不像以前那样有规律，行动非常隐蔽，弄得村民们束手无策。

后来，村里的一个樵夫进山砍柴的时候，无意中发现了那群猴子的老巢。他看到那群猴子竟然围在一只看上去衰老而又瘦小的猴子周围，在它的指挥下，井井有条，或搬运食物，或从事其他工作，而那只担任指挥工作的猴子从来没有下过山。

樵夫这才意识到，原来它才是猴王。尽管它身体瘦小，也从不下山参与偷窃行动，却具备合理制订计划和规矩的本领，能够让猴子们付出最小的代价而得到最多的战利品，因此，众猴子对它都是心服口服，乖乖地尊它为猴王。

这则小故事让我们知道，一个管理者可以不懂其他技能，但是必须要能够做好自己的本职工作——具备卓越的领导力，否则就是失职。

孔子有言："在其位，谋其政；不在其位，不谋其政。"说的就是不要去做不该做的事，这样才能有更多的时间和精力去做自己该做的事，才能把事情做得尽善尽美。但在实际中，往往有很多企业管理者并不明白这个道理，总是想当然地以为自己做得越多，工作成绩就会越优秀，而很多时候，结果往往是相反的。

优秀的管理者要做到"谋其政"的实质就是：专注自己的领导职能，将下属当做完全独立的个体来对待，做好对员工的带领与引导工作，根据实际情况随时改正自己的行为，这样，才能成就卓越的领导力。

那么，究竟什么才是卓越的领导力呢？

（1）"胆识与魄力"——简而言之，胆识就是敢于尝试，勇于实现自己愿望的能力；魄力则是一种精神的力量。这种胆识与魄力往往体现在管理实践中那些最简单的决定上，胆识能够让人更好地把握机会，魄力则能促使管理者创造未来。

（2）"能够共启愿景"——愿景是企业所有成员永远为之奋斗并希望达到的一种图景，能够为下属描绘愿景并使他们信服，去为之奋斗，是卓越领导力的一种表现。

（3）"敢于挑战现状"——挑战现状，是为了带领大家去创造、去分享更加美好的未来，只有挑战现状，才有创新，进而才能在创新的过程中猎寻新的机遇。

（4）能够"使众人行"——任何梦想要变成现实，都不可能仅仅依靠个人的行动，而是要靠团队的共同努力。这要求信任的关系，要求能力和自信，要求团队协作和个人责任。也就是管理者要具备使众人行的能力，即感召下属去积极行动的一种能力。

（5）"激励人心的力量"——创建一个优秀的团队，是一件非常艰难和重要的事情，它需要领导者具备无与伦比的影响力和激励人心的力量，只有这样，才能充分激发团队成员的工作热情，挖掘出每一位团队成员的才干与潜力，并将他们协调起来，这是卓越的领导者必须具备的一种能力。

以上这些都是卓越管理者所需具备的管理习惯。

在企业中，企业管理往往也会和危机不期而遇。要化解企业所遭遇的管理危机，关键就在于要千方百计地去提升企业的领导力。要想在最大限度上提升管理者的领导力，重点在于要让他们由内到外形成一种习惯。这些卓越领导力背后的习惯，除了上面提及的，还有以下比较重要的几点。

（1）学会做人。管理就是与人打交道，会做人，才能更好地和人打交道。要养成诚实、公正、正直、宽容和和善的习惯，对他人的工作与生活表示由衷的关切。

（2）善于决策。面对不断变化的市场，摆在管理者面前的机遇和方案是多样化的，决策就是要对各种机遇和方案进行分析、比较，然后选择一个最佳方案。这种能力是最能体现管理者领导力的，它的价值在于让管理者能够"做正确的事情"，同时指导、帮助下属"把事情做正确"。

（3）明确目标。什么是领导？什么是领导力？世界级领导力大师本尼斯给出的定义是："创造一个令下属追求的前景和目标，将它转化为大家的行为，并完成或达到所追求的前景和目标。"企业领导者要明白，要使员工能奉献于企业共同的愿景，就必须使目标深植于每一个员工的心中，必须和每个员工信守的价值观相一致；否则，你就不可能激发这种热情。

（4）充满热忱。英特尔总裁葛洛夫曾高声喊出："只有偏执狂才能生存"。偏执的人是充满热忱、充满激情的。热忱有时候比管理者的才能本身更重要，孙膑认为："合军聚众，务在激气。"这是管理者所必须具备的一种能力，管理者要激发起员工的激情与斗志，首先自己要具备这种热忱与激情。

（5）学会授权。人的精力是有限的，卓越的管理者，其精力同样是有限的，谁都不可能一个人做所有的事。所以，作为一个企业管理者，必须学会把权力授予适当的人，才能更好地专注于自己的管理、领导职能。授权的真正手段是不仅要赋予权力，还要能够给人以责任，并要保证有一个良好的报告反馈系统。

　　（6）终身学习。衡量企业是否成功和能否永续经营的一个重要尺度是创新能力，而创新来源于不断的学习。不学习不读书就没有新思想，也就不会有新策略和正确的决策。孔子说："朝闻道，夕死可矣。"这正是终身学习的最佳写照。在这方面，管理者应该以身作则，为员工树立一个良好的表率。

# ● 第二章　明晰组织管理流程 ●

## 统筹全局，做好预测

　　预测是战略管理的重要内容，也是制订战略规划和推进战略实施的重要前提和手段。预测水平的高低直接关系到战略的成功与失败。

　　预测是根据过去和现在的已知情况，对事物或事件的未来行为和状态进行的估计与推测。就管理活动而言，预测是决策的基础，每当一项决策做出之前，先期对组织内外形势的发展，进行一番全面的推断和估测，然后在此基础上确定决策目标和方案。或者在产生了某种打算之后，根据组织自身的状况和外部条件，先对这种打算是否能够实现及其可能带来的影响进行周到、细致的推测和估计，然后正式决定下来。这无疑有利于保证决策的正确和可行。如果没有这种预测活动，那么决策就会是盲目的，盲目的决策大多数是错误的。即便成功，也属侥幸。正所谓"登高远眺"，看得远才能走得远。

　　所以，领导者要有既能高瞻远瞩，又能明察秋毫的能力。

　　"百智之首，知人为上；百谋之尊，知时为先；预知成败，功业可立。"这是成为一名领导者的首要条件。

所谓知人，就是善于了解人，有知人之明。

所谓知时，就是善于洞察世事，能够掌握做出决断的条件。

所谓知成败，就是能够根据上述两个方面，对军事、政治等各个方面的发展变化做出预测，并同时为取得最好结果而积极准备。

《孙子兵法》里有这样一段著名的话："知彼知己，百战不殆；不知彼而知己，一胜一负；不知彼，不知己，每战必败。"这可谓是古往今来战争经验的总结。

"知彼"的情形十分复杂，包括对对方的将帅、士气、作战能力、所处形势等所有方面的综合了解。

在中国历史上，有很多著名的政治家，他们往往料事如神。实际上，他们也不过是芸芸众生中的一员，只不过他们善于根据社会形势、人情世故去分析得失成败以及各种力量的对比发展。由此看来，高瞻远瞩就成了统治者必须具备的素质之一。

汉代桓谭《新论·见徵》中有这样一则故事：有位客人到某人家里做客，看见人家的灶上烟囱是直的，锅灶旁边又有很多木柴。于是客人告诉主人，烟囱应该改成弯曲的，木柴必须远离锅灶，否则将来可能会引起火灾，主人听了，置之一笑，不以为然。

过了几天，主人家里果然失火，众邻居赶紧跑来救火，火被扑灭了，主人宴请四邻，以谢众邻居救火之功，但是却忘记了当初给他建议的人。

这时，有人对主人说："如果当初听了那位先生的话，也就不会出现这样的事情了。"

主人顿时省悟，赶紧去邀请当初给予建议的那个客人。

这个例子达到了预测的结局。这是一种主动性极强的预测，凡是能够进行这种预测的人，往往都能取得成功。

相对来讲，预测成败并具体操作要比单纯的知人和知时要困难多了，因为它是一项"综合工程"，需要有统观全局的能力。

预测作为人们预知未来的基础，其主要的功能就是正确掌握对战略有重大影响力作用的未来的不确定因素，为战略决策提供有关信息、数据以及可行性方案。

预测就是根据一定事物的运动和变化规律，用科学的方法和手段，对这一事物未来发展趋势和未来转向进行分析，做出定性或定量的评价。

企业要想生存和发展，就必须具有市场竞争力，这就需要我们对未来的竞争形式做出准确的判断。因此，我们必须能够进行科学的预测，并在预测的基础上做出正确的判断和假设，之后，我们就可以采取更加有力的战略行动计划。否则，竞争就可能失败。

因此，作为企业的经营者，要高度重视预测工作，事先准备充分，在战略预测的基础上，制订符合客观实际及其发展变化的战略规划，努力推行，以取得战略管理的最终成功。

## 管好：新管理要打破旧模式

管理要"量体裁衣"。传统僵化式的管理模式俨然已不适应如今多变的社会和思维方式更加活跃的员工。中国企业的管理方式，必须从强调权威的家长式管理向强调真诚的兄长式领导转变，"要领导不要管理"将成为未来的发展方向。要找到真正适合的管理方式，首先要真正了解他们的需要，并且有一颗包容理解的心。针对不同类型的员工特点，制订不同的管理策略。如一些企业把营销策划、前期部门和施工管理技术类岗位安排员工去做，因为这类工作的时间比较灵活，自由度也比较大，可以满足员工少受约束、对外沟通以及展示个人能力等需求。其次让员工参与管理，体会到管理的乐趣，并且搭建无障碍沟通平台。比如说利用 QQ、微博等进行信息交流发布与讨论，这样可以让员工体会主人翁的感觉。对员工不要通过规章制度进行强制约束，而是要找准企业和员工价值观的契合点，利用企业文化这种"黏合剂"把员工紧紧地团结在一起。

在工业化、市场化和城市化加速推进的时代大背景下，深圳富士康集团员工坠楼事件所引发的震动，特别是带给人们的思考，已远远超越了事件本身。

眼下，转变企业经营方式已经成为了大多数企业的自觉行动，但转变企业的管理方式却尚未被所有的企业重视，而转变企业的管理方式则是要把员工尤其是年轻的员工真正当成自己人来对待，而不是只当成一个劳动的机器。据反映，富士康公司在与员工签署劳动合同、为员工购买各种保险、保障最低工资标准并按时支付工资、按规定给加班费等方面做得都比较好，但管理上的其他做法和制度则缺乏一种人文关爱。

彼得·德鲁克曾经说过："当前的社会变革不是一场技术革命，也不是速度革命，而是一场观念和思维方式的革命。"

经常可以听到看到这样的现象：当成功的公司面对市场环境的巨大变化时，它们常常麻木而且迟钝；面对以新产品、新技术和新战略武装起来的竞争者时，它们往往无力自卫，这令人费解而又疑惑。

为何成功的公司会走向衰败呢？经常有人认为问题在于麻痹大意，面对商业环境的迅速变化，公司无力反应，只好束手就擒。但是这一解释不符合现实，在研究那些一度繁荣又在环境变迁中奋斗过的公司时，我们发现能够表明其麻痹大意的证据很少。而恰恰相反，面对困境的公司管理者们总是很早就意识到威胁，并迅速做出积极反应，尽管这样做了，但公司仍然步履维艰。

真正的问题在于，面对困窘，公司就像一个杀毒软件，没有升级自己的程序，公司的管理者沉醉于过去创造成功业绩的管理模式，他们仅仅采用历史上被证明为正确的策略与行动，就像挖洞，他们所做的仅仅是挖得再深一点。

制度往往会僵化。公司获得最初成功的新思想有时会被一种沉醉于现状的僵化思想所取代，当公司面对的市场环境发生变化时，过去的成功模式反而会束缚公司的进步。

成功的管理者不要急于问"我们应该做什么"，首先要静下来想一想"是什么在妨碍我们"。

目前，有许多企业普遍对管理变革存在着认识误区和困惑。多数企业认为，有了问题才需要进行管理变革，更多的人则是把管理变革当成是一剂扭亏为盈的药方。事实上，管理变革的最终目的，并不仅限于扭亏为盈等短期行为，更重要的是通过变革，使企业对变化万千的外部环境做出快速反应，以确保企业能在激烈的竞争中保持优势。因此，每个企业，不论其效益是否显著，是否在行业中成绩斐然，都需要持续性地做出变革。

因此，身为管理者，必须有勇气改变自己的思维，尝试打破自己以往的经验。环境不同了，条件也发生了变化，经验也有落伍的可能。这个时候，管理者必须有勇气跳出以往的经验形成的理念桎梏。

这个道理对于国内企业的管理者来说同等重要。加入 WTO 给中国带来了巨大的发展机遇，它加速了中国企业的成长与成熟，增强了企业的竞争意识，缩短了企业与世界的差距，促进了企业的快速发展。WTO 规则中的国民待遇原则，要求赋予国内企业和外资企业平等的国民待遇，这为解决中国企业特别是非国有企业的非平等待遇问题带来了重要契机，中国企业面临的市场竞争环境不公平、秩序不规范等现象可望得到扭转，从而提高自己的竞争力。

在这种大形势下，国内的企业，要想在激烈的竞争中脱颖而出，必须要定义好自己的角色，培养新的理念，学习世界先进企业的管理方式，目标要与世界接轨，制订国际化标准的经营战略。同时，要从企业自身出发，进行文化、制度、机制等多方面创新，改变旧的管理理念和方式。

理念的转变。加入 WTO，是挑战也是机遇，要把目光放得长远而且实际，从以前的小市场，单一的产品供给转化为市场的多元化、产品的多样化，培养全球化的思维，自觉地将企业融入国际竞争的大环境中。

管理方式的改变。中国的企业在国际竞争中要想赢得先机，从而在竞争中争取主动，只依靠国家政策的改善和机制的改变是不够的。增强企业竞争能力，从自身内部提高自己的软实力，也是必不可少的。这其中主要是对管理模式的改变。

新的时代，新的变化，新的机遇。管理模式要改革，要发展，但更要创新。改善管理模式在于科学正确地管理工作，在于不改变企业本质，不改变企业效益，不改变企业宗旨的基础上实现其创新。

# 管理，从管事理人开始

我们不能否认这样一个事实，员工管理是目前企业管理的一个大难题。员工管理对许多管理者来说还是一个不甚明了的范畴，也就是说，它在许多的管理者面前还罩着一层面纱。

作为一位管理者，物色出色的员工是一件了不起的工作。把好的员工安排到合适的位置上去工作也许更难。但对于一个优秀的管理者来说，如何能够把人才留住，尤其是把这些有个性的年轻人留住，并使他们一心一意地为公司尽力，才是真正的挑战。

许多经理在自己所扮演的角色上认识不清，喜欢承认自己是领导，却不喜欢承认自己其实也是员工。其实，经理首先是个承担责任的员工，然后才是行使权力的经理。

无可否认，经理是企业的权力阶层，拥有各种权力，甚至可以决定员工的职场命运。但是，我们不能忽略一个基本的规则，那就是权力与责任是统一的。权力只是为行使你的责任服务的，除了保证责任的有效执行之外，权力不应该还代表其他什么。

没有脱离责任的权力，也没有脱离权力的责任。经理必须在权力与责任之间保持平衡，才能更好地行使权力。而且，经理必须首先承担责任，组织才会有方向地继续保持给予你的授权，员工才会愿意在你的权力指挥下工作。否则，一切都是空谈。

许多员工眼中的管理者，都具有某种他人所没有的特质，若你不具备某种独特的风格，就很难获得下属的尊敬。

在此特质中，最重要的即在于管理者的"自我要求"。你是否对自己的要求远甚于对员工的要求呢？偶尔，你会站在客观的立场，为对方设身处地地想想吗？这种态度与涵养是身为管理者所必备的。一天到晚光为自己打算的人，绝不是优秀的管理者。

只有不断地反省自己，高标准地要求自己，才能树立被别人尊重的自我形象，并以其征服手下所有的员工，使他们产生尊敬、信赖、服从的信念，从而推动工作的发展。

作为新一代的管理者，要想管理好自己的员工，首先必须更新自己的观念，并以此搭建全新的管理框架，企业才能任人唯贤、自由灵活，适应时代发展。

## 1. 商场不是战场，而是生态系统

传统都讲"商场如战场"，不是你死就是我活。但是现在看来，商场不是战场，而应该是生态系统，我们要倡导共赢。提倡和气生财，鼓励企业间彼此兼容。

简单地说，大家都认为做生意不容易，什么叫不容易？就是因为"不容"所以才"不易"，容易则可以解释为"容则易"。做人都要有一种包容的姿态、宽容的心态，做事业也要有一种兼容的心态，这些都是"容"。

所以，企业要学会资源共享，不能只顾自己。商场不是战场，而是生态系统，大家彼此依存。这是管理观念中必须改变的第一条。

佛经里有一个故事：天上的神仙个个白白胖胖，营养很好；而地狱里的孤魂野鬼个个面黄肌瘦，营养不良，差距极大。于是佛祖派了一个调查组前去调查，一个礼拜后，调查组提交报告说，他们吃的东西完全一样，都是美味佳肴，工具也完全一样，都是一把很长的大勺，唯一不同的是吃饭的方法。

原来，地狱里的鬼都只顾自己吃，但是勺长手短，够不着，永远都吃不到东西；而天堂的神仙就不一样，他们每个人都相互喂着吃，把勺子里的食物送到对方的嘴里，大家都有的吃。

所以建议企业家要学习神仙不要学鬼。真正成功的企业家不会在乎一个项目的成败得失，他们在乎的是自己能不能够更好地整合社会资源，而要获得这个能力就必须借助于一把"勺子"，首先相信别人，然后取信于人，共创价值。

## 2. 企业不是机器，而是社区

传统观点认为，企业是机器，每个员工都是这个机器里的一颗螺丝钉。而现代管理学说则认为：企业是社区，是一群拥有共同希望和梦想的个人的集合体；个人的希望、梦想和企业的目标、理想息息相关，唇亡齿寒。一个企业要想发展，必须协调好这一点，而不是简单地把员工看成螺丝钉。

我们应该把员工看做企业里最富有活力的细胞体，让他们拥有良好的发展环境。企业高层要定期亲自和他们谈话，希望他们能够在公司里愉快地工作。而且公司还应把这项措施定为对管理者的考核内容。

## 3. 员工不是小孩，而是同辈

管理本身分两部分：管和理，所以对员工来说不是严加管教，而是多尊重、多沟通。

这一点，我们可以从孩子的教育上得到启发。现在，很多家长把小孩子当成同辈，尊重他，平等地与他沟通。如果有一天，孩子数学考得不错，语文考得不好，恐怕大多数家长会说：你这次数学考得不错，我们很高兴，但是你的语文是怎么回事？怎么这么差？孩子马上会感觉有压力。有经验的家长会这样说：你的语文还有些欠缺，需要进一步努力；不过你的数学进步很大，值得表扬，我们都为你感到高兴！

同样的事情，不同的态度，会有不同的效果，如果把员工看成自己的同辈，平等地去沟通，一切管理工作都会事半功倍。

### 4. 管理不是控制，而是服务

企业要不断往前走，一定要注意控制和发展。企业要"发展"，就犹如走钢丝刚走两步时发现自己摇摇晃晃，需要停下来调整，实在不行还得拿根棍子帮助平衡，这就是"控制"。企业领导人要平衡好企业的发展与控制，这个道理同样适用于员工管理。

事实上，很多员工来到公司，并不是简单地为了生存，更重要的是为了发展。如果公司能够为员工指明方向，为员工着想。帮助其做好自己的控制和发展，这不仅仅对员工有利，对公司也同样有利。

而且，这个过程中，管理并不是控制员工的一举一动，而是为他们指明方向，这样的管理也是对员工的一种服务，一种真正"以人为本"的服务。

最后，还有两条经验共享：

（1）创新即否定，破旧立新，破字当头，立在其中。如果老想着存在就是合理，企业就永远无法改变，无法进步。

（2）管理如同打高尔夫，要先把人在哪里、球在哪里、洞在哪里三个核心问题搞清楚，并根据核心问题，找到适合自己的"打法"。

企业管理中有这样一个事实：管人难，管自己更难。作为企业的管理者，应该时刻注意自己在日常管理工作中的言谈举止，有些不好的言行往往在不知不觉中流露，如果不去加以修正的话，容易产生管理失控的局面，以至于难以收拾。

要有威严，这一点至关重要。讲话之前，先用自信的眼光扫过在场的每一个人，这样的眼神仿佛在宣布：你们每一个人的情况全在我的掌握中，不要妄想在我面前耍花招，我能一眼识破任何人的诡计。宣布你作出的各项决定时，用词要精练，越简短、越有威力就越好。务必省略所有的口头禅，因为太过口语化会使你显得优柔寡断，毫无魄力。不要忘记规定就是规定，没有任何缓和的余地，没有任何讲条件的可能。要在脑海里树立起这样的概念，该说两个字时绝不多用一个字，如此一来他们自然会被你的威信所征服。

作为企业的管理者，如果没有威严，在员工再一次犯错误时，就仍然会抱着第一次那种侥幸的心理。所以该辞退的坚决辞退，该升职的立即升职，通过这样的管理，管理者才能支撑整个局面。

在此，需要注意的是，树立权威并不是说过于依赖权力，否则就成了以势压人。权力是管理者表现自己管理手段的一种方式，但它不代表一切。经过大量的事实证明，过分保护和依赖权力就会产生滥用权力的现象，这是对权力价值的极大破坏。任何权力都有一定的限度，管理者如果一意孤行突破这个限制，就会导致"权力扩张"，危及员工的利益。

有这样一个事实：在企业、公司里，妨碍工作的管理者越多，工作效率就越低下。更糟的情况是，这种管理者，往往以妨碍工作来显示自己的实力，借此提高自己的身份与地位，他们完全不觉得自己正在不同程度地阻碍着企业的发展。

# 转变：做管理不是当"管家"

基于企业发展的不断需要，管理者已经不可能事必躬亲，而且员工的责任和权力之间的关系也应随着事业的发展重新进行定位。大胆给部下尤其是年轻的员工以权力与责任，不仅使工作进度快、效率高，而且上边的方针能很快传达到最下边，既有利于明确权力责任的范围，又能够激发员工的积极性，从而使企业的整体与局部紧密相连，促进公司的发展。

有这么一句话：与其指挥千人，不如指挥百人；与其指挥百人，不如指挥十人。帅才善点将，将才善点兵。现代企业有这样一种说法：管理者要想获得成功，就要让管理回归简单，也就是说擅长管理手下的得力干将而不是指挥千军万马。这就是管理的灵魂所在。

作为企业的管理者，为了实现目标，取得成功，你完全没有必要去控制每一个下属。你可以通过有限的几个关键人物去控制几十人、几百人，甚至几千人。

20 世纪 80 年代初，李某与朋友聚会时听到这样的传闻：智利的某大型铜矿公司资金周转不灵，濒临破产。为了尽快回笼资金，该公司打算把已经付款订购的 1500 辆大型矿用汽车和矿山机械出售，价钱听说开得很便宜。

李某是我国香港一家大公司的总经理。他想：国内许多大型矿山和基建项目都需要工程机械和运输机械，如果买卖成功，那就为国家节约了一大笔外汇。回到公司后，他马上打越洋电话到美国的分理处，要他们尽快查清这个消息的可靠性。过了两天，分理处就回复说消息是可靠的，不过已有四家公司在洽谈；铜矿公司要价也不高，约为设备新购时的四五成；这家铜矿公司希望是一揽子买卖，因资金筹措等问题，尚未签约。

"有些人虽然看到了机会，但却犹豫不决、裹足不前。好机会往往如过眼烟云，瞻前顾后、慢慢腾腾只能贻误战机。"李某思考了一会儿，再次拿起电话打到美国分理处："尹经理，我们希望做成这笔生意，委任你为全权代表处理这桩买卖，不需要事事请示。"尹经理接受任务之后，立刻飞到智利去与铜矿公司谈判，并很快就达成协议，签订了买卖合同。

过了两天，原来一直在接洽的另一家公司，拿着支票也准备做成这笔买卖。"噢，对不起。前天××公司已经和我们签了约。真遗憾，您可是第一家来洽谈的公司呀！"这家公司的代表真正是有口难言，这样一宗涉及款项较大的生意，他没有任何决定权，在请示汇报中，眼睁睁地把这块肥肉给丢了。

赋予下属的责任越大，也正说明他的能力越大。放手给他一些权力，往往会给企业带来意想不到的惊喜。反之，有能力，有上进心的下属，有时候反而因为得不到与其能力相匹配的权力，贻误商机，甚至影响一个人才的培养。

古语云："将在外，君命有所不受。"说的是将帅在外可以对某些事情自己定夺，不必接受君王的命令，也即拥有相对独立的决策权。

管理者只有授予下属必要的权力，放手让他们处理商务，才能在瞬息万变的商海竞争中赢取时间和成功。

授予下属必要的权力，有助于培养下属的自信心，而且可以充分激发他们的潜能，提高他们解决实际问题的能力。事无巨细、事必亲躬表面上看管理有效，实则往往事倍功半、得不偿失。

事必躬亲导致的结果：一是效率低下；二是下属失去工作积极性。因此必须通过合理授权，使下属有充分发挥自己能力的平台。在必要的指导和监督下，用人不疑、疑人不用，赋予下属相应的权力，鼓励其独立完成工作。

管理之妙就在于只"管头管脚"，而不是"从头管到脚"。太多的指点和提醒，会让你的员工感到茫然不知所措。每一个人都有自己的工作方式，如果你只是一味地灌输，你的员工就什么也学不到，甚至都不敢面对挫折和困难。这不但加大了你的工作量，还使你和你的员工都失去了最好的自由发挥的空间。给员工一个任务，让他自己去做，相信他能做好，也就是相信自己的眼光。

在诺基亚公司里，一项制订好的计划如果没有具体而且可靠的人来实施，是不会得到贯彻执行的，这是公司的规定。前总裁奥利拉说："诺基亚不是只有少数几个人才能说话，其他人都在那里洗耳恭听，而是任何人都有权利。"

公司每制订一项计划都必须有执行人员在场，并且允许他们发表自己真实的想法和观念。只有一项计划完全得到执行人员的同意和赞成，才能被确定，然后相关的负责人才能进一步制订执行计划，并委派专门的小组负责。每一个员工在执行过程中发现计划存在失误时都有权提出异议，并作出适当的修改。

正如米切尔——诺基亚在福特沃斯分厂的生产经理，他在数额庞大的诺基亚全球员工中只是一个小"芝麻官"——所说："诺基亚从不像其他的大公司那样官僚习气严重，它是独特的，在具体执行一项计划时，上司从不规定你必须用什么方法来做，每个小组都有完全的自由决定权。除了某些必须共同遵守的标准以外，你可以自行决定具体的行动方案，只要它是符合事实、有利于预期目标实现的。"

不仅基层管理者从不强迫自己的下属按照自己的行为方式做事，公司最高层领导，包括总裁兼首席执行官奥利拉也从不武断地作出决定。非技术出身的奥利拉，在说到 WCAMA、GPRS、HSCSD 或其他专业术语时，他和其他对技术不在行的高层管理人员总会谦逊地往后站——即使是在公共场合也是如此——而让那些技术专家自由地侃侃而谈。"我们总是让最了解情况的人作决定。"这是诺基亚制订战略和作出决策的最高指导原则，同时也保证了诺基亚战略的正确性和有效执行。也正是由于这种对"最了解情况的人"的尊重和赋予权力，诺基亚才形成了强大的团队精神和凝聚力，保持了企业的活力和卓越的执行力。

习惯"从头管到脚"的领导者，经常不礼貌地干预和干扰别人的工作过程，这可能是管理者的通病。而这也容易形成一个怪圈：上司喜欢事无巨细，越管越变得事事小心谨慎，独断专行，疑神疑鬼；同时，部下也越来越缩手缩脚，养成依赖、从众和不爱思考的习惯，把最为宝贵的主动性和创造性丢得一干二净。这样是一个恶性循环，对于企业的发展是很不利的。

每个人的精力是有限的，你不可能一个人做好所有的事情。因此，作为一个企业领导必须学会把权力授予适当的人。授权的真正手段是要能够给人以责任、赋予权力，并要保证有一个良好的报告反馈系统。美国前总统里根是一个很出名的"放任主义者"，他只关注最重要的事情，将其他的事情交给手下得力的人去负责，因此，自己可以经常去打球、度假，但并不妨碍他成为美国历史上最伟大的总统之一。

人才是成就一番事业的关键，无论到什么时候，人才都是立业之本，这道理知易而行难。有了人，善用人，企业就会有一切；没有人，不善用人，企业就会失去一切。关键在于你怎样用人，怎样看待这个问题。总而言之就是在信任的基础上，放手让下属自己去干。

在很大程度上，领导的科学性在于用人的科学性，领导的艺术就是用人的艺术。在用人用智方面，能够用人之脑的，能够合成众人之智的，才算是最高明的领导者。睿智的领导者本身并不需要十项全能，但必须学会如何整合众人的智能以为己用。

但现实中，也有一些单位的领导干劲十足，精力充沛，处事明快，每天忙得不亦乐乎，他们总是大事小事一把抓，事必躬亲，即使让下属自己做一些小事，也不放心，处处过问。这只能说明领导者对下属极度的不信任，不敢放手让下属自己做事。这样的话，不仅窒息了下属的活力，自己也孤掌难鸣，不会有好的企业业绩。

把一些重要的事情交给下属去做，体现他们的能力和重要性，这一举动恰恰表现出你对下属的信任，其他任何的方式，都不如这种领导方式来得直接、有效。并且领导者也能有精力和时间去处理更重要的事，何乐而不为呢？

与下属推心置腹，千万不能只把这句话放在口头上，而是要放到行动中。要把这句话牢记于心，并时时处处体现在行动之中，这才是一个领导难得的英明之举。否则，口头上对下属如何信任，而实际上却对他们百般猜疑，那样只能是"搬起石头砸自己的脚"。

作为一个有责任心的领导，用人一定要有一贯性，即使在下属出现失误时，也要敢于用人不疑，放手让他们自己去干。

有的领导者在下属出错时，表面一套，背后一套，明着去同情你、帮助你，表现出他如何的仁义、大度，暗地里却怀疑你、出卖你。这种领导虽能欺骗一时，但最终必会被下属识破，露出他卑鄙的嘴脸。朋友之间相处，讲究"患难朋友才是真正的朋友"。领导与下属之间相处，一个重要的原则也是这样，赞美下属的忠诚，在他处于逆境时特别要敢于信任他，把援救之手伸向他。只有这样，才能体现出领导者的高明之处。

作为一名领导者，应将部下放到最能发挥作用的岗位上去施展才干，以实现岗位所需和人才所长的最佳结合。同时，对一些从事某项工作有难度的员工，要多进行鼓励，使其在新的挑战和压力下，重新认识自己、调整自己和发挥自己，不断给他们搭建一个能真正发挥自己潜能，表现自己才干的新"舞台"，为他们创造一个想拼搏的环境与空间，让全体下属从思想到行动能时时感悟到有干头，从而焕发更大的工作热情。

最成功的领导者是那些把工作放手让下属去做的人，是把下属培养为领导者的人，是使领导者成为变革者的人。

# 工作就要日事日清

日事日清就是将当天的工作于当天完成，当天发生的问题于当天解决，并及时采取措施，防止问题积压。日事日清强调的是效率。

员工的工作效率对企业的效益起着决定作用，要想成为一流的企业，员工必须具备一流的工作效率，效率低下将最终成为制约企业发展的绊脚石。为了提高工作效率，企业员工要克服做事拖拉的恶习，做到日事日清。联想就是一家执行力超强的公司。

在并购 IBM 的个人电脑业务之前，联想 2004 财年的营业额为 29 亿美元，在 2007 财年金融危机发生之前，营业额曾达到 169 亿美元，进入世界 500 强行列。利润额从四年前的 1.4 亿美元，增加到了 4.84 亿美元，国际市场份额也从 2.3% 增长到了 7.6%。

为了在并购 IBM 个人电脑后实现业务平稳过渡，柳传志自任董事长，将杨元庆推向了 CEO 的位置。杨元庆组建了 8 个人的领导班子，在每一次会议中，让 8 人核心团队从务虚开始讨论，然后一步步务实，并且规定每天都要出结果，结果出不来就不散会。

联想公司 2009 年 11 月 5 日公布的截至 2009 年 9 月 30 日的第二财季业绩显示，净利润为 5300 万美元。

日事日清的理念，以及强大的执行能力，提高了企业和员工的工作效率，使企业在竞争激烈的市场中得以生存和发展。如果员工没有"今日事今日毕"的意识，那么再正确的战略也发挥不了作用。

如果说，学历和技能是一个人走向成功的敲门砖，那么日事日清的工作态度就是他迈向成功的有效法则。

"要想拿下美国的这个 B 客户非常难！"洗衣机海外产品经理崔淑立刚

刚接手美国市场时，大家都异口同声地这样说，因为前几任产品经理在这家客户面前都束手无策。

真有这么难吗？崔淑立不信。她一上班就看到了B客户发来的要求设计洗衣机新外观的邮件。因为时差方面的原因，此时正好是美国的晚上，崔淑立后悔不已，如果自己当时能即时回复，那么客户就不用浪费时间等到第二天了。

从这天起，崔淑立决定每天晚上过了11点再下班，这就意味着，她可以在美国时间的上午把所有的客户信息处理完。

时间过去3天了，"日事日清"的原则让崔淑立与客户能够在第一时间沟通，开发部很快就完成了洗衣机新外观的设计图。就在决定把图样发给客户的时候，崔淑立觉得还应该配上整机图，这样更加直观，也不容易出错。当她逼着自己和同事们完成整机外观图并发给客户时，已经是凌晨了。

大约凌晨2点的时候，崔淑立回到家，打开家中的电脑。当看到客户回复"产品非常有吸引力，这就是我们美国人喜欢的"时，她顿时高兴得手舞足蹈、睡意全无，并为自己的"日事日清"原则产生如此大的效果而兴奋不已。

在样机推进的过程中，崔淑立常常半夜打开电脑查看美国方面发来的邮件，可以回复的就即时给客户答复。B客户完全被崔淑立的精神打动了，以更快的速度推进合作，B客户的第一批订单很快敲定。

崔淑立完全有理由说："因为时差，我没法当天处理客户邮件。"但她只看结果，不说理由。崔淑立说："因为，我从中感受到的是自我经营的快乐！即便有客观原因，也要日清！"

从此例我们不难看出：市场没变，客户没变，签订订单的难度也没变，变的只是一个有竞争意识的人——崔淑立。没有领导会不喜欢像崔淑立这样的员工，因为她能够自觉做事、主动做事、日事日清。

日事日清底重不重要？我们看到街边林立的咖啡店，唯有星巴克一枝独秀；都是经营超市，唯有沃尔玛雄踞零售业榜首。很多企业的经营理念与战略大致相同，但绩效却相差甚远，原因何在？关键在于执行，在于日事日清。

沃尔玛超市创始人山姆·沃尔顿提出了著名的"日落原则"，即"日落前完成当天的所有事情，这是我们的做事标准。无论是楼下打来的电话，还是来自国内其他分店的申请需求，我们都应该在当天给出答复。"也就是规定员工做到"今日事今日毕"。

在企业中，日事日清体现的是一种完美的执行能力，一种负责的态度。

对工作认真负责是每一名员工应该具备的职业道德。但是，也有一些人对待工作敷衍了事。这样的员工头脑里根本不会有"责任"的概念，当然也就更不指望他会把责任看做是一种神圣的使命。

只有将负责精神深深植入内心深处，员工做起事来才会更加积极主动，并从中体验到价值，体会到快乐。无论从事何种行业，都要全心全意、尽职尽责，这就是负责精神的最佳体现。

我们可以用以下标准来衡量自己是否尽职尽责：

能否在规定期限的前一天完成任务；

能否把每件普通的小事处理得漂亮至极；

能否把上司交代的事情做得既周到又完美；

能否把那些别人做到合格的事情做到优秀，把别人做到优秀的事情做到卓越；

能否把一项超乎想象的重任做得恰到好处。

每天问问自己，如果在以上内容中，你可以做到不止一个"能"，那么你就成为了一个日事日清、能够担当重任的员工。

# 管理创新就是创造

　　市场的基本动力随着以微型电脑、激光技术、新型材料和新能源开发为中心的科技革命的兴起与发展，产业部门结构、生产技术结构、社会需要结构以及市场竞争结构等，必将日新月异，瞬息万变。在这种情况下，信息进入重要资源的行列，就成了未来管理的一个突出特点。一个企业能否在激烈的竞争中得以生存和发展，它的产品和服务能否跟上时代的要求，首先在于该企业能否及时取得全部必要的信息，能否正确地加工和处理信息，能否在职工之间沟通和分享信息，特别是能否把最新信息融合到产品和生产过程之中，融合到企业的整个经营与管理工作之中。信息与生产和信息与经营管理的真正融合，就是创新——技术的创新、产品的创新、市场的创新和整个管理的创新。新时代的企业，不再可能置身于传统的大市场之中，而是要依靠自己的产品去发现和"创造"自己的微型市场，并争取在多变的微型市场结构中去"创造"较大的市场。新时代的产品，不再可能是十几年甚至几十年"型号一贯制"的传统产品，产品的经济寿命将明显缩短。这一切决定了创新将日益成为管理的核心职能之一，将成为企业经营管理的重要支柱。

　　松下幸之助说："产品不是技术的产物，而是管理的产物。从本质上看，产品创新也就是管理创新，管理创新是创造市场的基本动力。"

　　松下对索尼创始人盛田昭夫极为推崇。

　　盛田昭夫出生在一个世代以酿造米酒为业的殷实之家。青年时代的盛田昭夫并没有像家里人所希望的那样继承祖业，而是迷上了物理学。第二次世界大战末期，他结识了比他年长20岁的井深大，两人遂成莫逆之交。井深大是个富有幻想的技术专家，而盛田昭夫则是一位更具实干精神的开拓者，两人加在一起成为才干、想象力和果敢的混合体。1945 年他们开始筹建索尼公司，当时，全公司的创办费用只有区区 500 美元。

1946 年，他们建起了几间摇摇欲坠的破工棚。盛田昭夫同井深大把全部家当都搬到了这里。当时，索尼的全部人马只有 20 人，破屋漏雨，不得不经常打着雨伞干活。在这样艰苦的条件下，他们生产了第一批产品——压力锅。总共生产了 100 个，一个也没有卖掉。无奈，他们只好靠给人修理收音机来维持生计。

当时，日本人几乎还不知道什么是录音机。井深大第一次见到它是在美国占领军一个军官的办公室里，它启发了井深大的灵感。于是，井深大与盛田昭夫便把制造录音机作为向电子技术进军中打起的第一面旗帜。

索尼极为重视科研工作，它把 8% 的资金用于开发新技术。"索尼首创，他人尾随！"这是索尼三十多年来的座右铭。

盛田昭夫十分清楚，他是日本最著名的实业家，在国内最引人注目，也最有国际影响。但对他来说，比名望更为重要的是获取成千上万索尼产品用户的承认。一个雄浑的口号始终激励着他，并推动索尼前进："不再搞已经有了的东西，要创造新的需求！"正是奉行这个信条，索尼向全世界提供了一代又一代电子新产品。

盛田昭夫宽敞的办公室里摆着各种新奇的设计样品，以致使人怀疑这就是他的办公室。在一天中，他先同负责研制两种新产品的两位工程师交谈，同他们讨论这两种产品商业化的前景。当一位工程师报告科研组里有人认为这种产品还不成熟时，他说："请告诉我谁持反对意见，我希望和他谈谈。"

自从 1953 年第一次访问西欧以来，他收集资料，加深对国外市场的了解，至 1974 年为止，为了了解索尼公司产品在国外市场的情况，他飞越大西洋达 120 次。1974 年下半年，他的足迹遍及西欧、美国、苏联、巴西等地。他也经常乘他的私人飞机到日本的各大城市考察业务。

松下幸之助强调，索尼公司的成功，最重要的一个因素是创新精神。

多数商界人士总是沉湎于过去，且耽溺将来。相比之下，成功者则始终不渝地在寻求变革。他们根据自身的远景和实力检验变革的可行性，测量风险，并把变革当做企业发展的机遇。

管理专家彼得·德鲁克认为，每隔三年左右，企业必须对自己业务的方方面面进行一次全方位的严格评估，这点最为关键。他要求企业善始善终地仔细检验自己的产品、流程、技术、市场、分销渠道和员工活动。然后自问：在现有的市场、客户、资源和远景下，我可否达到目前光景？如果答案是否定的，那就要停止挥霍自己的资源，转而继续寻求变革。

你不妨试试如下方法，帮你和你的企业在当今全球经济中赢得更大成功：

### 1. 设法结交其他行业中具有创造力的思想者

经常待在自己的小圈子里，会导致"自我封闭"。制造商需要和饭店老板一起打打高尔夫球，室内装潢设计师则可以邀请工程师共进午餐。尽力广泛征求各方建议，然后仔细选择并加以采纳。一旦你能够利用别人的思想激发自己的灵感，你就会惊讶地发现，自己的创造性思维能力大大提高了。

一家医院无论如何都吸引不到打算做整形手术的富有患者，医院主管为此一筹莫展。但当他与从事饭店业的朋友打网球时，却找到了出路。他听从那位朋友的建议后，这家医院很快就占领了整形外科手术市场。医院开设了豪华轿车接送患者的服务，在大门口装上了天篷并聘用了一名门卫。患者进门后，侍者会把患者的行李送到他们的房间，房间里配有整篮的水果，提供房间服务和最新电影以供患者欣赏，就像在豪华酒店里一样，人们自然乐意享受无微不至的服务。

**2. 学习本业之外的知识**

挤出时间广读博览，学习影响你业务的各种知识。正如运动可以增强体质，读书也能开启心智。应当开拓思维，掌握你处理业务的基本技能，如解决问题、决策、谈判和员工管理等。

**3. 整体观的管理**

把你的企业看做是一个统一机体。质量问题会影响到销售，管理不善又会降低产量。你的决策和行动看起来只限于解决出现的问题，其实最终会影响到你的顾客，并因此对销售产生影响。

**4. 长远思维对成功不可或缺**

日本人曾制订百年商业规划并对其定期更新。结果只用了短短三十年，就从第二次世界大战后的满目疮痍一下子走到了世界工商业的前列。管理一定要面向未来，保持一贯的质量和品格。从错误中可以吸取到价值不菲的经验教训，因此不要怕犯错误，把顾客投诉看成是改进的机遇。用心寻找那些前途光明、能激起你热情、合乎你的远景并能发挥你所长的领域，一旦找到就不遗余力地投身进去。

**5. 重视不寻常的要求**

多数企业只选择最简单且自己轻车熟路的东西，提出特殊要求的人们通常会被拒之门外。千万不要对这些人置之不理，要和他们交朋友，从他们那里汲取灵感。他们可能有助于你预测未来趋势。如果你不这样做，自会有别人去做。

追踪顾客寻找替代产品的要求，找出顾客想要却自己无法找到的产品。要弄清他们的生活方式和趣味，设计能满足他们的方式。灵活调整你的工作时间，或者为那些无法在你正常营业时间光顾的忙碌顾客提供特别服务。

### 6. 关注你真正的资产

由于企业主不愿对员工培训进行投资，他们每天都在使员工的价值缩水。学校教育和员工以前工作的企业提供给你的绝不会是可随时上手的成品人才，通常，你聘到的都是颇有前途的新手。如果你够精明的话，就会聘用肯学会学的人。你不对员工进行培训，而你的竞争对手却会。诚然，培训会费时耗钱，但是不对员工进行培训，你就要被竞争淘汰。若打算在商场上站稳脚跟，就必须对最宝贵的资源进行投资。

### 7. 清除官僚思想

找出那些浪费时间和精力的工作，例如保存无足轻重的信件、不必要的报表等。随时留心日常工作，检查你的工作程序是否高效，你很可能会发现一些纯粹是浪费时间的不良习惯。

### 8. 规划闲暇时间

仔细选择你的休闲活动。适当看看电视，放松一下也无不可，不过不如读读书、听听音乐或与亲朋好友共度一段美好时光。休闲活动不一定非要与生意沾边，应着眼于激活你的想象力，陶冶你的身心，如此你就可以精神抖擞地在明天大干一场。

### 9. 拥抱失败

创造力不是什么超然能力，人人皆可创造，只是有些人勤于创造而已。托马斯·爱迪生研制灯泡时历经几百次失败，才最终获得成功。创新并不神秘，这是一项需要持之以恒的系统性工作。失败能提醒你认清自己思维和观念中的偏差。

### 10. 挖掘创新机会

重新审视你的工作程序。你们如何完成工作？你的产品或服务是怎样提供给顾客的？凭借工作程序创新，你可以大大提高企业的效率和利润，从竞争者中脱颖而出。

当然，并非每个创意或行动都能如愿成功。但是，人的创造力如同肌肉一样，锻炼越多，你的创造力就会越强、越能得到游刃有余的发挥。缺少这种优势和准确性，你的企业就会失去活力，最终灭亡。随着持续不断的创新，你一定会使顾客满意并引来更多顾客。

# 让领导力实现的使命

一位很有名气的管理人认为管理者有不同的层级，具体可分为四个层次：

四流管理者：自己干，下属没事干；

三流管理者：自己干，下属就会跟着干，自己不干，下属也不干；

二流管理者：让下属去干，自己不干；

一流管理者：让下属拼命干，自己不干。

这种看法有一定的道理。

四流管理者：他过于关注实务，具有执行人员意识。这种管理者，着重需要进行管理者角色意识的强化，即强化自己的领导职能，而不是将过多时间用于实务上。

三流管理者：他只是公司高层指令的一个传递媒介，没有自己的主见，只会去监督员工。这种管理者需要强化对管理流程业务的熟悉，以及主导思维的打造。

二流管理者：他能够领受任务，制订相应的计划并努力去达到目标。如果能顺利完成的话，应该说是已经不错了，但他时常不能达标。这种管理者就需要实现由管理到领导的转变，因为管理者是需要借助员工来完成任务的，因此需将重点放在"人"上，放在对"人"的领导上。

一流管理者：他有着深厚的领导意识和使命感，为创造更好的业绩，勇于承担责任，想方设法去解决问题。这种管理者，知道自己存在的理由就是为组织创造价值，所以他能为更好的业绩而努力，这是使命感的力量。

同时，他也具有系统性的格局，在他眼里，既有人，又有事，他能够将生存（人事匹配与完成基本任务）与发展（人才培养与业绩提高）很好地结合起来；在他眼里，既有例行事务，又有例外事务，他总是能将主要精力与时间放在处理例外事务上，也就是积极地解决问题，能够将领导力完美释放。

什么是一流的管理者？是具备领导意识、能完美地释放出自己领导力的管理者，是具有使命感的管理者。

"作为确定的人、现实的人，你就有规定，就有使命，就有任务，至于你是否意识到这一点，那是无所谓的。这个任务是由于你的需要及其与现存世界的联系而产生的。"这是马克思对使命的定义，他认为使命感是每个人与生俱来、客观存在的。

清代平民教育家武训，早年曾生活在社会最底层，一度以乞讨为生，吃尽了没有文化的苦头。后来，他立志以帮助那些穷人的孩子脱盲为己任。

在此后的三十年间，他先后修建了三所义学，购置了300余亩的田地用来办学，而这些办学资金居然都是他行乞所得，后来，他积累的办学资金达万贯之多。

陶行知先生在自己的一首短诗《武训颂》中对武训的一生做了概括，诗中这样写道："朝朝暮暮，快快乐乐。一生到老，四处奔波。为了苦孩，甘为骆驼。与人有益，牛马也做。公无靠背，朋友无多。未受教育，状元盖过。当众跪求，顽石转舵。不置家产，不娶老婆。为着一件大事来，兴学，兴学，兴学。"

类似的例子，不胜枚举。纵观古今中外，那些对社会、对人类作出贡献的人，多是因为他们对社会表现出的一种发自灵魂的使命感和责任意识，这种使命感与责任意识又和他们个人心灵深处向善、向美的本性发生了共鸣，于是，他们才达到了令后人仰望的事业高度和崇高的思想境界。

什么是使命？《三国演义》第八回说道："但有使命，万死不辞。"可见，使命是指所肩负的重大任务和责任。

通常，在大家看来，企业是需要使命感的。那么，什么是企业的使命感呢？它指的是由企业所肩负的使命而产生的一种经营原动力。使命感源于对一种使命的坚持，是因坚持使命、履行使命而产生的精神动力。使命给了组织成员工作的方向与动力，确定使命之后，要在全体员工中建立一种使命感，使公司的决策、经营战略等都围绕着使命展开，这样的公司会很成功。而如果失去了使命感，迷失了方向，企业就会在毫无作为中耗尽自己的精力，走上一条不归之路。

套用马克思的话，管理者更是某个组织中"确定的人""现实的人"，因此，同样也需要具备使命感，否则就难以让自己的领导力达到一种让人尊敬的高度。

有了使命感，就能知道自己在做什么，以及这样做的意义；就是把自己与一个伟大的事业联系在一起，释放生命的激情。

有使命感且事业有成的管理者通常都有两个共同特点：一是有明确的事业目标；二是不断地朝着更高的目标前进。而目标的意义不仅仅是目标本身，它更是我们行动的依据。爱默生说过："一心向着自己目标前进的人，整个世界都会为他让路。"

在领导实践中，没有使命感、没有目标的管理者，往往会觉得工作枯燥、乏味，生活失去意义。那些只有一些小目标的人，在实现目标之后都会感到空虚无聊，而那些有更高、更大的目标，具有使命感的人在工作中总是能够创造更大的价值，获得更有意义的生命力量。

使命感是一种无论给予自己的任务有多么困难，都一定要完成的坚强信念。如果缺少这样的"使命感"，你就很难成为一个真正卓越的管理者。

彼得·圣吉曾说："领导者借着把焦点放在使命上做事，对于这个组织为什么存在，以及将迈向何处的更大的理由，可以添加另一层意义。他们提供哲学上所称的'目的论的解释'——了解我们想要变成怎样。当组织中人人都具有大于个人的目的意识，共同的使命感会把他们连成一体。他们具有其他方式无法做到的那种认同感和连续感。"

具有强烈使命感的领导者，确实能给自己的事业添加一层新的意义，添加神圣的色彩。

比尔·盖茨创业时就立下誓言——让全世界每一个办公桌上都有一台电脑，每一台电脑都使用他的软件。这种使命感促使比尔·盖茨和他的团队成员孜孜不倦地努力，终于实现了这个梦想。

是否具备使命感，也是很多企业组织用来考量管理者是否胜任和称职的一个重要标准。比如，在华为公司，他们就认为公司发展需要大量的管理者，优秀管理者有三个衡量的标准："①具有敬业精神，对工作是否认真，改进了，还能改进吗？还能再改进吗？②具有献身精神，不能斤斤计较。③具有责任心和使命感，这将决定管理者是否能完全接受企业的文化，担负起企业发展的重担。"

使命感是能够给管理者带来不竭动力和卓越领导力的战略因素，因此，使命感不应只是整天喊在口上，而应时刻放在心里，让它来指引自己的行动。

### 1. 无时不在的责任感和责任意识

实际上，每个人身上都有一种潜在的责任感和责任意识，这种责任感和责任意识来自每个人所处的不同环境和不同际遇。责任感是一个社会或团体的共同目的（共同责任），有了责任感就有了责任意识和责任。

管理者使命感的一个重要表现就是责任意识，这种责任意识不仅表现为对事的责任，还表现为对人的责任，尤其是对下级的责任，比如在下级的能力提升方面。一个担心下级能力超过自己的领导不是好领导，是没有自信的表现。同时，担心下级能力提高了会离开，也是管理者没有胸怀的表现。只能自己反省为什么没有更大的舞台给下级。

### 2. 赋予员工使命感

使命感并不仅仅是组织的事，也不仅仅是各级管理者的事，企业的所有事情最终都要落实到每个员工身上，使命感也是如此。只有当员工认同并且从行为上体现了组织的使命，这时组织的使命感才真正得到了有效的贯彻。

要让员工明白，使命感是他们前进的永恒动力，工作绝对不仅仅是一种谋生的工具，即使是一份非常普通的工作，也是社会运转所不能缺少的一环。

有人问三个正在教堂工地施工的建筑工人同样的问题：你在干什么？第一个工人说："我在砌砖头。"第二个工人说："我在建世界上最大的教堂。"第三个工人说："我在建设一个净化人们心灵的场所。"

为什么做着同样的工作，三个人的回答却有着天壤之别呢？其实这种巨大的差异完全来源于他们对自己所做的工作的使命感的认知。使命感最重要的一个作用，就是能让人分辨出他是在做事还是做事业，这对工作的执行和结果是具有决定性作用的。

作为管理者，如果不善于运用使命感，即使自己累死累活，而下属仍没有积极性，工作就不可能做好。赋予员工使命感，满足了员工争取信任、发挥能力、取得成就、获得自由支配等的渴望，必然激起员工的内在工作动力。

某厂有一个生产工段，其任务是维护设备，以保证生产的正常进行。在正常生产的情况下，工作量并不大。即使如此，工人在工作中的相互推诿、扯皮的现象仍然不少，个别工人甚至长期不干活，影响了大家的积极性。

后来，工段长想了个办法：让工人每人一天轮流负责。轮到谁，相应的巡检、操作任务都由其承担，人员材料由他调配，出了问题也由他负责，取得成绩功劳归他，段长负责监督及事后评估。这么一来，大家积极性高了，责任心强了，推诿扯皮、任务分不下去的现象没有了，生产形势比以前好了。

为什么会出现这种情况？原因就在于工人的使命感增强了。


# 在企业内部营造创新环境


彼得斯说："现代管理者进行创新管理的重要环节之一，就是在企业内部营造创新环境。"在自己的著作中，他从三个方面阐述了上述思想：

## 1. 勉励职工的创业精神

彼得斯指出，大公司生活里最令人遗憾的一件事，就是当初使得公司得以发展壮大的因素，却随着公司的扩展而消失了。这个因素就是企业的革新精神。就算大公司的革新还没有完全停止，革新的速率肯定也是每况愈下的。美国国家科学基金会的一项研究发现，每一美元研究与开发费用在小型企业里所产生的革新，约为中型企业的 4 倍；而与大企业相比，则为后者的 24 倍之多。各行业中的重大进展很少是靠本行业中的大企业搞出来的。

但那些出色的企业也往往是大公司。它们在增长、革新以及与之俱来的财富方面的记录，是令人称羡的。他们之所以能够做到这一点，是因为管理者具有既不失其大而又同时能像小公司那样行事的能力。而且，这些出色的公司还勉励其职工的创业精神，这表现在它们明显地放权，把自主权一直放到基层去：这在达纳公司，就是放到它的商店经理；在明尼苏达采矿制造公司，就是它的新事业开拓组；在得克萨斯仪器公司，就是它那 90 多个"产品用户中心"了。

一位管理者撰文指出："孤掌难鸣的独角戏是很少能唱好的……实业家们往往需要有位赞助者。"许多关于鼓励革新闯将的制度的设想全都归结到同一点上，就是首先要有某种形式的革新闯将；再加上某种形式的保护人。比如，在通用电气公司许多革新的例子里，除了有"发明家"推动，还要有公司里的实业家的参与，甚至还必须有几位保护别人免遭官僚主义之害的闯将后台。

彼得斯指出，要推动革新，需要一批角色。他指出了三种主要角色，即产品革新闯将、闯将后台和教父。

（1）产品革新闯将。他们也许是不适合干行政管理性工作的那类人里的热心人或狂热分子。这种人常是独来独往、个人至上、怪僻急躁的人。不过，他们却坚信自己心目中的那件特定的产品能成功。

（2）闯将后台。成功的闯将后台，无一例外，都是革新闯将的过来人。他们亲身体验过培育新产品的那个漫长的过程，亲眼见过拿什么去保护一条有前途的、有实用价值的新主意，使它不致被组织的那种刻板的一律加以否定的倾向所埋没。

（3）教父。一般是一位年事已高的领导者，他起了一种鼓励革新闯将的样板作用。明尼苏达采矿制造公司、惠普公司、IBM 公司、数字设备公司、得克萨斯仪器公司、麦克唐纳快餐公司和通用电气公司里的许多成功案例表明，这一点对于产品革新的那种实际的漫长过程来说，是不可或缺的。关于明尼苏达采矿制造公司的刘易斯·列尔和雷蒙德·赫佐格等人，通用电气公司的爱迪生和韦尔奇等人，惠普公司的休利特，数字设备公司的奥尔森和 IBM 公司的利尔森的神话般的传说，对于促使人们相信这整个一套鼓励革新闯将的制度是切实可行和十分重要的。一位年轻的工程师或推销员，不会仅仅由于心中有了美好的感情，就会挺身而出，甘冒风险的。他之所以会挺身而出，甘冒风险，是因为这个机构的历史一直支持人们把这作为一种通向成功的生活方式；尽管明知肯定会反复遇到失败，他还会乐此不疲，照做不误。

杰出的管理者重视对革新闯将的支持。革新闯将们都是开路先锋，可是"枪打出头鸟"，先锋们总是要受到攻击的。所以，那些从革新闯将处受益最多的公司里，总有很全面的、充足的支持体制，这才能使它们的革新闯将如雨后春笋，蓬勃生长。这一点实在太重要了，是无论怎么强调也不为过分的。没有支持的体制，就不会有革新闯将；而没有革新闯将，也就不会有革新。

事实上，许多出色公司的结构安排就是从创造革新闯将出发的。尤其是它们的体制故意设计得有些"漏洞"，使那些到处去物色东西的革新闯将们得以有空子可钻，搞到所需的资源，把事情办成。

### 2. 创新的环境是可以营造的

国际商用机器公司（IBM）的精明之处在于，有这样一种创新之道一举数得。它鼓励大胆创新，规定每个职工都有如下权利：

（1）有选择自己所追求的设想的权利。一个人如果没有充分的时间和资金去追求自己的设想，他就不能自由地选择怎样行动，就必须等待公司的批复。

（2）有犯错误的权利。没有自己的资金，一个人就要为自己的错误向别人负责；有了自己的资金，他就只需向自己负责。

（3）有把由成功带来的财富向未来投资的权利。

（4）有通过自己的勤奋获得利益的权利。它既使创新者追求成功的心理得到满足，也是一种经济奖励，还可以以此留住人才，并促使他们为公司的投资能得到偿还而更加努力地去进行新的创新。

多年来，IBM研究员在上述鼓励创新的企业文化环境熏陶下，实现了一个又一个技术上的攻关突破，获得了一项又一项专利成果。例如，1980年，由电脑专家菲利普·艾斯特里奇为首的特别工作小组，组成了一个由总部提供2000万美元的风险资本而不受总部领导的独立性风险企业。这个内部企业只用9个月的时间就研制出一种使得整个计算机行业大大改观的新型个人电脑，很快便占领了10%的市场。

在IBM，如果一个研究员的创新得不到本部门的支持，他可以跨部门寻求用武之地。不少其他公司都愿意以重金聘请IBM研究员，但是真正为了钱而辞职的人绝无仅有，因为IBM的研究员在公司备受尊重，行动自由，研究项目的资金充裕，还由于IBM公司是世界上首屈一指的电脑公司，研究人员取得的成果能在美国同行业，甚至在世界同行中产生更大更直接的影响，个人的价值容易得到更大的体现。

还有一个典型事例反映了IBM公司鼓励创新的独到之处。该公司有一位高级负责人，曾由于在创新工作中出现严重失误而造成了1000万美元的巨额损失。为此，他心里非常紧张，许多人也向公司董事长提出应把他革职开除。但董事长却认为一时的失败是创新精神的"副产品"，如果能继续给他工作的机会，他的进取心和才智有可能超过未受过挫折的常人，因为挫折对有进取心的人来说是一副最好的激励剂。

第二天，董事长把这位高级负责人叫到办公室，通知他调任同等重要的新职。这位负责人非常惊讶："为什么没有把我开除或降职?"董事长却说:"若是那样做,岂不是在你身上白花了 1000 万美元的学费?"后来,这位高级负责人以惊人的毅力和智慧为公司作出了卓越的贡献。

彼得斯说:"由此可见,创造不是一个全靠自发的神秘过程。创造性才能的发挥受到各种人为的环境因素的影响,尤其是企业文化环境更为重要。正是在这个意义上,人们才说,创造是可以营求的。"

在创新导向的高技术企业里,鼓励创新的企业文化环境,还包括一个不可忽视的方面,即如何才能更有效地保护企业员工的创新热情。在鼓励创新的企业中,常常会出现这样的情况:创新者或革新者提出了富有创造性的革新思路,但是经过企业有关部门仔细地进行客观分析和经济技术论证以后,这些思路并没有被最后采纳。这时,就涉及企业文化环境还必须能够有效地鼓励和保护这些创新者或革新者继续保持原有的创新热情和冲动,而不至于因失望影响或挫伤他们的积极性、主动性和创造性。韦尔奇指出:惠普公司在这方面的方法值得大家借鉴。这一方法由惠普公司创始人之一的休利特所采用,受到惠普公司众多管理人员的高度赞赏。杰克·韦尔奇把它称为休利特的"戴帽子过程"。

一位富有创造精神的创新者满怀热情地向休利特提出了一种新思想。休利特马上戴了一顶"热情"的帽子。他认真地倾听、仔细地了解有关的细节,努力去理解这一新思想,在适当的地方表示惊讶,一般是表示赞赏,同时提出一些十分温和的、不尖锐的问题。事后,即刻把这一新思想提交相关部门加以认真讨论、仔细研究。几天后,他再次与创新者针对该思想进行讨论。这回戴的是"询问"的帽子,提出一些非常尖锐的问题,对其思路进行深入、彻底的探讨,有问有答,研究得非常仔细,未作出最后决定。不久以后,休利特戴上"决定"帽子,再次会见这位创新者,在严格的逻辑推理和经济技术论证下,做出最后判断,对这个思路下结论。即使是最后的决定否定了这个思想或项目,但这个过程已充分显示出对创新者的赏识、尊重和鼓励，给予创新者一种满足感。以后，这种做法逐步得到大家的认同和采纳，从而发展为惠普公司鼓励和保护创新精神的企业文化环境中的一部分。惠普公司的实践也已证明，这是使人们继续保持创新热情的一个极为重要的做法。

# 第二篇

# 想——思考力

想是思维方向，心态积极了，结果必然是美妙的。同一事物不同的心境必然有两个以上的结果，没有什么是想不到的，重要的在于是否愿意用心去面对。

# ● 第三章　想通市场竞争战略 ●

## 分析市场竞争格局

作为企业的管理者，必须充分了解企业所面对的竞争格局，才能正确地进行企业定位并制订相应的企业发展策略，进而成为行业里良性增长的企业。

哈佛商学院的迈克尔·波特教授把企业所处行业中的竞争力量划分为五种：竞争厂商之间的角逐、新进入者的威胁、来自替代品的威胁、买方讨价还价的能力以及供应商讨价还价的能力。

### 1. 竞争厂商之间的角逐

在五种力量中，竞争厂商之间的角逐是最强大的。同一行业内的企业之间存在着相互制约的关系，其中任何一个企业的行为必然会引起其他企业的竞争反应。为了赢得市场地位和市场份额，取得超额利润，各个企业纷纷积极投身竞争，甚至不惜代价希望取得竞争优势。

在厂商角逐的过程中，价格、服务、质量、品牌形象以及创新是能够看得见的因素。

在中国的葡萄酒行业里，市场份额主要被张裕、王朝和中粮长城三家企业瓜分着，其葡萄酒销量占据了市场上的半壁江山，利润总额几乎达到了整个行业的70%。这样看来，在中国的葡萄酒行业里，激烈的角逐主要是在张裕、王朝、中粮长城这三个厂商之间展开。

三家企业都拥有自己的优势区域：张裕的主战场是山东、福建等地，在这些地区里它始终占据着榜首的位置。王朝以上海为大本营，在上海的市场占有率高达40%以上。中粮长城葡萄酒涉及的范围很广，在华南、华北、西南、西北四个地区的市场综合占有率都排名第一。综合来看，三大品牌中，张裕和中粮长城所体现出来的竞争优势已经越来越明显，而由于管理等方面的原因，王朝明显落后于其他两家企业。

从葡萄酒的销售渠道来看，主要以餐饮酒店和商场超市零售两大渠道为主。从目前公布的一项调查统计数据来分析，餐饮酒店的销售渠道占据了51%的份额，便利店、专卖店和独立的食品店等瓜分剩余的49%的份额。在三个葡萄酒品牌中，中粮长城和王朝集中主要力量占领餐饮酒店等渠道，而张裕则把自己的主要战场布局在零售市场上，在它的销售渠道中，商场超市的比例超过了一半。

一般而言，企业总是尽可能在具有更大的顾客价值的方面和它们已经形成优势的方面使自己的产品差异化。有时，竞争是相对而言比较友好的，不会有激烈的竞争行为发生；有时，也可能是你死我活的搏斗，这完全取决于行业中企业采取威胁竞争对手赢利水平的行动频率和攻击性。

在竞争厂商角逐的过程中，有以下几种情况发生时，将会导致竞争加剧：

（1）为数不多的厂商率先发现了一个能够更好地满足客户需求的机会。

（2）有新的厂商参与到竞争中来，从而导致厂商的数量增加。

（3）顾客的需求增长放缓。

（4）参与竞争的某一企业采取降价策略。

（5）转换品牌的成本降低。

（6）参与竞争的厂商不满足于自己现有的市场地位，并且采取对其他竞争对手有损的行动。

（7）参与竞争的各个厂商在规模和能力等方面的抗衡程度提高。

（8）较为弱小的公司被其他行业的公司并购后，借助新注入的雄厚资金试图变成有力的市场竞争者。

竞争厂商之间的角逐是一个持续的、不断发生变化的过程。竞争不仅有强弱之分，而且各个企业对质量、价格、性能、客户服务、特色、广告、分销网络以及新产品的革新等因素的重视程度也会随着时间而发生变化。

因此，总经理必须重视竞争厂商之间的角逐，灵活采取各种措施，在把握自己阵地的同时，不断开拓新的战场。

**2. 新进入者的威胁**

对于一个行业而言，新进入者往往会给该行业带来新的生产能力以及资源。同时，新进入者也将成为一股不可忽视的竞争力量，给行业里现有的企业带来较大的影响，使其不得不提高生产效率，扩展全新的领域。在分析竞争格局的时候，总经理一定要对这股新生力量加以重视，切不可掉以轻心。

如果你的企业所扮演的正是新进入者的角色，那么，就要对企业所面临的市场壁垒以及现有企业所作出的反应进行认真的分析。对于那些新进入者，行业里的原有企业总会想方设法给它们制造一些障碍。新进入者在进入市场时常会遇到以下几种壁垒。

（1）规模经济。规模经济制造的市场壁垒可以通过一些经济活动来实现，比如采购、研发、生产、营销、服务等。面对这样的情况，新进入者就会犹豫，若规模比较大的话，风险也相对较大，便有可能遭到竞争报复；若规模相对较小，则在降低成本方面压力较大，处于成本劣势。

微波炉制造商格兰仕就擅长通过规模经济来抵制市场的新进入者，它拥有全球最大的生产规模，极大地降低了生产成本，这使得格兰仕微波炉拥有足够的价格空间，导致新进入者不可能与其进行抗衡，纷纷主动退出竞争。

（2）分销渠道。产品要想进入市场，必须建立一个良好而有效的分销渠道，而企业一旦和分销商建立起一种牢固的经销关系，就会下大气力培育自己的市场。对于新进入者来说，分销渠道是一个很大的进入障碍。尤其是在快速消费品行业里，由于商场超市的货架空间是有限的，新进企业要使经销商经营自己的产品，或者替代现有的产品，就要增加分销商的利润空间或者投放更多的广告宣传，这都会导致利润的减少。

（3）资本要求。进入一个新的行业，就意味着需要进行大量投资。除厂房设施与设备等基本设施之外，库存、市场营销和实现其他的企业重要职能，也都需要资本的支持。因此，即使新的行业有着十分理想的发展前景，新进入者也可能由于无法承担大量的资本来支撑企业而放弃。

（4）产品差异化。对于一个企业而言，只有为顾客提供个性化的产品或服务，并充分展现自己的产品或服务的特性的时候，才有机会赢得顾客。这也正是可口可乐、欧莱雅、丰田、奔驰等厂商投入数额巨大的广告费，对自己的产品特性进行宣传的原因，其目的正是为了建立消费者对于产品的信任和忠诚。为此，新进入者往往需要投入大量资金来进行广告宣传，从而消除顾客对于原有产品的忠诚，建立起顾客对自己的忠诚度，这无疑会减少企业的利润。

（5）政府政策。有时，政府会通过授权或者特许经营的方式对进入特定行业进行一定的控制，比如在烟草生产、烟酒零售、酒类生产、银行、证券等行业，政府的决定和法规限制了新厂商进入的可能性。

当然，市场进入壁垒的高低也是要具体情况具体分析，这主要取决于新进入者所拥有的资源和能力。

除此之外，新进入者还要观察现有的厂商对其做出什么样的反应。它们是只做出一些消极抵抗？还是会作出激烈的反应，甚至采取报复措施，诸如降价、加大广告力度、改善产品等？对于这些问题，总经理都要进行认真的思考、判断，并要慎重从事。

### 3. 来自替代品的威胁

替代品指的是来自不同行业的产品或者服务，它们的功能与这个行业所提供的客户价值是相同或者相似的。一般而言，如果消费者在转换品牌的时候需要付出的成本很低甚至为零，或者替代品更具有价格或质量优势、性能相似甚至超过竞争产品的时候，替代品的威胁就会增强。因此，总经理可以在顾客认为具有价值的地方采取差异化策略，比如价格、质量、服务等，通过这种措施可以降低替代品的竞争力。

中国移动在面对中国网通强力推出的小灵通业务威胁的时候，在价格上采取短信优惠服务，并且在服务质量上，还特意建立了信号接收和发射装置，既能够进一步满足消费者的需求，同时也极大地降低了消费者的手机通话资费，使消费者享受到的服务更为贴心，由此提高了消费者的忠诚度，有效地化解了替代品的威胁。

### 4. 买方讨价还价的能力

任何一家企业都希望能够得到更高的投资回报率，而对于消费者，也就是买方来说，却总是期待着能够用最少的支出获得最好的产品以及最优质的服务。然而，价格支出只能使供应商获得自己所能接受的最小的投资回报率。为了减少自己的支出，尽可能降低成本，买方通常会不断地讨价还价，从而寻求更好的产品以及更多更满意的服务，最终达到更低的价格。同时，行业内企业之间的竞争，也会让买方坐收渔翁之利。

调查发现，买方在处于以下情况时更具有讨价还价的能力：

（1）他们从该行业购买产品支出的成本在其总成本中占有很高的份额。

（2）他们是该行业最大的购买客户。

（3）他们不用花费很大代价就能转移到其他产品上去。

（4）行业产品差别不大或已形成标准化，并且买方向后整合进入行业的可能性很大。

在个人电脑行业里，由于相关制造商的成本已经基本上实现了透明化，消费者正在改变行业内的力量对比。原因之一是消费者决定从这家生产厂商而不是另外一家购买，换一家或几家经销商，转换的成本几乎为零。在这样的环境下，行业里的各种企业不得不把注意力转移到满足消费者的需求上。

### 5. 供应商讨价还价的能力

供应商可以通过提高产品的价格或降低产品的质量来对行业内的竞争企业展示自己的力量。如果企业不能做到通过价格结构来抵消增长的成本，它的利润就会因为供应商的行为而降低。

经过调查发现，供应商在处于以下情况时更有讨价还价的能力：

（1）在供应商所有供应企业里，该企业不是他的重要客户。

（2）除了供应商提供的产品外，该企业没有更好的替代品供应。

（3）供应掌握在少数几个大企业手中，跟他们所销售的行业比起来更加集中。

（4）供应商所提供的产品已经给企业制造了很高的转换成本。

（5）供应商所提供的产品对买方很关键。

要进入企业所在行业，供应商前向整合的可能性是非常大的。比如，家电制造商可以经营自己的零售店，销售自己的产品。如果供应商掌握着相当数量的资源，能够供应高度差别化的产品，这种可能性就会更大。比如，个人电脑所使用的 Microsoft Office 操作平台，因为一直没有研发出很好的替代品，再加上消费者对其的依赖，使得众多电脑制造商只能在生产的电脑上安装这一办公操作系统，根本没有和微软公司进行讨价还价的能力。

对企业面临的竞争格局的分析，能够使总经理对企业的外部竞争环境产生充分的认识和理解，从而有利于引导企业更积极主动地面对竞争，获取更多的利润。

# 找不到客户，卖不出产品

只有寻找到准确的客户，才能将产品推销出去，创造出令人羡慕的业绩，那么到底谁才是自己的准确客户呢？应该向谁重点推销和介绍自己的产品？许多推销员并没有真正静下来思考这个问题，以至于他们在推销的过程中像只没头苍蝇，虽然十分尽职敬业，却无法取得优异的销售业绩。

寻找顾客是推销员赖以生存或成长的基础，作为推销员的卢振飞也知道这个道理，可是，面对茫茫人海，他找不到切入点。他整天忙碌地奔走，只要是觉得有可能购买他的产品的人，他都不放过。他会勇敢地走上前去问："您需要空调吗？"人们都说不要，甚至有的人根本不理他，转身就走。长期的碰壁和拒绝，让卢振飞十分绝望，他沮丧地问自己："我的客户在哪里？"

每个推销者都在寻找自己的客户，可是怎样才能寻找到属于自己的客户呢？首先应思考的就是：客户可以为我们带来什么？我们需要什么样的客户？怎样找到客户？像卢振飞这样盲目地到处乱碰，是难以找到自己的客户的。

今天，在各种因素的作用下，客户的流动性越来越大，维持与老客户的关系越来越困难。竞争、人口流动、新产品的不断出现、企业产品结构的改变、分销方式和方法的变化等，使大多数推销员都不可能留住所有的老客户。老客户的流失是必然的，这就要求有大量的新客户补充到客户队伍中来。如果没有稳定的客户队伍，任何推销都是无源之水，无本之木。一位大公司的经理曾精辟地指出：没有足够的客户资源，推销就无从谈起。没有血液的供应，人就会失去生命；没有客户，推销员只有死路一条。

走出推销误区的秘法：

### 1. 发展客户

"发展客户"是一种重要的竞争战略，它不仅能让你在开拓新业务时省力些，而且在竞争中还能成为压制对手的最佳战略，因为至少有人对你有好的信任度，这就能给你打开一条较为顺畅的通道。

现有的老客户是一个有用的"资源"，通过他们可以认识第二个、第三个，以致越来越多的新客户，产生"连锁反应"。不少推销员在生意完成后与客户关系慢慢冷下来，就是因为他们不了解"保持客户"和"发展客户"之间有什么不同，结果导致无法促进第二次合作或通过客户再去发展其他客户。发展客户工作如果进行得好，它将成为一个有力的推广手段。

### 2. 地毯式访问

地毯式访问法的理论根据是"平均法则"。其作业原理是，如果访问是彻底的，那么总会找出一些准客户，其中有某一比例会达成交易。换句话说，推销员所要寻找的客户是平均地分布在某一地区或所有的人当中。

因此，推销员在不太熟悉或完全不熟悉推销对象的情况下，可以直接访问某一特定地区或某一特定职业的所有个人或组织，从中寻找自己的客户。其实，这种方法是最古老的推销方法之一。自从商品生产和商品交换出现以后，挨门挨户的推销方式就开始出现。

总之，地毯式访问法是现代推销员最常用的寻找客户的方法之一。在采取这种方法寻找客户时，推销员必须做好必要的选择和准备工作，并且在推销行动开始之后适时调整行动方案。

### 3. 中心开花

中心开花法就是推销员在某一特定的推销范围里发展一些具有影响力的中心人物，并在他们的协助下把该范围里的个人或组织都变成推销员的准客户。

这些中心人物了解其周围环境并能对其他消费者产生一定的影响。

推销员要想取得这些中心人物的信任和合作，就必须使对方了解自己的工作，使对方相信推销员的推销人格和商品，同时要给予对方合作。换句话说，推销员只有首先说服中心人物，才能利用中心开花法进一步寻找更多的客户。

### 4. 广交朋友

设法找机会展示自己的能力，多让人了解自己，相信自己值得信赖，进而建立相互尊敬、相互信赖的关系。这是交朋友的理想步骤。

比如：你可以参加某些俱乐部，可以举办同学会；此外，业余的乐团、剧团、合唱团或社工团体都是扩大交际的好地点。虽然做法非常简单，但效果极理想。如果再有机会认识一些社会名人更佳。

# 了解你的竞争对手在做什么

百事可乐的董事长罗杰·恩里克曾经说过："如果没有可口可乐这个强有力的竞争对手，百事可乐可能就不会开发出更好的产品，也不会有这么高昂的竞争精神。"这句话同样适用于任何一家企业。在这个竞争激烈的时代，企业能够获得成功，在一定程度上取决于是否能够开展有效的竞争，并在竞争中战胜对手。要实现这一点，一个重要的途径就是以竞争分析为基础，对企业策略进行统筹。

企业要在市场竞争中立于不败之地，最重要的是要了解自己的竞争对手，只了解自己的市场和消费者是远远不够的。只有了解竞争对手，分析竞争对手，转移竞争优势，才能在激烈的竞争中做到处变不惊、游刃有余。

总经理必须及时认识其直接的竞争对手和潜在的竞争对手，经常把自己的产品、价格、渠道以及促销等方面和竞争对手进行比较，了解竞争对手的计划以及战略行动，明确竞争对手的战略和目标、优势和劣势，从而确立行之有效的竞争战略和营销策略，从而使自己的企业能够发动更为准确的进攻，在受到竞争者攻击的时候也能做强有力的防卫。

那么，谁是你的竞争对手？在现代企业的发展过程中，必须把定位放在第一位，而定位不只是要在预期的顾客群头脑中占据有利的位置，还要针对竞争者提出。如果"谁是竞争对手"这个问题得不到明确回答，就永远不可能实现有效的定位。

为了更好地了解自己的竞争对手是谁，总经理必须明确两个问题：谁在和自己的企业进行竞争？企业需要和谁进行竞争？

**1. 谁在和企业进行竞争**

在激烈的市场竞争中，总经理很容易把同行判断为自己的竞争对手，只要同一行业中的一些企业有所行动，自己的企业就会马上随着跟进。这样导致的结果就是在竞争中疲于奔命，在相互消耗中走向衰落。实际上，并不是每个同行企业都是自己的竞争对手，只有那些在同一个领域中，向着同一个方向发展的企业才是真正的竞争对手。对于这样的竞争对手，着力点不应该是同一方向上的厮杀，比如去打价格战，而是要侧重于利用差异性策略，培养自己独特的竞争优势。

对于企业来说，竞争战略是针对竞争对手而制订的，但实际上，这个竞争战略所关注的重点却应该是消费者的需求，是怎样发现并尽可能满足消费者的需求，是怎样为消费者创造更多的价值。那么竞争对手除了同一行业的一些企业，还有可能是相关行业的企业，比如麦当劳的竞争对手不一定只是肯德基，还有可能是能替代麦当劳满足消费者需求的产品，比如汉堡王。这种类型的竞争对手的出现相对于同行来说，具有很大的隐蔽性，往往会突如其来地给企业带来威胁，但这也代表着在市场上还存在着可以开拓的新领域。

由此可见，市场竞争不一定是扩大企业现有"蛋糕"的份额，更大的竞争空间还在于将现有的"蛋糕"做大。

**2. 企业要和谁竞争**

企业要与谁进行竞争对于企业来说是一个更为重要的问题。这个问题的答案十分明确，就是要去和高手展开竞争。蒙牛奶业的老总牛根生曾经讲过这样的话："如果你总是与螳螂作战，你的心胸会变得越来越狭窄；如果你总是与蜗牛同步，你会越走越慢；如果你总是与结巴辩论，你可能会变成第二个结巴。"由此可见，只有和高手进行竞争，才能不断地提高自己企业的竞争力，向着更高的层次发展。

但是，值得注意的是，总经理对自己的企业实力也要了如指掌，并根据企业的实际情况和真实水平来选择适当的竞争对手，在不具备充足把握的条件下，不要选择实力远远强于自己的对手，否则就会是以卵击石，只会给企业带来惨重的打击。

### 3. 仔细评估竞争对手

明确了企业的竞争对手之后，总经理便要收集竞争对手的相关资料，并针对竞争对手的各项市场策略进行仔细评估。

（1）对竞争对手的销售情况进行分析。通过分析竞争对手的市场占有率及销售额等相关资料，对竞争对手最近几年的业绩有一个明确的概念。找到竞争对手业绩成长或衰退的原因，并与自己的企业进行对比分析，以促进本企业的进一步发展。

（2）对竞争对手的市场定位进行分析。总经理要明确竞争对手的市场定位，并与之相比较，找出自己的优势与不足。

（3）对竞争对手的目标市场进行分析。总经理要明确竞争对手的目标市场，弄清其销售的主要方向，分析竞争对手的主要销售客户，并与之进行比较，找出与其相同或不同的所在。

（4）对竞争对手的产品情况进行分析。通过对竞争对手的产品情况进行分析，总经理应明确竞争对手销售的相关产品，并与本企业的产品进行比较，找出自身的优点和不足。明确消费者对竞争者的品牌、包装和自己公司的品牌、包装的评价有何不同。

（5）对竞争对手的市场策略进行分析。对竞争对手的市场策略进行分析，主要是探究竞争对手的市场策略，密切注意竞争者的各种市场营销策略的实施，有利于制订相应的营销策略。

（6）对竞争对手未来的目标进行分析。总经理能够很好地掌握住竞争对手的目标，便能很好地预测竞争对手的行动，企业将能更好地制订出更精确的反应策略。

（7）对竞争对手的反应模式进行分析。每个竞争对手都有自己经营企业的理念、文化及一些行动的指针。例如，IBM 的业务代表们绝不攻击竞争对手的缺失，杜邦公司绝不从事和自己客户产生竞争的业务，因此，掌握住竞争对手的长处、弱点及竞争对手希望达成的目标，可以以一定程度的正确性来预估竞争对手的反应。

所有的这些信息都能够"直接"从竞争对手那里获得，比如它的年报、季报、广告、公告都是获取信息的途径，除此之外，商业杂志和商业报刊也是信息的重要来源。要善于观察竞争对手在以往的市场竞争中的行为——过去它在面对攻击的时候是怎样反应的？它是如何发动和实施攻击的？在采取行动之前，管理层曾经发出过什么样的信号？事先是不是会有通告？他们进行了什么投资？是否招进了新的人才？应该努力寻找这些相关的信号。总经理必须对这些进行深入分析，将这些竞争对手的战略信息结合起来。

# 做市场价格战的胜者

在商场上，价格战是一种十分重要的营销手段。在企业的经营中，总经理要善于合理利用和发挥价格杠杆的作用，实行有效市场竞争。然而，价格战又是一把双刃剑，既能伤到竞争对手，直击对手"要害"，将竞争对手置于死地，也有可能伤到自己，使自己元气大伤，甚至使企业在竞争中陷入严重亏损的境地。

因此，总经理一定要妥善使用价格战这把双刃剑，使其为自己所用。那么，什么样的时机才是发起价格战的最佳时机？这要看企业所面对的市场的潜力有多大，如果企业处于新兴的领域或者是没有得到充分发展的产业，市场潜力是巨大的，一旦发起降价的话就会促进消费群体的迅速扩大，带动着产业规模的迅猛扩张，在这个时候，应该尽快发起价格战从而占领广大的市场。

在中国的日化市场上占据主导地位的两家企业分别是宝洁和联合利华。20 世纪 90 年代初期，这两家企业几乎是心有灵犀地在价格和市场上达成默契——在价格上，不管是洗衣粉还是洗发水，联合利华的"奥妙""夏士莲"和宝洁的"汰渍""飘柔"价格基本趋同；在市场上，联合利华重点开拓华东市场，而宝洁则扎根于华南市场，各自在自己的市场上发展，对对方的大本营一般都不会进行什么大的动作。

面对中国厂商的频频进攻，联合利华开始有些焦灼。1999 年 11 月，联合利华打破了原来心照不宣的局面，大力出手，把"奥妙"的价格大幅度下调。不仅如此，还放弃了原来关于市场分割的默契，开始进军宝洁的大本营，在华南市场上也掀起了销售推广的热潮。价格下调以后，联合利华迅速抢到了宝洁原来在洗衣粉市场上第三的位置，并一跃成为城市洗衣粉行业的龙头老大，在上海市场的占有率甚至达到了 37%。

坐上业界老大宝座之后，联合利华就停下了开拓的脚步，暂停在价格上的一切动作，并开始重点塑造自己的主流品牌形象。比如联合利华广告的主体思想已经从对产品功能的单一介绍，转变为对于自身品牌形象的塑造和维护，从最初的"污渍油渍，不留痕迹"，变成了"越洗越鲜艳"，再到 2001 年的"有她不怕脏，孩子快成长"。

这使得宝洁相当不满，因此，已经积累能量长达两年的宝洁也开始发力了，最具杀伤力的武器当然还是价格战：宝洁旗下的汰渍洗衣粉一下子从 6 元多降到 3.5 元。热卖的浪潮从广州开始向全国大范围地蔓延。

联合利华和宝洁能够迅速占领市场，说明它们都抓住了发起价格战的最佳时机。

　　值得注意的是，考察任何一种产品所具备的市场潜力，都要与消费者的收入状况进行联系。有一些产品虽然是新型产品，普及率也非常低，但如果消费者的收入无法承担这项消费，市场潜力还是开发不出来的。

　　当然，价格战并不是每一家企业都能采取的策略，总经理希望企业在价格战中取胜，首先自己的企业要满足这样几个条件：

　　第一，成本领先。成本是价格的基础，成本优势是企业追求的目标，也是参与竞争的核心要素。企业的成本要低于同行业中竞争对手的成本，如此才能具有成本领先优势，才能保证市场占有率的快速提高，从而弥补因降价带来的损失，并在价格战中获得更多利润。

　　第二，质量要过硬。过硬的产品品质与服务质量是打赢价格战的关键因素。企业提供业内较高水准的产品，并且得到了目标顾客的完全认同或勾起目标顾客对产品的重视。这时，发动价格战才不会让消费者产生质次价低的印象。

　　第三，能适时推出新产品或服务。在价格战的同时，企业要适时推出新产品或服务，如此能节省新产品的宣传推广费用，也能吸引更多的非价格导向的顾客，从而削减因降价带来的利润损失。

　　第四，有一定的生产规模。如果企业的生产规模占据整个行业的10%，那么，它采取的价格战策略能给整个行业带来震撼性的影响。

　　第五，多元化经营。企业发动价格战时，应加快产品的更新换代，迅速使产品多样化。若只推出一种产品参与价格战，容易导致企业的亏损。若运用多种产品组合的策略，把不同产品的档次拉开，在竞争中便会具有相对优势。在产品同质化的时代仍然有可能战胜对手，赢得最后胜利。

　　只有具备以上这些条件的企业，才可以主动发起价格战，并在价格战中获利，对于不具备这些条件的企业来说，应当尽量避免价格战的发生，尤其是不能主动发起价格战，否则只会得不偿失。

　　按照价格战的市场战略定位，可以把价格战分为三种类型，根据不同的类型可以采取不同的手段来进行价格战的筹划,从而在价格战中取胜。

### 1. 进攻型

采取进攻型的价格战能够以最快的速度占领市场,尽可能地抢占竞争对手的市场份额。特点是狠、准、稳,打击面比较大,一般比较主动。进攻型价格战主要应用于战略区域市场,采用的幅度以及规模都要充分地结合当地市场的实际情况。

一般来说,进攻型价格战是行业内的某个企业主动采取的一种市场攻击行为,这种价格战通常都是以策略性产品作为先锋军,战略型产品随着及时跟进,甚至有的企业在实现了市场的规模覆盖之后,还会实行捆绑式销售或者限量发货,从而实现企业的战略发展目标。

进攻型价格战从企业的角度而言,一般是以公司的整体战略为出发点的。比如,为了迎合整个行业竞争的需要,或者是企业自身为了实现快速而有效的增长,使企业实现一定的规模效应,从而更好地参与到市场竞争中,都可以采用这样的战术。

作为美国乃至世界零售业的龙头老大,沃尔玛最常用的竞争手段就是价格战,在沃尔玛的门店里,到处都能够看到"天天平价"的标志牌,天天平价已经成为日常经营中最基本的促销手段。而在夺取其他企业市场份额的时候,沃尔玛惯用的手法则是降价。沃尔玛所到之处,当地市场上原有的同类企业就不得不面临一个痛苦的抉择:要么跟随沃尔玛降价,与沃尔玛打一场攻坚战,比一比谁的实力更强,谁能够坚持到最后;要么就退避三舍,对沃尔玛的降价视而不见,坐视原有消费者流失,拱手让出属于自己的市场份额。因此,当沃尔玛在德国市场上再次打响价格战的时候,德国的各大超级市场也毫无意外地饱尝了沃尔玛平价战略的苦头。

从 2008 年 5 月中旬开始,遍布德国各地的一共 95 家沃尔玛超市几乎在同一时间推出一项笼络消费者的优惠方案,对那些家庭必备的商品,比如面粉、奶粉、饮料、白糖、肉类等80多种食品的售价实现大幅度降价。和阿尔迪、利德尔、普鲁斯和诺尔玛这些本土零售商的超市标价相比，沃尔玛标出的优惠价显然更能够吸引消费者。因此，一时间，消费者蜂拥而至，在某些沃尔玛超市甚至出现了德国罕见的抢购人潮。

沃尔玛的价格战声势十分浩大，而且对于自己的意图也毫不掩饰，在杜塞尔多夫散发的宣传单上，沃尔玛甚至十分直白地打出了咄咄逼人的标题："同样的商品为什么非要去阿尔迪买？——我们的更便宜！"显而易见，沃尔玛对德国的零售业巨头阿尔迪下了挑战书。

在沃尔玛进军德国之前，阿尔迪是德国市场规模最大的连锁食品超市，自从成立以来一直是赢得了德国家庭主妇的喜爱，几乎成了她们的购物天堂。既然沃尔玛已经公开向它挑衅，要在价格上与它一决高低，那么阿尔迪当然也不会退缩。

2008年6月初，阿尔迪开始与沃尔玛进行对抗，甚至还准备拿出几亿马克的资金投入到价格战中，以粉碎沃尔玛的进攻，维护自己的市场份额。既然沃尔玛宣称自己的商品更便宜，那么，阿尔迪就把自己的价格定得更低：以面粉为例，在阿尔迪，每千克面粉只售39芬尼，这个价格甚至比德国排名十分靠前的大零售商梅特罗和雷威44~52芬尼的进货价还要低！

除了阿尔迪之外，为了捍卫自己的市场份额，利德尔、普鲁斯和诺尔玛等超市也把自己超市里的商品一律以七五折的优惠价进行出售。由于它们的分店遍布德国各地，因此，一时间，在德国整个零售业市场上，到处都是降价的风潮，呈现出了一派空前热闹但也空前混乱的景象。

最终，越来越过分的价格战引起了政府的关注，并且介入到其中。根据德国的有关法律，如果商家持续以低于成本销售商品就构成了违法行为，违者将被罚款或者吊销营业执照。2008年6月底，德国卡特尔局开始针对沃尔玛是否违反《反不正当竞争法》进行了详细的调查，阿尔迪、利德尔、普鲁斯和诺尔玛等超市也未能幸免。

然而，不可思议的是，德国卡特尔局的官员们在沃尔玛超市却没有发现什么蛛丝马迹。在对所有的优惠商品进行了仔细的检查之后，2008年7月4日卡特尔局局长乌尔夫·波格公开宣布，没有发现足够的可以指控沃尔玛超市违反竞争法律的证据。在80多种优惠商品中，50种商品的销售价没有低于进货价，其余的一些商品还需要进一步调查。

实际上，沃尔玛以非常便宜的价格从它的供货商那里购买商品，用来打价格战的商品，价格虽然低得离奇，却仍然有利可图，这正是沃尔玛的成功之处。毫无疑问，沃尔玛是这场价格战的赢家。在75000种商品中，沃尔玛只是精选出了具有代表性的80多种商品以优惠的价格推出，就能把德国零售市场搅得天翻地覆，而自己不仅从中获得了利润，知名度也相应得到了提高。

首先挑起价格战的企业通常情况下会遭到其他企业的反攻，因此，在发起价格战的时候，企业必须对此进行足够的考虑。沃尔玛无疑充分考虑到了这一点，并做了充分的准备，因此，它不但能够与竞争对手大战到底，还可以笑到最后，为自己赢得最终的胜利，并且为进一步收拾德国零售业竞争的战场打下伏笔，为扩大自己的市场份额创造了良好的外部环境。这可以说是进攻型价格战的一个范例。

## 2. 防御型

防御型价格战是以牺牲企业的战略性产品为代价，维护和巩固企业目前所拥有的市场，并通过这种方式来扩大销售额以及市场占有率。防御型攻击战应该把防御和进攻结合起来，以退为进，在防御之中显现"杀机"。

防御型价格战在大多数情况下，是一种被动应战，是企业被逼无奈而采取的一种市场防御行为。当自己的市场上出现强有力的对手入侵的时候，企业为了保全自己的市场份额，往往会采取这种防御型的价格战。在进行防御型价格战的时候，需要注意以下几个方面：

首先，有所偏重。在选择参战产品时要有所偏重，忌全线参与，要针对竞品的主要规格选取相应的产品参与价格战。

其次，采用新产品。尽量采用新产品，因为价格战结束后，这种新产品也就没有保留的价值。

最后，防御与进攻结合。只有将防御与进攻完美结合，才能在防御中体现进攻的成分，并乘机扩大市场份额。

### 3. 狙击型

狙击型价格战侧重于细分市场，并善于瞄准目标，能有效打击竞争对手，进而瓜分竞争对手的市场份额。企业在采取狙击型价格战时，攻击目标要明确，出手速度要快，力求速战速决，不给竞争对手喘息的机会。

要想取得狙击型价格战的胜利，总经理必须注意以下几个方面：

第一，选准"靶子"。所谓"靶子"。通常是指进入市场不久的新品牌或者是当地的主要竞争品牌。

第二，有效攻击。选择狙击型价格战应注意速度和有效性，不给对手反攻的机会。

第三，抢占市场份额。选择狙击型价格战的目的是迅速占领对方的市场领域，抢得市场份额。

因此，要想打赢价格战，不但要学会在适当的时候主动出击，而且还要懂得怎样应对竞争对手发起的进攻，从而打一场既漂亮又有力的反击战、歼灭战。对于竞争对手挑起的价格战，作为企业要兵来将挡，水来土淹，不仅要沉着冷静，明察秋毫，而且还要善于知己知彼，找到对手的"软肋"，并予以痛击，从战略战术上制胜对手。

对于价格战，企业不管扮演的是发起者、参与者还是规避者的角色，都应该根据企业的实际情况来采取不同的策略，而不是盲目地跟风降价或者固执地不降价。在企业遭遇价格战的时候，首先应该充分了解竞争对手的实力、降价动机及降价的策略，这样才能使企业对竞争对手的降价进行及时而有效的反应；其次对市场上消费者行为的研究，能够使企业更好地应对价格战；最后总经理应该对企业的短期损失与长期得益进行充分的权衡，必要的时候应该进行防守并且承受一定的损失，从而保住企业原有的市场领地，获得更加长远的发展。

# 通过思考赢得顾客

## 1. 了解顾客在想什么

有这样一则广告：图片中有一个人站在梯子上，眼睛看着围墙外面，外面意味着市场。意思是站在梯子上，目光越过围墙，对外面的市场一目了然，才能明白顾客在想什么。人们常常闭门造车，想当然，关起门来做决策，根据自己的想法而不是市场的实际情况来做判断，这是不对的，应该仔细分析市场，清楚地把握顾客在想什么。

美国沃尔玛的创始人山姆·沃尔顿有一个习惯，在检查工作的时候，他喜欢站在门口。他说企业到底碰到什么问题，顾客对企业有什么想法，要站在门口才能发现。一家酒店最容易遇到问题的地方一定在它的大堂，所以，酒店一定要有一个大堂经理，这个大堂经理就是替酒店经理去观察市场的。但如果大堂经理只坐在办公室里，写公文或看文件，那么他的工作就无法做好。所以，经理人应该跟市场接触，了解顾客在想什么。

黛安芬是一个女性内衣品牌，进入中国以后，在北京等地举办了"幕追尼"商桥表演，此后该品牌内衣在中国就卖得非常火暴。黛安芬的管理者说女性的钱是赚不完的，关键是你要知道女性正在想什么。黛安芬降低自己销售女性内衣时的商业色彩，而是宣传提升女性的穿着文化，站在女性的立场上思考问题，抓住女性心中真正想追求的东西。这正是思考力所要求的：思考顾客是谁，他们都在想什么，即分析市场需求，而不是坐在办公室闭门造车。

女性住酒店不喜欢隔壁住的是男性。如果隔壁房间住的是男性，女性会感觉特别不舒服。在欧美，很多大酒店都会专设一个楼层给女性住，其他楼层即使客满，这个楼层也只限女性居住，当然打扫房间和送东西的服务员也都是女性。

女性去医院看妇科时不喜欢接待她的是男医生。在欧美就有一些大型的妇科医院，从挂号开始，整个医院里面全部都是女性。女性在这样一个妇科医院里就诊，肯定会有一种安全感。

女性用洗手间跟男性不太一样，她们耗时相对较长，所以当她们上洗手间时，外面可能有人排队。但是很多女性不喜欢小便的声音被其他人听到，日本人就发明了一种女性洗手间专用的厕所抽水马桶，一开始使用时，它就自动冲水，小便的声音就被遮住了，这种设计对女性而言非常贴心。

上海某饭店，几位顾客吃完饭结账时，有位女士走过来看了一下餐桌问道："先生，这个菜不好吃吗？"的确，那个菜做得太油腻了，顾客只吃了一两口。那位女士告诉客人："先生，您下次再来点这个菜时，可以事先和我讲一下，我会让厨师按照您的口味做。"原来，这位女士是经理，只要她看到客人吃饭时哪道菜没有动或者只吃了一两口，就会去询问是不是菜不好吃。这就证明，要真正了解顾客，就应该把思考力放到顾客身上。

闭门造车，关起门来做决策，并不能代表顾客所想。

## 2. 要把思考力放在顾客身上

我们常常说，要让顾客感到满意。其实顾客的满意是比较好实现的，我们应该设法让顾客忠诚于我们，要把他的满意度变成忠诚度。

所谓满意，就是指没有投诉。但顾客目前没有投诉，没有什么不愉快，并不代表顾客会再来。而忠诚则表示以后还会来，也就是说忠诚比满意更重要。

国际著名管理咨询公司——贝恩公司的研究结果表明，顾客忠诚度每提高5%，企业的利润就会有45% ~90%的提升。顾客忠诚度的获取要立足于顾客满意度，也就是说，顾客忠诚度的获得要立足于一个最低的顾客满意度水平。在这个水平线以下，顾客忠诚度会下降；在水平线以上的一定范围内，顾客的忠诚度不会受影响；只有满意度达到一定高度，忠诚度才会大幅提升。

什么叫做差异化？举例来说，有人认为可口可乐好喝，有人则认为百事可乐好喝，这就叫做差异化。一般没有几个人能真的把"百事"跟"可口"的区别一口尝出来，两者好像没有什么区别。但是顾客如果对产品有偏好，就会有主观感受上的差异。

很多企业都认为自己的东西跟竞争对手的不一样，有很强的差异化，可是顾客认为就是一样的；也有的企业其产品的确跟竞争对手的一样，但顾客认为就是不一样。因此，一个产品跟同类产品是否有差别，实际上是顾客在作决定。顾客就代表着市场，顾客的选择就是市场的选择。你的产品明明跟竞争对手的一样，人家说不一样，你赢了；你的产品明明跟竞争对手的不一样，人家说一样，你就输了。

一般人都不喜欢听到顾客抱怨，总觉得顾客投诉或者抱怨，是故意找茬。其实正相反，你应该意识到：顾客投诉是件好事，因为他给了你第二次表现的机会。一方面，没有一个产品或企业，能避免被顾客抱怨，问题是顾客抱怨完了以后你应该做什么；另一方面，市场调查显示，如果顾客的抱怨能够解决，67% 的顾客就会成为回头客。

所以，如果以后有人再跟你抱怨，你就应该欣喜地意识到：第二次表现的机会到了。顾客投诉说明：第一，你的产品没有替代品；第二，顾客对你还抱有希望。所以会抱怨的顾客是好顾客，相比那些什么都不抱怨，但是对你的产品或企业再也不感兴趣的顾客，他们毕竟还给了你改进的机会。

新产品的问世和老产品的改进，常常需要倾听顾客的声音。许多深得民心的产品与服务往往就是从消费者的投诉中得到启发而诞生的。

有人说在银行存取钱时手续烦琐，于是就有了免填单服务；有人说喝茶时茶叶会流入口中，于是就有了带不锈钢滤网的滤叶口杯；有人说洗衣机不能洗地瓜，于是海尔就发明了可以洗瓜果的洗衣机……可以说，是顾客的投诉甚至是看似不合理的要求，给企业带来了发展的机遇。

因此，有时候仔细考虑一下顾客的抱怨和投诉，说不定会给你带来意想不到的灵感和创意，让你的产品脱颖而出。

每个企业都要稳住自己的老顾客。有的企业一天到晚想尽各种方法开发新顾客，对老顾客却置之不理。结果是增加了三个新顾客，却丢掉一个老顾客，增加了 8000 万元生意的同时，又丢掉了 3000 万元，这样市场永远做不大。所以我们要把老顾客照顾好，生意才会做得长久。偏偏很多人认为，老顾客都是熟人，将就将就好像没什么关系，其实这是个非常错误的观念。营销学上做过的一个调查发现，开发一个新顾客的成本是稳住一个老顾客的 4 倍。

所以，做生意应该依据同心圆的原理，把老顾客"锁"在中间，在此基础上增加新顾客，使顾客群像同心圆一样放大，一环一环地增加。既然老顾客能够稳住，产品的信誉和口碑就稳住了，依靠老顾客在市场上的影响力，慢慢地，生意就做大了。

# 把目标客户定位精细化

在当今社会经济发展的趋势下，没有一家企业不谈定位、不做定位。而客户定位是产品（或服务）定位的一个重要组成部分，用以明确产品（或服务）的目标客户。目标客户的主要特征包括自然特征、经济特征、生活（生产）特征等诸多方面。精准的客户定位是企业开展营销及销售员找对人、做对事的前提条件，也就是说，首先要定位好什么人才是企业及销售员要找的人。可是，企业的思想及视线所及往往与深藏不露的潜在客户存在一定的距离，在很多时候，潜在客户藏得太深了，甚至让企业无法知道或找到。

也就是因为这样的原因，三种脱离市场实际的客户定位结果应运而生：第一，客户定位模糊。对目标客户定位全而广，或者说想把产品（或服务）卖给更多的人甚至所有的人。然而，这只能是一个美丽的肥皂泡，终将会破裂。第二，客户定位偏差。在这种情况下，目标客户定位出现缺失，即没有把客户群体考虑全面，部分潜在客户群体没有被企业锁定。另外，客户定位还容易出现次重点颠倒的情况，即把核心客户当成次要客户，把次要客户当成核心客户。第三，客户定位错误。在定位上，以此为彼，以彼为此，其错误在于把产品（或服务）卖错对象甚至想卖给根本就不需要的人。在上述情况下做销售，怎能才能解决好找到核心客户这一难题？

我们不妨一起来看一下如何针对这两类客户进行定位描述。

## 1. 个人客户

当企业面向个人消费市场开展销售时，所面对的客户就是个人客户。

当然，在这种情况下，产品（或服务）主要是个人及家庭生活及生产用品（或服务）。个人客户定位的内容一般包括客户的性别、年龄、职业、职位、经济收入、生活方式、消费习惯等方面。但是，个人客户的购买行为往往存在着这样的事实：购买者不一定是使用者，使用者不一定是购买者，决策者也不一定是购买者。

### 2. 商业客户

一些企业除了面向个人零售市场，还面向企业或其他社会组织（如政府、公用事业单位等）开展销售，甚至有些企业只面向企业或其他社会组织销售。对此，可以称为 B2B 营销。同时，企业所面对的市场则称为组织间市场。这个市场是庞大的，其交易量远远超过了消费者市场。在这种情况下，企业的组织型客户就可以称为商业客户。商业客户购买产品或接受服务，主要是用于工业或商业再生产，包括生产、经营等用途。

在过去，很多企业对商业客户进行定位时，仅仅把目光停留在组织类型上，如企业在营销计划中，把潜在客户很粗放地锁定企业、政府机构、社团组织等政治经济组织。在商用软件行业，有些商用软件企业在定位目标客户时，把客户定位为大企业或中小企业。如此粗放的客户定位，为销售员开展销售工作带来了困难，也为针对潜在客户量身开发、量身施政带来了困难。

# 创造让客户无法抗拒的强大气场

我们常常会说，将军有将军的风范，土匪有土匪的痞气。不同的人，其特殊的身份和特质，决定了其外在的气势和影响。在现实生活中，有不少人也能给人这样的感觉，虽然他不说话，单单是站在那里，就可以让人觉得有一种特殊的气质，使人不禁对其肃然起敬，表示信服和依赖，或者感到一种威严的气势，不由得顺从和臣服于他。这其实就是一种无形的影响力，是一个人的品质以及意志等内涵的外在体现，并外化成一种气势和力量，对别人产生一定的吸引或者威慑。一个人如果能够提高自己的这种隐形的气势，就可以更深刻地影响到别人，使这种气势变成感化别人的力量。

有位心理学家做了这样一个实验：他让一名军人装扮成一个乞丐，而让一个乞丐装扮成一名军人，两个人交换角色，一个去沿街乞讨，一个去管理士兵。结果军人装扮成乞丐以后，还是那样挺拔坚定，说话低沉镇定，当他对路人说："请施舍我点东西吧！"很多人都为之一震，浑厚的声音之中传达出一种不可抗拒的力量，人们不自觉地掏出钱来给他。而乞丐装扮成的军人，却是一副猥琐的姿态，在士兵面前低声下气。他在命令士兵列队的时候，居然是低声地说："我求求你们都站好吧！"结果士兵们一起喊"是，长官"，竟把他吓得躲到墙角了。

这就是气势的影响，它可以传递给别人这样的信息：你是自信还是卑谦，是胸有成竹还是心中没谱，是不可轻视还是可以随意应付。当你在气势上处于劣势的时候，不仅不能影响到别人，还可能被对方控制。

因此，客户管理人员在客户面前，一定要将自己最强势的一面表现出来，要充满自信、要坚定果断、要谨慎认真，而不能唯唯诺诺、拖拖拉拉，更不能马虎大意、随波逐流。在处事立场上，如果你没有坚定的意志，没有果断的精神，那么主动权就会控制在对方手里，使你受制于人。

客户管理人员要善于改变自身的气势，增强影响力，其基础就是要有强大的意志力做支撑。有决心、有目标，才会有独立性，不受别人的干扰和影响，也不会随波逐流、半途而废。因此，客户管理人员如果能将决策时的独立性和果断性与执行时的坚定性完美地结合在一起，一种无形的影响力就会产生，你的自信与坚定，你的镇静与果断，足以让对方对你表示信服，对你有所依赖，并在你逼人的气势之下，轻易向你妥协。

我们都听说过伟大的推销员原一平。他其实并不是我们想象中的那种仪表堂堂的销售员。他的身高只有1.53米，长相也很一般，在他刚刚进入销售界，进行保险推销的时候，处境的艰难是可想而知的。他不但没有任何经验，而且自身气质也不占优势。在进入公司的半年时间里，他一份保险也没有推销出去。如此差的业绩使他没有钱租房子，没有钱吃饭，日子过得步履维艰。但是他并没有自怨自艾，而是依然微笑着面对自己的生活，因为他始终坚信，阳光总在风雨后。

他总是微笑地面对周围的一切，而且笑得那么真诚、那么自信。同时他也对自己的工作充满了坚定的信念，在别人已经灰心丧气、颓废委靡的时候，他依然能够充满希望地面对未来。

有一天，原一平去拜访一位客户。去之前他就听说这个客户是个性格内向、脾气古怪的人，不好接触。但是原一平没有退缩，勇敢地敲响了客户家的门。

"你好，我是原一平，明治保险公司的业务员。"

"哦，对不起，我不需要投保。我向来讨厌保险。"

原一平不仅没有生气，反而和颜悦色地问道："能告诉我原因吗？"

"讨厌还需要理由吗？"客户突然提高声音，显得有些不耐烦。

原一平还是没有放弃，而是依旧面带笑容地望着他说："我听朋友说你在自己的行业做得风生水起，真的很佩服你，如果我能在我的行业也能做得像你一样好，那真是一件很幸福的事。"

原一平的话让客户的态度略有好转："我一向讨厌保险推销员，可是你是个例外，因为你的笑容让我不忍拒绝。好吧，请你说说你的保险吧。"

就这样，原一平被请进了家门，通过了解，原一平发现原来客户并不是讨厌保险，而是不喜欢推销员。在接下来的交谈中，客户在不知不觉中已经被他的自信、开朗、热情和坚定所感染。最后，客户彻底被原一平说服，愉快地在保险单上签上了自己的名字，并和他握手道别，说："你真了不起，我好像完全不能抗拒你似的。"

原一平就是靠自己的巨大影响力感染了无数的客户。他相信真诚和自信能够打动很多人。为了能够更好地影响客户，他还苦练"笑功"，把"笑"分为38种，针对不同的客户，表现不同的笑容，使自己不管在面对什么样的客户时都能够散发出迷人的魅力，使客户如沐春风，无法抗拒。

## 怎样取得有用的信息

据有关调查显示，名列《财富》全球1000强的大企业中，平均每年发生2.45次的商业间谍事件，由此所造成的损失总数高达450亿美元。商业机密直接影响到企业的发展。继资金、技术和人才之后，商业情报已经成为决定企业生死的"第四种生产要素"。

在美国亚特兰大的一个银行保险库里，保存着至今为止最为隐秘的商业机密之一——可口可乐神秘配方。1886年，美国佐治亚州亚特兰大市的药剂师约翰·潘伯顿在自己家中进行试验，他把碳酸水、糖、苏打水以及其他的原料混合在三角壶里，进行搅拌，形成了一块深色的糖浆——这就是后来举世闻名的可口可乐的秘方。这个秘方自从诞生以来就一直被严格保密，在长达120年之久的时间里都无人知晓。随着可口可乐的发展，对于这个秘方的保密程度也与日俱增。1923年，当可口可乐的元老、德高望重的罗伯特·伍德拉夫成为可口可乐新一代领导人的时候，曾经在公司里立下一项规定，把保护秘方作为可口可乐公司第一重要任务。当时，可口可乐公司还公开播放了把这一饮料的发明者约翰·潘伯顿的手书保存在银行保险库中的整个过程，并且宣布，如果谁想要查询这一秘方，必须首先提出申请，经过信托公司董事会的批准以后，才能够在有官员在场的情况下，在指定的时间里将其打开。否则，谁也无权查看这一秘方。

近百年的时间里，全世界众多化学家和竞争者为了探索其中的奥秘，花费了无数心血，却始终没有解开可口可乐的秘方之谜。在与合作伙伴进行贸易的时候，可口可乐公司也只是向合作伙伴提供饮料的半成品，获得其生产许可的厂家只能得到把浓缩的原浆加工成可口可乐成品的技术和方法，却无法得到原浆的配方和技术。即使现在，可口可乐在世界各地的分公司也只能到美国去提取母液，然后添加其他配料来生产本土化的可口可乐，没有机会接触到配方。截至2000年，知道这一秘方的不到10人。

其实，可口可乐的主要配料并不是什么秘密，包括碳酸水、咖啡因、焦糖、磷酸、糖、"失效"的古柯叶等——这几乎人人皆知，保密的仅仅是它的核心技术，也就是在可口可乐饮料中仅占不到1%的神秘配料——"7X商品"。这个神秘的"7X商品"是由三种关键成分所组成，这三种成分分别由可口可乐公司的三个高级员工所掌握，当然这三个人的身份也是绝对保密的。并且，他们还必须与可口可乐公司签署"绝不泄密"的协议。更为惊奇的是，连他们自己都不可能知道另外的两种成分是什么。

然而，2006年7月5日，美国媒体却爆出了一条令世人哗然的消息：美国联邦检察官指控三名嫌疑人盗取可口可乐的机密资料，其中就包括可口可乐的神秘配方，并且他们还企图把这个神秘配方转卖给可口可乐最大的竞争对手——百事可乐。

这三名嫌疑人中包括当时在可口可乐公司担任执行行政助理的何亚·威廉斯。她被指控为暗中搜查公司的机密文件，并且将有关的信息以及可口可乐新研发产品的一个样品藏到自己的包里带出公司。另外两名嫌疑人是易卜拉欣·迪姆松和埃德蒙·杜汉尼。2006年6月27日，伪装的FBI探员主动提出要以150万美元的价格购买"德克"手中的秘方。犯罪嫌疑人在巨额利润的诱惑下动心了，在进行罪恶交易的时候被一举抓获。而可口可乐公司的"内奸"威廉斯随后也被拘捕。

　　对于此次事件，可口可乐曾经发表言论："可口可乐公司是建立在一个机密之上的企业，我们从不会评价自己的机密保护措施，但是我们很清楚，随着我们对于产品革新的不断加深，企业外部的一些人对于这个秘方的兴趣也越来越大。对于这种潜在的威胁，我们的态度是十分严肃的，并且会采取一切必要的手段来对付这种威胁，保护我们的商业秘密。至今那些神秘的配方还保存在亚特兰大的 SunTrust 银行里。而在这之前，我们也在商业机密方面的事情与 FBI 有过如此正式的合作与调查。"

　　可口可乐公司无论如何也没有想到，尽管保存得如此严密，让自己遭受到"泄密"危险的，却并不是那些对秘方觊觎已久的竞争对手们，而是自己的员工。可口可乐首席执行官内维尔在写给员工的一份备忘录中说道，可口可乐正在和联邦调查局进行合作，并且，为了保护自己的知识产权，将会重新审查自己的信息保护政策以及操作方式。他痛心地说："令人悲哀的是，今天被捕的人当中包括我们公司内部的员工。虽然我们都难以接受这样的事实，但这强调了我们每个人在保护我们的商业机密方面的责任。这种商业机密是公司的血液。"

　　可口可乐将自己的神秘配方保存在亚特兰大的一个银行保险库里，对于知晓可口可乐核心技术的三个人的身份也绝对保密，表明商业机密在企业发展中起着非常重要的作用，甚至决定企业的生死存亡。

　　对许多企业来说，为了获得市场上的优势地位，总经理必须能够很好地预见市场趋势、竞争对手、消费者和供应商的各种行动变化，实时监测市场中各种产品的改进、进程的优化和技术的提升，从而立于不败之地。而预测是否准确，是否能够对企业的发展产生促进作用，在很大程度上来源于竞争情报的准确度。在这种情况下越来越多的企业开始意识到，竞争情报在企业发展中具有不可替代的作用。

　　因此，在总经理进行企业战略决策的过程中，竞争情报是不可缺少的一部分，收集并分析竞争情报，已经成为企业发展过程中的一项有力武器。所谓的竞争情报就是在自身所处的行业中收集和利用有关竞争环境和竞争对手的信息。企业通过对所获取的竞争对手情报的分析，明确它的战略计划和行动之后，就能够制订具有针对性的措施来应对。这就要求总经理不断地掌握行业、质量、技术、市场、价格、销售等各个方面的情报信息，及时分析自己的产品的缺点和不足，为新产品的发展提供竞争能力创造条件。

企业的生产和经营必须以市场的需求作为目标，没有需求的产品是不可能进行生产的，也不可能会有市场占有率。因此，谁掌握了市场需求，谁才能够满足消费者需求，才能够赢得市场，谁认识并发挥了市场竞争情报的作用，谁才能够站在胜利者的位置。

**1. 商业竞争情报的作用**

那么，商业竞争情报对企业来说究竟有哪些作用呢？具体可以总结为两大作用。

第一，预警系统。竞争情报可以充当企业的预警系统，帮助企业发现市场上存在的威胁和机会，在企业尚未发现自己有强大竞争对手之前，就向企业的领导者发出警告，并通过减少对手的反应时间来取得竞争优势。竞争情报预警系统主要包括的内容是：跟踪市场需求的动态变化、跟踪最新的技术变化、监测主要客户的动向、预期现有竞争对手的行动、发现新的或潜在的竞争对手、了解影响企业业务的政治动向和法规变化等。

第二，决策支持系统。利用竞争情报可以提高企业决策的成功率。任何一个科学的决策或者是战略规划，首先都要取得情报系统的支持，只有这样，才会把决策失误的可能性降到更小。竞争情报支持决策的内容主要包括：企业竞争方式的决策和企业的生产决策、企业并购目标的选择、企业开发新市场的决策、企业进入新的业务领域的决策、企业技术开发的决策等。

## 2. 怎样获取商业竞争情报

获取商业竞争情报的信息来源是十分广泛的，新闻报道、企业的财务报告、企业发的产品手册、招聘广告、政府的数据库，甚至无意间的聊天、市场的传言都有可能成为情报的来源。总经理应该特别关注以下的资料：

会议/研讨会资料

媒体（包括平面媒体和电视、广播媒体）

企业名录、报纸

年鉴/统计资料/手册

索引/文摘

产品目录

产品样本、说明书

行业期刊

技术标准

会议文献

专利文献

竞争对手的年度报告

为了更好地收集这些信息，获得更广泛的商业竞争情报，总经理可以在企业中采取各种各样的措施。

（1）建立竞争情报系统。企业竞争情报系统的开发可以分为三个阶段：第一阶段是建立起一个良好的人工系统，第二阶段是建立起一个计算机辅助系统，第三阶段是建立一个运用信息技术支持的战略信息系统。竞争情报系统的建立能够充分利用现代信息技术来构建企业的集成信息系统。

同时，基于互联网的信息搜索技术让竞争情报的搜集变得更加便捷，对于互联网信息，我们至少要熟练掌握常见的搜索工具，如 Google、Baidu 等，如果愿意在这方面有所投入，一些比较完善的情报搜集软件也值得考虑使用，如 Baidu eCIS、365Agent、E2 等。收集信息的便捷性对于情报工作者的信息甄别能力要求反而要提高，否则就会陷入另一个信息的海洋里。

此外，还可以通过数据库收集。数据库是比较优良的情报来源，和网络来源的情报不同，数据库的信息大部分是经过加工、归类的，使用起来会更加有效。使用数据库一般来讲需要一些培训，或者是由专业的人员来实现，尤其是一些专业数据库。

（2）重视专业情报人才的获取。随着竞争情报活动的不断深入和扩大，对理论和方法指导的需求越来越迫切，拥有一支高素质的竞争情报队伍是企业竞争情报取得成功的关键。

（3）依靠外部资源。聘请社会竞争情报专业机构开展企业的竞争情报工作。善用企业外部资源，以最低成本获取最充分信息。对于企业来说，独立开展竞争情报项目，往往显得势单力薄，而竞争情报专业机构的作用则在此彰显。一是可以为企业提供价格更为低廉的服务；二是可以广泛获取更多的信息，从而为企业的决策进行分析，同时还可以对企业本身的情报人才进行培训和提供咨询。

通过这些途径可以获得大量的情报信息，但是，值得注意的是，这些信息是杂乱无章的，那么，总经理如何应用这些商业竞争情报呢？

商业竞争情报的真正价值不在于获取，而在于分析。在进行分析之前，还要先对信息进行筛选。不同的信息具有不同的特点，短期的信息可能十分明显，非常容易获取，但是所有的信息都必须通过分析、研究之后才能得出较长期的信息。比如，一个产品的市场份额的变化通常是最明显的，也是最容易得到的信息。但是关于这些市场份额为什么会发生这样的变化，在这些变化的背后，到底隐藏了什么深刻的原因和内涵，这就需要总经理安排相关人员来进行具体分析了。

在商业社会中，竞争无时不有，无处不在，每一个企业都面临着竞争的考验。这意味着，任何企业都不能对自己的市场份额与竞争地位盲目乐观。但是，随着社会的发展，竞争已经不再是你死我活的争斗，而越来越多地开始兼顾"战争与和平"以及"双赢"。但是，不论是想在交锋中取胜，还是在合作中获益，"知己知彼"都是必要条件。这也正是总经理布局商业情报战的长远意义之所在。

# ●第四章　前瞻思维平衡规划●

## 打破思维的僵局

### 1. 要有良好的思维模式

在创业的过程中，做事具有四两拨千斤思维的人，能够从繁杂的表面现象中，抓住事物的本质和核心，从而正确地预测事物的进程和未来，这样的人完全有理由实现自己的目标，从而获得成功。

有一个很偏僻的小镇，水源很是奇缺，居民要到数里外的地方去挑水吃。

在这个镇上，有一个比较聪明的村民甲，看到了其中蕴涵的商机。于是，他挑起水桶，以挑水、卖水为业，每担水卖2角钱，虽然辛苦点，还算是一条不错的门路。

村民乙看了，有些眼热，觉得钱为什么只让他一个人赚呢？于是，他也走上挑水、卖水之路，并且将两个儿子也动员起来，当然钱包也鼓了。

村民甲看到这种情况后想，你家劳动力强，我比不过，于是索性买来20副水桶，请了20个闲散劳动力，由他们挑水，自己坐镇卖水，每担水抽成5分钱。这样，既省了力气，又多赚了钱。不过好景不长，这些闲散劳动力渐渐熟悉了门道，都不愿意被抽成，纷纷单干去了。于是，村民甲一下子成了光杆司令。

村民甲经过一番思索之后，请人做了两个大水车，并租来两头牛，用牛拉车运水，每次40担，这样一来效率又提高了，成本反而降低了，因此赚头更大了。这让其他人很是羡慕。人们很快看出"规模经营"的优势，于是纷纷联合起来，或用牛拉车，或用马拉车，用不同的方式参与到竞争中。

正当竞争达到白热化的时候，人们发现，自己的水竟然卖不出去了。原来，村民甲买来水管，安装了管道，让水从水源直接流到村子里，自己只要坐在家里卖水就行了，且价格大幅度下降，一下子占领了全部市场。

现实生活中，让人执迷不悟的原因有许多，一个最重要的原因就是习惯性思维，不懂变通。每个人都会有认识事物的习惯，而从前的认知习惯往往会影响后来的认知方式，从而导致不能根据事件、地点、具体时间的变化而进行适时地调整。

如果能够灵活地调整目标，改变思路，使自己的思维活跃起来，你会发现事情很快就会出现"柳暗花明又一村"的景象，前途充满无限光明。

追求成功，最重要的是要有良好的思考模式。哲学家亚伦曾说："良好的思考与行动不会产生坏结果，糟糕的思考与行动不会产生好结果。"一切事物的起源都是从改变思维开始，改变命运就应该从改变思维做起。

社会就是这样，善于动脑筋的人总是走在前头，而其他人则只能在后面跟着走。

## 2. 改变人生，从改变思维开始

在全球化的浪潮中，灵活变通是必需的。灵活多变能把你引向成功的坦途，也将成为你棋高一招的标志。只有拥有一个会思考、懂得灵活变通的脑袋，并善于利用它，你才能得到你想拥有的一切。

自古房子出售，都是先盖好房，再出售。对此，霍英东反复问自己："先出售，后建筑不行吗？"正是由于霍英东这一顿悟，使他摆脱了束缚，迈出了由一介平民变成亿万富豪的传奇般的创业之路。

霍英东是中国香港立信建筑置业公司的创办人。在香港居民的眼中，他是个"奇特的发迹者"。"白手起家，短期发迹""无端发达""轻而易举""一举成功"等，这些议论将霍英东的发迹蒙上了一层神秘的色彩。

霍英东的发迹真的神秘吗？不，他主要是运用了"先出售、后建筑"的高招，而这一高招来自他的思考和顿悟。

当然，有一个会思考的头脑，并不等于就有了一切。同时，还要具有冷静思考、触类旁通，借他山之石以攻玉，弃人之短、取人之长的眼光。永远开创新的路子，永远拥有独到的智慧，最终将创新变成自己的日常习惯，使自己永远立于竞争的潮头。

一个非常著名的公司要招聘一名业务经理，丰厚的薪水和各项福利待遇吸引了数百名求职者前来应聘，经过一番初试和复试，剩下了10名求职者。

主考官对这10名求职者说："你们回去好好准备一下，一个星期之后，本公司的总裁将亲自面试你们。"

一个星期之后，10名做好了准备的求职者如约而至。结果，一个其貌不扬的求职者被留用了。总裁问这名求职者："知道你为什么会被留用吗？"

这名求职者老实地回答："不清楚。"

总裁说："其实，你不是这10名求职者中最优秀的。他们做了充分的准备，比如时髦的服装、娴熟的面试技巧，但都不像你所做的准备这样务实。你用了一种超常规的方式，对本公司产品的市场情况及别家公司同类产品的情况作了深入的调查与分析，并提交了一份市场调查报告。你被本公司聘用之前，就做了这么多工作，不用你又用谁呢？"

在我们的生活中，我们总是习惯于遵循一贯的观点和想法，总是习惯于按常规去做一些事情，却不知道机遇往往就蕴藏在我们的灵机一动之中。因此，平时我们不妨问一下自己："为什么我们总是习惯于做大家都会做的事情，为什么不给自己一个突破的机会呢？"

在人的思想里面，有千万个叫做灵感的精灵。它们随时可能跳出来，但也有可能永远躺在天堂里睡觉，而这一切都取决于我们自己。改变思维习惯就是要大胆地跳出传统的思维，跳出习惯性的思维，跳出大多数人的思维。

很多的事情，在未成功时都是不可能的，在未成功时都会受到别人的嘲笑，会受到别人的千般阻挠，只有在成功时，人们才会意识到他们当初的错误及无知，才会嘲笑自己当初的做法。所以，一个人想成功就必须能承受别人所不能承受，能海纳百川，无所不容。

改变陈旧的思维习惯，培养有益的思维习惯，思考能力永远超人一步，行动能力永远高人一筹，这样你才有可能稳健地走向成功之路。

# 成功制定企业战略决策

在企业战略管理的过程中，战略决策是非常关键的一环，具有承前启后的枢纽作用。总经理首先必须明白什么是战略决策。所谓企业战略决策，就是企业在战略思想的指导之下，依据战略分析阶段收集的决策信息，包括市场需求、外部机会、竞争格局、企业自身能力等各方面的信息所做出的科学而合理的决策。

日本经济新闻社曾经做过一项市场调查，调查的结果表明，在日本，有99%的大企业都制订了较为详尽的发展战略以及长期经营规划。其中，在已经制订战略决策的大企业中，大部分企业的经营指标都因此而得到迅速上升或者有了明显提高。而那些没有做出战略决策的企业，相对来说，经营指标上升十分缓慢，有将近一半的企业出现了亏损状况，部分企业甚至濒临倒闭。由此可见，适时做出战略决策对于企业确定正确的战略目标和适宜的战略途径、方法大有裨益。因此，总经理要深刻理解战略决策对于企业的重要性，并提高自己制订战略决策的能力。

**1. 影响战略决策的因素**

在制订战略决策的过程中，必须考虑到能够对战略决策产生影响的各种因素，并对这些因素加以分析，以有效利用其中产生积极影响的因素，避免不利因素产生的消极影响。

（1）核心因素：总经理。总经理是企业进行战略决策的实施者，也是影响战略决策的核心因素。总经理的愿景和战略意图将会直接决定企业的战略意图和战略行为，如果总经理对企业的定位准确，对企业的发展情况了如指掌，那么战略决策的正确方向也能得到保证。总经理是否具有创新的精神、开拓的思维也会影响到企业的战略决策，而时间管理、权力运用等能力的不同也使得战略决策的执行出现差异。因此，为了更好地制订战略决策，总经理必须不断地改进自己，使自己更具有战略性思维，促进企业的发展。

（2）基础因素：企业文化。企业文化是企业持续发展的动力，也是影响企业战略决策的一个基础性的因素。其中，人员选择文化和部门之间互相合作的文化对于企业的决策制订以及执行能力的影响最为明显。

企业以人为本，企业竞争最终还是人才竞争。人的素质是企业运作执行能力天然的决定因素，也是造成不同企业决策力存在差异的根本性因素。要保证企业的正确决策，首先要尽量给每个岗位配置最合适的人。这种人员选择文化能够直接影响企业决策制订和执行的主体。因此，总经理在选人用人的时候，要对员工进行仔细甄别，判断是否有利于企业的决策与执行。

另外，部门之间互相合作的文化在企业的决策中也起着非常重要的作用。如果企业内部各部门之间能够建立起互相信任、彼此合作的关系，那么，这个企业就具有更大的竞争优势，在制订战略决策的时候也就能够更迅速而有效。因此，总经理要督促相关人员树立相互配合、互相支持的团队精神和整体意识。

（3）保证因素：企业管理系统。企业是否具有完善的企业管理系统，对于该企业的战略决策而言，是至关重要的。可以说，一个高效、健全的企业管理系统是科学制订战略决策、执行企业战略的保证因素。

具体而言，企业管理系统包括企业运作管理系统和企业信息管理系统两部分。

企业运作管理系统是指企业运作、管理和控制的各项流程、规定和制度。全面、系统、可控制力强并且具有较高的可操作性，这些都是对企业运作管理系统的要求。完善和简洁是衡量运作管理系统效率的主要指标。

企业信息管理系统是指企业内部各种数据收集、储存、管理和分析的系统。它主要包括各种信息管理的工具以及相关的管理流程、规定和制度。快速、精确和全面是衡量信息管理系统的主要指标。

（4）制约因素：企业制度。不健全的企业制度将会对企业战略决策起到制约作用。这主要是因为不健全的企业制度存在着多种缺陷。一是企业的治理结构不完善、不健全，投资决策失误，融资方式单一；股权结构不合理，股份过分集中；企业缺乏内聚力，最终削弱其竞争力和战略执行力。二是产权关系相对比较模糊，产权结构十分封闭。三是企业的内部组织结构不科学。过于简单的组织结构使得组织的分化不明显、企业成员之间分工不够明确、各部门以事务型管理为主导致部门的职能太过笼统、权责无法分清，在这种情况下，管理层往往身兼多职、缺乏有效的协调手段。而过于繁杂的组织结构又会使信息传递和处理系统变得非常臃肿而复杂，企业对环境变化的反应十分迟钝，沟通达不到预期效果，办事效率不高。这些都会对企业的战略决策形成制约，不利于企业的发展。

充分了解各种不利因素会对企业的战略决策产生影响之后，总经理要对症下药，修复各种不利因素，尽可能降低它们所造成的负面影响。

**2. 作出战略决策的两个阶段**

在企业战略决策的制订过程中，没有固定的程序可供遵循，需要总经理充分发挥自己的能动性。总体而言，总经理要做出一个切实可行的战略决策，需要经过以下两个阶段。

（1）酝酿阶段。在决策之前，要进行充分的思考和研究，这个阶段称为酝酿阶段。在酝酿阶段，要经过调研、拟订草案、咨询等几个步骤。

要制订企业发展需要的战略决策，首先要进行深入的调查研究。总经理要选用那些视野开阔、思维灵活的员工来负责这项工作。在充分调研的基础之上，总经理可以拟订出一个企业发展战略草案。为了防止战略的方向性错误、保证战略的科学性和合理性，在拟订出草案之后，可以就一些非保密性的问题向企业内部员工、企业战略专家征求意见。在这个过程中，总经理要注意充分发扬民主精神和集体智慧的力量，使最后制订出的战略更加完善成熟。

（2）具体制订阶段。战略决策的具体制订阶段包括以下几个步骤：

第一步：确定任务。

任何一个组织或者机构的存在都不是毫无意义的，总是为了完成某项任务。确定任务，也就是要明确：自己企业的业务性质是怎样的？企业生产出的产品或者提供的服务是为了谁？企业能够为顾客带来什么样的价值？企业任务得到了明确，企业的活动领域以及发展的总方向也就随之明确起来。企业任务就像是一只"无形的手"，引导着企业的全体员工朝着一个方向不断前进。

企业任务的确定通常是由总经理来负责的。在总经理确定任务的时候，要充分考虑到企业的历史、企业内部条件以及外部环境的变化、企业所拥有的资源和企业自身的实力等各方面的因素。在了解上述因素的基础上，总经理应引导决策层以书面报告形式明确提出自己企业的任务。

任务报告书的制订应遵循四个基本原则：

以市场为导向。阐述企业的任务时应瞄准目标人群的需求。

具有切实可行性。要按照企业实际的资源能力来安排、划分自己的业务范围，做到宽窄相宜。

具有激励性。要让员工感受到自己工作的重要性，并愿意为此而努力。

任务要具体明确。明确提出企业要实施的主要政策，不能含混不清，避免造成误解。

第二步：确立目标。

企业任务一经确定，就应当使之具体化为企业的目标。企业目标是指企业在未来的一段时期内希望达到的一系列具体目标的总称。一般而言，目标可以分为长期目标和短期目标两种。长期目标是企业在三年、五年甚至十年以内要达成的目标。短期目标则是指在一两年内就要实现的目标。

具体来说，企业目标应当包括：劳动生产率、产品销售额以及销售增长率、利润投资收益率、市场占有率、产品质量与成本、产品创新、品牌知名度、企业形象等。确立这些目标，对于制订企业决策能够起到非常重要的作用，使总经理在做出决策的过程中能够有的放矢，箭无虚发。

确立目标时，应当注意的是，企业的目标要尽可能明确、可靠、重点突出、容易把握，并且在经过一定的努力之后就可以实现。

第三步：战略定位。

在明确了企业的任务和目标之后，总经理就要开始选择适合自己企业的战略，并对所确定的战略进行定位。企业的业务和目标决定了企业应该选择什么样的战略，因为企业的目标为企业的发展指明了前进的方向，促进企业发生战略性的变革。只有明确地对企业所需要的战略进行定位，才能正确地做出战略决策。

第四步：进行战略的选择。

在完成了以上几个步骤之后，总经理应该根据企业的环境条件以及自身特点来制订切实可行的战略决策，从而有效地提高企业的核心竞争力，在激烈的市场竞争中谋求生存和发展。

从企业战略的层次来说，总经理可以选择的战略主要分为两类：专业化战略和多元化战略。在固定的行业背景和多变的竞争环境下，到底应该选择哪一种战略，应该具体问题具体分析。总经理应根据企业所处的环境条件、企业的内部能力等因素，对自己的企业进行全方位的分析评判。

首先，判断出企业现有的核心能力。企业在制订战略的时候，应致力于能被企业自身掌握和支配的并能充分发挥作用的经营领域。若企业的核心能力仅有一种，则可以选择专业化战略，不去涉及那些不存在优势的领域，以便把风险降到最低。若企业的核心能力涉及多个领域，则应该选择多元化战略，通过实施多元化战略，实现对核心能力的有效扩展。

其次，充分了解企业现有核心能力的性质和结构。如果企业所具有的核心能力呈现收敛性特征，即这种能力专用性程度较高，不适宜在多项业务之间共享和调配，那么，总经理应优先选择专业化的经营战略。反过来，如果企业核心能力呈现发散性特征，即能够在较多的行业里形成竞争优势，那么，就应该选择多元化的战略方向。

最后，全面分析企业所处行业的技术特点、生命周期以及企业在行业里的竞争地位。如果企业所处行业的技术结构倾向于高度专业化，和其他的行业产生协同效应的可能性很小，那么，企业比较适合采用专业化经营战略，反之，则应选择多元化经营战略。

第五步：实施战略并进行控制与反馈。

在战略决策的形成过程中，只有始终进行控制并及时反馈效果，才能使战略决策更加有效地得以实施，并保证其科学性和可行性。

除此之外，总经理在制订战略决策的时候还应注意两点：一是制订过程要确保实事求是；二是战略决策一旦制订，就要去实施。

# 用企业文化构建核心价值观

海尔集团 CEO 张瑞敏曾说："企业发展的灵魂是企业文化，而企业文化最核心的内容应该是企业的价值观。"对于一家企业而言，核心价值观是其最具价值的一种无形资产，它不断地为企业创造着新的价值。

企业核心价值观是企业文化的精髓，具有十分巨大的能量，这种能量不仅能够渗透到企业的目标、政策、战略、日常管理以及一切活动当中，还能够反映到每个部门、每个职工以及每个产品上，甚至能够辐射到企业的外部。在企业内部构建共同的核心价值观，不仅能激发全体员工的责任感、荣誉感、工作热情以及创新精神，还能约束、引导并激励着全体员工的行为，充分发挥企业文化的力量，为企业带来巨大的收益。

任何一个希望有所作为的总经理，都应深刻地领会到核心价值观的力量，并坚定地奉行企业核心价值观，如此，便能在企业内部创造出与众不同的企业文化，从而使企业在日益复杂多变、竞争激烈的市场环境中立于不败之地。

纵览世界上的知名企业，几乎每一个企业的高层领导人都在大力强调企业文化的影响力，都希望能够在自己的企业里建立良好的企业文化和一致的价值观。他们从员工招录、教育训练、制度建设、绩效考核、经营理念、形象设计等多方面强调企业的核心价值观。企业在构建核心价值观的过程中，需要遵循以下原则。

**1. 企业构建核心价值观的原则**

（1）全体共识。构建企业核心价值观，必须建立在全体员工达成共识的基础之上。全体共识能使总经理更有效地进行决策并推动其实施执行。因此，在构建核心价值观的过程中，总经理应逐渐引导员工形成统一的价值准则。

（2）以员工为对象。员工是企业核心价值观培育的对象，因此在构建核心价值观的过程中，应从以下三个方面做起：

第一，在企业中进行情感管理。随着时代的发展，情感管理逐渐成为企业成长、发展过程中最重要的因素。在企业管理过程中，总经理可以利用情感管理来维系员工的忠诚度，提高工作的满足度，体现工作本身的价值。

第二，满足员工的需求。马斯洛在需求层次理论中，将人类的基本需求分为五个层次：生理需求、安全需求、社交需求、尊重需求、自我实现需求。总经理要依据不同的需求层次，给予员工物质或精神奖励，满足员工的多种需求，从而提高对工作的满足度。

第三，建立长效机制。建立长效机制，关键是把人才短期利益与长期利益、个人利益与企业利益有机结合。因此，总经理应该为员工搭建成长的平台，促进企业与员工共同成长，尊重员工在企业中的主体地位。

（3）激励与约束。建构企业核心价值观，应该以促进员工为了企业最高目标而努力为落脚点。建立激励与约束机制是培育核心价值观的关键。在建立激励与约束机制的时候，应该注意以下两个方面：

首先，细分激励。激励的方式主要可以分为物质激励、升职激励、舆论激励、民主激励、情感激励、许诺激励、荣誉激励、批评激励等。因此，要对激励的方式进行细分，促进人力资本的开发，对员工因势利导。

其次，正确处理激励与约束的关系。尽管激励和约束的手段不同，但其希望达到的目的却是一样的，在实施的过程中，必须保证激励达到积极的效果，使约束力度大于获利力度。因此，在培育企业核心价值观的过程中，必须加大激励与约束机制的执行力，明确地表达提倡与反对的态度。

企业核心价值是为了实现企业的使命而提炼出来的观念，并在企业内部加以倡导，指导着企业员工的共同行为。企业的核心价值观不在多而在精。

戴尔公司的核心价值观：戴尔通过重视事实与数据，建立对自我负责的信念来凝聚所有戴尔人。

杜邦公司的核心价值观：安全、健康和环保、商业道德、尊重他人和人人平等。

飞利浦公司的核心价值观：客户至上、言出必行、人尽其才、团结协作。

福特汽车的核心价值观：客户满意至上，生产大多数人买得起的汽车。

丰田公司的核心价值观：上下一致，至诚服务；开发创造，产业报国；追求质朴，超越时代；友情友爱，亲如一家。

本田汽车的核心价值观：实现顾客利益的最大化。

爱立信的核心价值观：专业进取、尊爱至诚、锲而不舍。

联合利华的核心价值观：以最高企业行为标准对待员工、消费者、社会和我们所生活的世界。

柯达的核心价值观：尊重个人、正直不阿、相互信任、信誉至上、精益求精、力求上进、论绩嘉奖。

## 2. 企业应构建怎样的核心价值观

正是在核心价值观的指引之下，这些世界知名的企业才能够取得今天的辉煌成就，可见，核心价值观对于企业的作用是多么重要。那么，具体来说，企业应构建怎样的核心价值观呢？

（1）建立以人为本的企业核心价值观。企业的核心价值观应该倡导"以人为本"的观念，这里主要指的是企业的内部员工和外部客户两个方面。对待企业的员工，总经理应该把他们当做一个利益主体来考虑，这是"以人为本"最为明显的特征。总经理应该尊重员工的选择，给予每个人公平的机会，为他们提供充分的发展空间和良好的待遇保障。对待企业的客户，应该多从他们的角度出发，关注他们希望得到的利益，为他们提供满意的服务。值得注意的是，"以人为本"也是有一定限度的，强调个体的利益并不意味着要牺牲企业整体和团队精神，在这两者之间，要寻找一个恰当的利益平衡点。

（2）建立团队合作的企业核心价值观。对于企业而言，单打独斗永远不可能走上快速发展之道，必须要依靠团队的力量，才能引领企业向着更高的水平前进。因此，在企业内部，必须建立起团队合作的核心价值观。注重"合作"是团队精神的核心，建立团队的目标就是"合作"，在一个基本的认同点上寻找属于自己的一方面。团队精神越突出，团队的凝聚力越强，越能进一步优化企业的决策分析行为和生产经营过程。

（3）建立勇于创新的企业核心价值观。以创新为立足点的企业核心价值观，主要体现在两个层次：一是以总经理为首的企业管理层要富有创新意识，二是企业的员工要充满创新意识。

在建立"勇于创新"的企业核心价值观的时候，总经理需要把握好以下几个关键问题。

第一，全面理解"创新"的含义。广义上的"创新"不只是高科技、新产品、新技术、新的营销策划思想等具有明显成果的事物，还应包括制度创新、管理创新等方面的内容。

第二，为员工提供足够的创新平台，让员工们提出的一切有价值的想法都得到充分的实践，在企业内部应建立科学合理的反馈、奖励机制。

第三，创新不能脱离实际，而应与实际相符合，尤其要注意与企业的资源相结合。

（4）建立重视服务的企业核心价值观。一个企业内部，只有员工真正具备了服务意识，才能够促进其良性运转。这主要包括管理层对员工的服务意识、员工之间的服务意识、员工对客户的服务意识等各个方面。其中，最重要的就是要做到对客户的真诚服务，也就是说，企业所提供的服务必须以客户为中心。客户的满意是一切工作的目标。

（5）建立竞争为先的企业核心价值观。竞争意识是促进企业不断进步的动力源泉，企业核心价值观必须倡导竞争意识。在市场经济的大环境下，企业及其员工的竞争意识直接关系到企业是否能够在复杂的市场环境里站稳脚跟。因此，竞争意识应该成为企业核心价值观的一部分。

# 为企业构建有责任的道德

企业的发展离不开市场、离不开社会、离不开赖以生存的自然环境和资源环境、生态环境。企业不履行社会责任，不建立社会责任战略，就不能与整个社会、经济、资源、环境、生态、文化和谐共存求发展；没有社会的、经济的、社区的、市场的、生态的文化发展，也就没有企业的生存与发展。一个没有社会责任的企业是不可能永续经营与可持续发展的；一个缺少强烈社会责任意识的企业与行业组成的社会，也不可能健康和谐地发展。社会需要企业履行社会责任；企业只有履行社会责任、建立社会责任伦理战略，才能融入社会，在社会和谐中实现可持续发展。企业持续发展是经济、社会、文化、生态可持续发展的根本推动力和保证，前提是企业必须自觉地承担社会责任，才有可能给企业自身营造一个生存与发展的空间，使企业目标与社会经济目标一致、短期目标与长期目标一致，从而实现企业自身目标融入和谐社会之中。由此可见，企业社会责任存在于普遍的和谐之中，企业的可持续发展存在于整个经济社会可持续发展之中，企业的使命是使自己的目标与行为融合于经济社会发展之中，促进社会进步，促进生态文明，促进社会和谐。

提起塑化剂事件，我们的第一反应可能是：钱作怪，几乎是每一次食品安全事件的明规则。天下乌鸦一般黑，却几乎同样是每一次食品安全事件背后的潜规则。企业愿景和使命体现企业的核心价值观和核心目标，它给企业指明了长期存在和可持续发展的基础，是组织的精神和灵魂。企业愿景由组织内部制订、团队讨论并获得一致的共识，形成全体成员为之全力以赴的未来方向。企业愿景阐明企业的性质、长远目标、经营理念及精神。它是企业存在的价值、成果判断的标准，是企业的核心信仰和方向所在。将企业愿景与社会责任相结合，使企业愿景、企业使命、企业社会责任融为一体，既为企业社会责任的管理打下坚实的根基，促进企业融入社会、融入国际并为社会、为利益相关者、为国际组织所接纳。对内，激发企业整体及个人潜能，激励员工竭尽所能以提高组织生产力和核心竞争力；对外，达到顾客满意、利益相关者满意、国际满意的目标，促进经济社会持续发展。

要在企业愿景和使命的指导下形成有行业特色和企业个性的企业社会责任文化，并使之成为企业社会责任伦理战略的重要组成部分。有什么样的社会责任，就会产生什么样的企业文化；企业要真正履行社会责任，就必须有相应的社会责任企业文化为支撑。要把企业社会责任文化与关键利益相关者的关系、政策和实践相整合融和，充分体现企业为利益相关者的期望和需求，体现企业对社会进步、保护环境、生态文明的庄严承诺，为社会的可持续发展作出重要贡献。

## 1. 企业社会责任的核心是企业伦理

企业价值观的核心是企业伦理观，企业文化的核心是企业价值观和企业伦理。现代企业战略的核心是伦理建设，要建设企业社会责任伦理战略，促进企业社会责任伦理道德化，企业伦理道德社会责任化。价值观、企业伦理道德观、企业文化和企业社会责任不仅不是相互排斥的，而是相互联系、相互促进、相互融合、相辅相成的。价值观影响企业对社会责任的理解和履行程度，价值观本身受社会行动标准或规范的影响，社会主义核心价值观影响并指导企业社会责任伦理的实践。

针对中国企业发展现状，皇明太阳能股份有限公司董事长黄鸣则认为：我们现在应该重点考虑整个社会、国家的标准，所有企业，包括整个社会，应该共同努力，避免出现重大问题。作为一个企业的老总，怎样去守住底线，作为开元旅业集团董事长兼总裁的陈妙林认为：底线应从三个方面去抓，第一是法律，法律是基础；第二是监管，包括人的监管和企业的监管；第三是从道德层面去努力。黄鸣还认为：要通过检查、反思，提高标准，要严格标准，包括社会监管。

## 2. 企业社会责任伦理战略是企业发展战略的有机组成部分

企业应把履行社会责任提升到战略高度，主动自觉地负起社会责任，积极应对企业社会责任国际标准，把企业社会责任纳入企业整体发展战略规划，积极推动企业社会责任建设，把企业社会责任作为提升企业核心竞争力的有效途径。实现企业发展和社会双赢，构建企业社会责任伦理战略的基本要求有如下几点。一要从伦理的角度对企业经营思想、经营理念、生产经营行为进行规范、控制与约束，使之成为企业内在的、自觉的行动和制度安排，一切从伦理道德出发，既要根据企业不同的发展阶段制订具体的社会责任目标，又要针对内外环境变化，因势利导地调整企业社会责任战略决策。二要树立企业社会责任伦理营销理念，增强企业社会责任意识，不仅要处理好与顾客与利益相关者的关系，还要认真履行经济责任、法律责任、伦理责任、自愿慈善责任，坚持伦理道德在企业经营决策中的作用。三要加强对非道德行为的控制，建立企业社会责任伦理规范，加强企业道德形象建设，建立社会责任伦理型企业。四要完善企业社会责任管理体系，善于把外部压力转变为企业发展的动力和机会，以社会为重、以利益相关者为重、以生态与自然环境为重，善待员工，实现企业效益、社会效益、环境效益、生态效益的协同共进。

# 思路正确，决策准确

即使最优秀的领导者也会不可避免地做出一些错误的决策。对此，钢铁业巨头肯·埃佛森有过一段精辟的论述："从哈佛取得工商管理硕士可以说是不错的了，可是他们所作的决策有 40% 都是错误的。最糟糕的领导者做出的决断则有 60% 是错误的。"在埃佛森看来，最好的和最糟的之间只有 20% 的差距。即使经常出现差错，但也不能因此就回避做出任何决策。埃佛森认为，管理人员的职责就是作出种种决策。不作决策，也就无所谓管理。管理人员应该建立起一种强烈的自尊心，积极地敦促自己少犯错误。如果掌握了正确的思路，领导者们完全可以把错误率降低。正确的思路即是对决策的难易程度做到心中有数。处理棘手的问题一定要格外谨慎。身为总经理，尤其要注意下列四个方面的问题。

## 1. 决策时务必全面掌握信息，参加竞争必须谨慎

20 世纪 90 年代，在美国享有极高声誉的两家制笔公司展开了一场激烈空前的竞争。出人意料的是，势力雄厚、财大气粗的派克公司竟一败涂

地，走向衰落，而克罗斯公司则趁机崛起，成了美国制笔业的新霸主。

知情者说，克罗斯公司的兴盛，关键是其反间计谋高出派克公司一筹。

被称为"世界第一笔"的派克笔，于 1889 年申请专利，至今已历经 100 余年而长盛不衰，年销量达到 5500 万支，产品销至全世界 120 多个国家和地区。克罗斯笔有 90 年以上的历史，年销量达到 6000 多万支，所不同的是，派克笔占领的是高档的市场，克罗斯笔则热衷于低档的市场。这两家公司的产品流向并不是一开始就这样的，而是经过几番竞争才形成的。数十年来这两家制笔公司虽然在表面上井水不犯河水，但在暗地里却不断加强自己的力量，双方斗智斗勇，各使绝招。派克公司派出间谍多次策反克罗斯的技术人员，而克罗斯公司以牙还牙，利用收买对方关键人员和窃听等手段不断获得派克公司的经济情报。

20 世纪 90 年代初，钢笔市场的竞争日趋激烈，为了在激烈的竞争中进一步拓展市场，派克公司任命了新的总裁彼特森。与此同时，克罗斯公司也在采取对策，除调整营销策略外，还加紧收集彼特森的兴趣、爱好以及上任后所要实施的营销策略。

由于种种原因，钢笔的高档品市场呈疲软状，为了不使公司的经济效益受影响，也为了打响上任后头一炮，彼特森意欲在拓展市场方面下一番工夫。正密切注视彼特森决策动向的克罗斯公司获悉这一信息后，立即召开会议研讨对策，决定实施反间计，和派克公司展开一场殊死的较量。

克罗斯公司通过一家有名气的公共关系信息咨询公司向彼特森提出了"保持高档市场，加大力量开拓低档产品市场"的建议。这正中彼特森下怀。咨询机构的权威建议，使彼特森没有把主要精力放在针对市场变化改进派克笔的款式和质量，巩固发展已有的高档市场，而是采纳了开拓低档产品市场的建议，趁高档产品市场疲软之时，全力以赴地开拓低档产品的市场。

听到这个消息，克罗斯公司欣喜若狂，赶紧实施第二步计划。一是装模作样地召开应急会议，做出一副慌恐、胆怯状，制订出了和派克公司争夺低档产品市场的措施；二是由公司总裁给派克公司总裁致函，声言两家产品市场的流向是有协议的，你们不能出尔反尔，逾越行规行不义之事。克罗斯这么一番逼真的表演，越发坚定了彼特森的决策信心，紧锣密鼓地开始向低档钢笔市场进军。为了不使派克公司看出破绽，窥出有诈，克罗斯公司还做了几次广告，制造竞争的紧张气氛，摆出一副决战的架势。这一切使派克公司看在眼里，急在心头，为了抢先一步，派克公司凭借财大气粗和名牌效应，投以巨资大做广告，制造声势。

克罗斯公司见已达到预期目标，便倾全力向空虚的高档钢笔市场挺进。

尽管派克公司花了不小的力气，市场效果却收效甚微。试想，派克笔是高档产品，是人体面的标志，人们购买派克笔，不仅是为了买一种书写工具，更主要的是一种形象，一种体会，以此证明自己的身份。派克笔价格再昂贵，人们也乐意接受。而现在，高贵的派克笔却成了 3 美元 1 支的低档大众货，这还有什么名牌可言呢？派克公司打进了低档市场，但没有达到预期目的。不仅如此，消费者像受了愚弄似的，拒绝接受廉价的派克笔。

有时候出于种种原因，我们还没来得及掌握全面的情况，就不得不凭直觉做出各种决策。在这种情况下做出的决策极可能是错误的。

### 2. 千万不能过于自信

自信给人勇气，使人做出大胆的决策。过分自信则是自不量力，毁人毁己。在体育界，这样的事例不少。

一次，一位富商想买一支球队。当时要价特别高，而他认为只要有钱什么都不用担心。过分自信迷惑了他的视线，使他看不到球员的巨额薪金和日渐下降的电视收视率，做这样的投资实在不如把钱放在银行里。

然而还是有人在不断地下赌注，收购球队。过分自信使他们觉得自己承受得起这种昂贵的消费，他们相信风水会变，自己不会惨败。但结果是他们往往一败涂地。成功的投资领导者绝对不会高估自己，他们会三思而后行，绝对不会为似是而非的好消息盲目乐观。

生意场上会时时传来各种好消息与坏消息，我们常因好消息而忽略了坏消息的存在。

设想，为了把一种新型洗发香波投放市场，我们做了一个市场调查。调查结果显示，58%的消费者对这种香波表示认可。这是一个令人鼓舞的数字，它说明超过一半的消费者会去购买这种产品。

不过，事情还有另一面。42%的消费者不喜欢这种香波，这又说明有将近一半人会拒绝使用这种产品。人们往往只见那58%，而看不见这42%。他们沉浸在58%所带来的喜悦之中。殊不知，如果他们再稍微关心一下那42%，结局也许会更完美。

好消息就这样把你带入自满、自足的境地。它能削弱人的积极性、上进心。即使在竞争激烈的体育界也存在这样的现象。有这样一位网球选手，经过多年苦练终于享有世界第七的排名。她能轻松地对付那些排名不如她的选手，却从来没有击败过任何排名在其前的选手。在这样的事实面前，存在两种截然相反的态度。她可以认为自己排名世界第七，成千上万的网球选手都不可与她同日而语；相反，她也可以加紧苦练，向排名第六位的选手发出挑战。

人一旦得到提升，有了个响当当的头衔，便会认为大功告成，可以松一口气了。他们得到了自己向往的薪金和地位。没有多少人会想到，如果加倍努力，也许会换来更大的成绩。

这种好消息带来的盲目乐观也会给公司经营带来不利。可如果得到的是坏消息，效果就截然不同了。有人组织一场体育比赛，计划获利5万美元。可实际结果却与设想大相径庭，主办者反而赔了5万美元。消息传开，上上下下为之动容。大家会纷纷要求削减开支，裁减冗员，甚至一张纸也不会轻易浪费。令人不解的是，为什么在有利可图的时候大家想不到节约，而非要等到火烧眉毛的时候才作"何必当初"的感慨呢？

### 3. 不要墨守成规

生意场上最可怕的是认为万事不变：顾客不会变，他们会一如既往地购买自己的产品；委托人不会变，他们永远真诚可信；竞争对手不会变，他们将永远停留在原来的实力水平上。成功的企业家和领导者绝对不会有这种墨守成规的想法。他们知道敏锐的洞察力和快速的反应能力是事业成功的关键。尤其在当今政治、经济飞速发展的时代，快速的应变能力尤为重要。许多人在做出决策的时候往往只凭经验，不去想想环境发生了什么变化。他们会凭几年前的失败经验告诉你："老兄，5年前我就这么做了，根本行不通。"他们没有想到，5年后情况发生了变化，以前不适用的做法现在没准儿是恰逢其时。

还有一种人，他们死死抱住以前的规矩，不敢越雷池一步。他们顽固地认为：这个方法5年前有效，现在当然还有用。在他们眼里世界是静止的。

朱利安·巴赫年轻时在《生活》杂志做记者。第二次世界大战后的一天，他与一名从纳粹集中营逃出来的罗马尼亚小伙子共进午餐。小伙子靠在纽约大都会剧院门口兜售演出纪念品为生。当时剧院正上演著名指挥家索尔·赫罗克指挥的芭蕾舞剧。

那是个5月的星期二，天气晴朗。演出票销售一空，小伙子的纪念品也全卖了出去。又过了一个星期，还是星期二，天气依旧晴朗，剧院上演着同样的舞剧，演出票又销售一空。可这一次，演出纪念品却几乎一份也没兜售出去。

演出结束后，小伙子在剧院走廊上遇到赫罗克，告诉他自己实在想不通原因。赫罗克的回答出乎意料的简单："因为这是另一个星期二。"

因此，每当你做出新决策前，千万不要犯墨守成规的错误。不要以为你以前失败过现在还会失败，也不要以为你以前成功过现在还会成功。

**4. 保持清醒，避免被误导**

并非做任何事，作任何决定，都能保证我们没有一点失误而绝对正确，每个人都一样，常常在情况不明之中做出错误的决策。容易使人产生错误而被误导的情形主要有以下几种：

（1）情况不明。有位经理从不认为与之打过交道的人都要记住自己的名字。每当第二次见面时，如发现对方已记不起自己时，总是主动上前自我介绍，以避免重提过去的事使人感到难堪。

类似情况时常在商务谈判中出现，有人因为初次见面的拘谨而不好意思将自己不清楚的地方提出来，就参加谈判，甚至不认真思考就匆忙决策，而没有仔细反省一下，这样妥当吗？

（2）真理并非在多数人手中。靠团体的意见来决策并不能保证完全正确。在讨论中，坐在会议室的人都讲同样的话并不是件好事。这里面必然有其他因素作怪。当老板讲完或同人发言时，迫于老板的威严或不愿与同人争执而伤和气，不少人总是予以附和，讲出雷同或不痛不痒的意见。这往往会使会议主持者和决策人难以了解真实情况，靠此作决定自然会脱离实际。

这种随大溜的思想，不过是犯了多数人的想法不会错这种认识上的错误。正确的做法是，认真听取大家的意见后，经过论证和思考，等人都走后，自己再作决定。

（3）别为美妙的饰言迷惑。有两个投资合作项目，一个成功的机会是80%，另一个有20%失败的可能，你选哪一个呢？实际上这两个项目成功与失败的机遇对等，只不过前者只提成功，后者强调了失败。但常理中，多数人总会选中前者，原因很简单，成功的字眼顺耳，使人兴奋。精明的销售员会用自己的口才去向顾客描述产品的优质、齐备的功能，以讲"好"来推销。但聪明的顾客将不会为这表面现象和技巧所诱惑，他会根据多方面的观察作出自己买与不买的决定。

(4) 不过分迷信经验。许多商人总爱用老办法来处理新问题。实际过去的辉煌已变为历史，不一定就适合当前已经变化了的世界，何况从来就没有常胜的将军。如果你仍用以前的框框来指导目前的生意，期望从中找到共同之处，那只会使你失去更多认识新事物，把握其特殊性的机会。因此，正确的原则是：过去的经验是成功的总结，但并不一定就是包治百病的灵丹妙药。

(5) 不忽略基础数字。当主管的人都有这样的体会，与基层的职工在一起交朋友，会使你得到更多在高级职员中听不到的信息。真正准确的报表应该是来自各个车间工段。有不少的经理，却往往忽视了报表的作用，对来自各方的信息和数字，只要与自己的主张对路，就认为业务上没问题了，而不愿多下些工夫去挖掘更深一层的情报资料。例如，总经理问销售经理："这个月汽车销售情况如何?"他回答："行情不错，已有50辆车被客户预订了。"如果掌握的信息更多，就会汇报说：这个销售量与上个月或与去年同期相比情况怎样，与竞争对手比较又是如何；从50辆车的选型看，哪种品牌，哪种价格的车行情看好，我们应采取哪种促销手段就能卖出更多数量的车，等等。这些情况，对于每一个承担推销任务的人来说，都应该经常掌握。

# 决策不是管理者一个人的事

决策，包含以下三层含义。

第一层：决策是一种执行选择的行为。

第二层：决策是针对达成一个目的而做的有意义的选择。

第三层：决策是为评定一些因素的喜好态度、优势程式而做的选择。

从这三个层面的意义上衡量的话，严格来说，生活中每一个人都是决策者，只是由于做出决策的个体、情景的不同等原因，其影响力也不同。比如，家庭中的一个常见对答：

妻子问："今天晚上吃什么？"

丈夫回答说："随便，什么都行。"

在这里，老公做出回答的场合是在家庭中，比较随意，对于结果也不是很在乎，所以就做出了这样一个随意的决策。

但对于企业组织的管理者来说，就不同了。在企业内部，部门内的任何活动都是有目的的，也就是说每一个活动都要有它的附加价值，因此，你在做出每一个决策时都要有目标与达到目标的渴望，这种情况下的决策就应该是严肃的，而不能以随意的态度去对待。这时的决策就是对部门、组织内外资源配置方式的一种选择，它寻求的目的是最大限度地推动企业向渴望的目标靠近。

诺贝尔奖获得者罗伯特·西蒙教授说："管理就是决策。"英特尔的CEO葛洛夫也曾这样说过："我们并不特别聪明，只不过在激烈的竞争中，比对手做出更多正确的决策。"

决策能力对于一名管理者的重要性是无须多言的。中基层管理者也具有一定的决策权，这不仅是自身地位的体现，也能反映出领导者能力的高低强弱。恰当的决策能为企业带来经济效益，反之则可能带来毁灭性的灾难。

作为一名管理人员，你应该明白这样一个常理：管理决策活动绝不是一件偶然地、孤立地为了解决某个问题而进行的活动。管理决策也不只是限于从几个可供选择的方案中选定一个最优方案的简单行动，更不能误认为只有选定最佳方案才是管理决策。管理决策是一个复杂的全过程，并且贯穿于管理决策活动的各个阶段、各个环节，哪怕只是细微环节。

决策理论学派的代表人物马奇和西蒙指出，管理决策过程更多地表现为一种艺术，而不是科学。管理决策过程通常是快节奏的，尽管这样的做法无可厚非，决策者依然应当意识到人类的判断并不总是正确的。所以，即使是最优秀的管理者，有时也难免会做出错误的决策。决策者面临的另一个问题就是难以及时地做出决策，从而导致他们不能迅速地抓住机遇或应对挑战。

尽管如此，我们仍然可以借助一定的现代决策技术，也就是运用一系列科学管理理论、方法和手段，对决策对象进行定性、定量分析，将决策失误的可能性降至最低。

### 1. 有效决策"六步骤"

尽管我们说决策更多是一种艺术，而非科学，但我们仍然可以从大量的管理决策中提取一些共性的流程型的东西，供大家参考，下面的这个决策"六步骤"框架，是管理大师德鲁克提出的。

第一步：将问题分类。

第一类是普遍性问题，管理者在工作中遇到的问题多数可以归入此类。这些问题常常通过诸多的表面事件表现出来。对于此类问题，管理者要制订规则，然后可根据实际情况来调整规则，从而实现从根本上解决问题的目的；

第二类是指从未遇到过的问题，比如管理过程中出现的各种危机等，这就要借助别人的经验来解决；

第三类是真正独一无二的问题，这类问题必须个别处理，但是这类问题少之又少；

第四类是问题隐藏着新的普遍情况，这类问题需要建立新的规则来解决，千万不要把它们当成没有普遍性的意外事件。

第二步：界定问题。

也就是要搞清楚究竟发生了什么问题，哪些因素与此问题相关。当然，要想正确而全面地界定问题，一个行之有效的办法就是：对照观察到的所有情况，不断对已有的界定进行检验，一旦发现该界定未能涵盖全部情况，就立即将它摒弃。

第三步：确定问题的限定条件。

也就是说，要明确列出决策所要实现的目标。这一步最容易犯的错误是设定了几个本身就相互矛盾的目标，如果是这样，那么这种决策也就失去了理性。另外，决策还应根据后续条件的变化而进行调整，一旦现实情况发生大的变化，就应该马上寻找新的办法。

第四步：判断出正确决策。

从现有方案中，先判断出正确的决策，然后再采取折中的办法，让大家接受决策。

第五步：制订决策时要考虑好行动计划。

决策只是一种美好的愿望，还有待去落实。因此，管理者还要确保任务和责任已经明确地落实到具体的人，另外，还要确保任务执行者能够胜任工作。如有必要，还必须调整对执行者的考核方法、任务完成的衡量标准，以及激励机制。

第六步：根据执行情况来检验决策的效果。

决策者需要报告和数据等系统化的反馈信息。但是，信息总是抽象的，并不能准确反映具体现实。因此，这些反馈信息若不以亲眼所见的实际情况为核心，决策者若不经常走出去看看，那么就容易落入教条主义的桎梏中。

### 2. 让员工参与决策

在传统概念里，企业的"决策"和"执行"是由不同的角色担当的，企业老板或管理人员只负责做决策，而在通常情况下，员工在某项企业、部门决策出台之前是毫不知情的。他们的任务只是执行决策，且必须全力以赴地把这个由最高管理层描绘于纸上的蓝图在最短的时间内转化为现实。在这种传统决策框架里，"决策"与"执行"之间必然会错位，会导致很多问题。

于是，就有人提出应该让员工参与决策，以避免企业决策层做出一些不切合实际甚至根本无法顺利执行的决策。但如果这样去做，似乎又出现了一个新的问题，那就是，由于员工的参与而延长了讨论时间，使得决策过程变长，最后错过了实施的最佳时间。事实上，这一点因素也是很多管理者忽视让员工参与决策的一个重要原因。

但事实证明，如果员工能参与到部门甚至整个组织的决策制订中来，他们就能更加深入地理解相关决策的内涵，明白决策的重要性，知道自己应在哪些方面为实现该决策贡献自己的力量。当然，在参与决策之前，必须让员工去充分了解相关的情况，了解公司的整体经营面貌，这样才能保证他们在参与决策时的高效率，才能创造一个全新的公司文化，每位员工都能清晰地看到自己对整体组织的价值贡献，所有成员目标一致，共同努力，才能获取巨大成功。

在通用电气公司，员工参与决策得到了最有效的贯彻执行，每年都有2万~2.5万名的普通员工参加"大家出主意"会议。通用电气前CEO韦尔奇还推行过一项"全员决策制度"，即让那些平时没有机会互相交流的员工与中基层管理者一同出席公司决策讨论会。这个制度对于企业尤其是像通用电气这样的巨型企业来说，好像会造成效率低下，但在实际运行过程中却恰恰相反，并没有出现问题，反而避免了公司内部的官僚作风，大大地提高了工作效率。

就连通用电气这种超级巨无霸企业都能够有效避免员工参与决策时的低效，你的部门再大，管理的员工再多，还能多过通用电气吗？

### 3. 善用不同意见来提升决策水准

决策的第一条规则就是：必须听取不同意见，否则管理者根本无法决策。

卓有成效的管理者知道，有效的决策总是在对不同意见进行讨论的基础上做出的一种判断，它绝不会是大家意见一致的产物。换句话说，管理者的决策不是从众口一词中得来的。有效的决策，应该建立在互相冲突的意见之上，从不同的观点和不同的判断中选择。所以，除非有不同的见解，否则就不可能有决策。这是决策的第一条原则。

通用汽车公司总裁斯隆曾在该公司一次高层会议中说过这样一段话："诸位先生，在我看来，我们对这项决策的看法基本上都完全一致了。"出席会议的委员们听后纷纷点头表示同意。

谁料，斯隆却接着说："现在，我不得不宣布会议结束，这个问题到下次会议上再进行讨论。我希望到那时能听到相反的意见，我们也许才能得到对这项决策的真正了解。"

斯隆先生不愧是"天才的管理专家"，他看重的不是一团和气，而是认为正确的决策必须从正反不同的意见中才能得到。因为正确决策的意识正是在不同意见的冲突与矛盾之中产生的，是认真考虑对立各方行动方案的一个结果。

# 以身作则，做企业的推动者

### 1. 只有优秀的组织者才能打造卓越的团队

企业的各种元素相互作用，在企业中扮演着各个重要的角色，共同构成企业的有机整体。如果我们了解这些元素，就能很好地衡量它们，也就很容易看到没有发挥作用的元素和其中的原因。

只有拥有优秀的组织者与领导者，团队才能真正称得上是卓越的团队，才能在竞争中获得胜利，得到稳定的生存与发展。那么，一个团队的领导者怎样才能称得上优秀呢？

我们评定一个团队是否卓越的标准是什么？说起来很简单，那就是看看这个团队是否有较强的凝聚力，在朝着团队既定的目标前行时，能否有效地解决所面临的困难与问题，最终顺利地实现团队的整体目标。如果换成今天流行的说法，就是该团队的执行力是否强。

执行力的强弱决定了企业的命运，决定了团队的生存与发展，这是我们再熟悉不过的一句话。然而，这种执行力从何而来呢？现今的一些企业、团队为了能够加强自身的执行力度，它们大多所做的是将目光和焦点放在团队中的基层成员身上，试图通过技能或者职业道德的培训去实现这一目的。

虽说这样做有一定的理由，并且能取得一定的成效。因为团队的基层成员才是真正的贯彻者与执行者。可惜的是，不管企业和团队的领导者怎样努力，这种做法并没有取得他们所希望的效果。

为什么会这样呢？很多时候，我们将问题归结到团队的基层成员身上，而忽略了另外一个问题，那就是作为团队的组织者以及领导者的问题，我们忘记了至关重要的一点，那就是他们才是真正的决定团队生死成败的关键。

现在，我们再回到执行力上，去追寻决定执行力度强弱的最本质的因素是什么？其实，决定执行力强弱的就是团队成员的心中是否有着一个明确的团队整体目标，以及责任感的强弱。现今企业与团队的领导者能在这一方面给团队的成员培训，以求提升执行力是没错。但是我们要知道的是：如果作为团队的组织者与领导者，自身的目标不明确，以及对此缺乏责任感，又怎能去培训和引导团队中的成员，让团队中的成员心中有一个明确的目标、方向，拥有强烈的责任意识呢？

团队虽说是一群有着共同的理想与责任感的人聚集在一起的组织，但是归根结底这一共同的理想与责任感的强弱还是由团队的组织者与领导者所决定的，至少他们占据着很大的比重。

我们在现实中很少能看到，一个卓越的团队的组织者或领导者是一个浑浑噩噩的没有明确的团队目标和责任感的人。因为，有一个事实是我们所不能忽略的，那就是团队的组织者与领导者是团队的旗帜，是团队的精神之魂，团队成员所做的一切其实就是团队的组织者与领导者个人理想与责任感的延伸。

### 2. 企业的推动者要练就超凡的本领

推动者利用自己的学识和才干及企业资源，推动企业运作，他要以身作则，为所有内部组织服务。

为了更深入地认识这一现象，让我们先来读一则关于寻找捷径的故事：庖丁解牛（《庄子·养生主》）。

庖丁为文惠君宰牛。只见他用手按着牛，用肩靠着牛，用脚踩着牛，用膝抵着牛。他将屠刀刺入牛身，那种皮肉与筋骨剥离的声音，既像与商汤时代的《桑林》曲共舞，又如合着尧时《经首》的节拍。文惠君高声赞叹说："好啊！你的技术何以如此高超？"庖丁见问，放下刀，对文惠君说："我宰牛运用的不是技术，而是道。刚开始宰牛的时候，我眼前所见只是一头整牛。三年之后再看牛时，就不仅仅是一头牛了。现在我宰牛时用意念接触牛的身体，而不是用眼去看。当认知不限于表面认识和肤浅感受时，规律便开始发挥作用。我顺着牛体的肌理结构，在筋骨间的缝隙处用刀，从来不碰牛的骨头，更何况大骨？技术一般的厨工每月换一把刀，是因为他们用刀砍骨。技术高明的厨工每年换一把刀，是因为他们用刀割肉。现在我这把刀已用了十九年，宰牛数千，而刀口却像刚刚磨出来一样。牛身上的肌体组织结构间是有空隙的，用这样薄薄的刀刃插入空隙绰绰有余，因此，用了十九年的刀刃仍然完好如新。"

这个故事告诉我们：学会驾驭自身头脑、身体和精神就能让我们拥有超凡的本领。

要实现目标，不一定非要费尽全力，我们更应该仔细观察目标，明确方向。这样，我们就会发现，不仅不用殚精竭虑，而且只需明确我们的挑战在哪里，如何从中学习、进步，就能发挥我们的创造力，施展我们的才能，从而推动目标的实现。一个推动者应把自己在企业中发挥的作用看成一个指挥家之于一支乐团。指挥家关注每一个声音，注意每一件乐器的表现；而不同的乐器，又被不同的人弹奏。我们应该意识到每一个人都是唯一而独特的个体，他们本人，他们演奏的乐器和他们的满腹才华，都是乐团的一部分。即使他们有时候深藏不露，指挥家也能使他们大放异彩。

每一件乐器都需要精湛的技术来演奏才能表现出它们的独特之处，同时，它们还要和其他乐器相互配合，才能最终成为美妙的旋律，引起听众的共鸣。

企业推动者就像发光发热的火焰，能够燃起并提升参与企业发展的员工们的热情。

从《庖丁解牛》的故事中，我们看到庖丁如何运用规律——根据康德的观点——来超越动物本身，并且在实际操作中表现出精湛技艺。推动者应该坚持日复一日地进行训练，做到熟能生巧。这种训练应该由推动者自己来做，这样他才能每天都对自己的工作感到满意。

一位大师曾说过：如果我们注意观察"satisfaction（满意）"这个词的最后六个字母，就会发现是"行动"。"satis"在拉丁文中是大量、充足、足够的意思。所以，我们可以得出结论：古罗马人清楚地认识到充分的行动能获得满意的效果，进而达到完美。

一个推动者，即便最终失败，他也能时刻保持学习状态，特别是他能鞭策自己向人生最高理想迈进，从为别人提供服务开始，一步步获得成功。

他人的成功造就了领导者的成功，因为他知道如何以身作则，将自己的经营之道传递给所有成员。他知道如何运用想象力和创造力来打造自己的职业生涯和个人生活，将自己的认知传达给大众。

没有任何挑战能使他退缩。即使有时确实有太多的任务和责任让他感到筋疲力尽，他也知道去寻求帮助，因为他相信自己的计划能按预期进行。

我们要严肃而明确地指出：我们的生命质量只取决于一个人——自己。

记住，一切尽在掌握中，我们的职业和成就、我们的社会关系和生活质量、我们的健康、我们的感情生活和经济状况……所有这一切都掌握在我们自己的手中。

领导者要认识自己的位置，认识前进的道路，认识自我，认识到了这一点，我们就可以看看我们所拥有的东西，问问自己，既然我们要对自己的生命负责，那么我们在构建自身生命这一任务中承担了几分？我们应该明白当我们全部承担起这一任务时，那些借口、那些使我们成为受害者的事情都将不复存在，那些阻碍我们、让我们认为凭自己能力不可能办到的事情也会消失得无影无踪,我们不会再将失败归咎于外部环境。

我们希望构建的生命存在于自己的梦想中,现在我们知道打造这一生命并非不可能,因为这只在于我们和我们对自己的承诺。

成功就好像一棵枝繁叶茂的大树,我们看见并赞美它的美丽和果实,但是我们看不见它的根。它的根是教育、培训、纪律、练习和承诺,需要我们持之以恒地悉心浇灌。

成功之树生长于茂密的花园中,从勤奋工作中吸收养分,它也许会要求我们放弃舒适和愉悦的环境。

普照枝叶的阳光来自挑战、挫折、失败之中,因为智慧之光只有在经历了这些之后才会真正显现出来。

日本体操运动员顺藤的故事很好地说明了我们一路论证的道理:在1976年蒙特利尔奥运会上,他在结束吊环比赛时,以一个完美的三空翻震惊全场,使团队以明显的优势一举夺得此项赛事的金牌。至今我依然记得,在完成了这场完美的比赛后,他的右膝盖严重受伤,他的脸因痛苦而扭曲,但他在同伴面前强忍住呻吟。

这是一个品德和承诺的经典例子。在赛后的采访中,他说虽然膝盖在之前的场地赛中就受了伤,但是随着比赛的进行,他清楚地意识到团体金牌花落谁家将取决于吊环比赛,这是他的拿手项目。他说:"剧痛就像刀一样穿透我的身体,我甚至都流出眼泪,但是现在我们赢得了金牌,痛苦烟消云散。"是什么激发了顺藤的意志,使他能够克服痛苦,面对可能承受更严重创伤的后果?是他愿意为成功付出代价,这也许是他备战奥运会以来很长一段时间一直在做的事。

这又一次向我们证明,任何人在任何行业都有可能成为领袖人物。专注于自己的工作,奉行必要的准则,才能使自己在所选的市场、行业或职业中谋得一席之地。为了达到这一点,就必须要做好付出代价的准备。

痛苦或牺牲,很多时候都是获得最后成功的必经之路。代价的一部分是自愿去做那些需要做的工作，从一开始就投入足够的时间和精力，无论发生什么。这是我们自己订下的契约，我们需要为我们自己追寻的成果肩负责任。没有借口，我们所期待的是最杰出的表现和最卓越的成果。

我们中的大部分人都没有静下心来细细思考过，是什么时候遇到一些对我们来讲具有特别意义的事，我们从中学到了什么。学到的知识并不是指事件本身，而是指它在当时所具有的意义，比如：学骑自行车、学弹某种乐器、学习某种语言……在迈出第一步之前我们感觉很"特别"，但是，不管以何种方式，它们总有一天会改变我们的生活。

不管是像初吻一样惊喜不断，还是如首次旅行或尝试一种新味道一样意外连连，对于所有第一次的学习过程我们都会感到有些新奇。千里之行，始于足下，让我们全力迈出前进的第一步，不用顾及先以哪只脚出发。当然，如果我们连以什么为代价都一无所知，付出便无从谈起。有时候行动的第一步在于确定哪些是达到我们预期目标所必需的步骤。比如：很多人，或许也包括你，都说想要另置一间地段上佳的房产，但是我们知道为此需要支付的费用有多少吗？维护费用、保险费用呢……或许我们应该了解一下那些和我们拥有同样想法的人们正在支付的费用。我们可以列出一张名单，然后逐个询问他们为此所付出的代价。

也许会出现一些无法支付的项目，或者连健康状况、人际关系、个人价值和银行存款都会受到威胁。

当轮到我们肩负一家企业推动者的角色时，我们便开始采取主动，并观察周围相关人群的反应。这样一来，我们会收到信息、评论、建议，当然也会受到批评。这些都有助于我们时刻调整并平衡我们的步调，不断完善我们的知识、才干和人际关系……

他人的表现是我们在前进道路上的一种指引。这些表现不断验证我们的学习能力、灵活性、反应能力和处理事务时对不同情况的适应能力。

表现分为两种类型，可以定义为：正负型和负正型。如果两者处于平衡，那就说明我们表现状况良好。如果一方超过另一方，则应该亮起红灯，查看我们的领导行为出了什么问题。

我们应该重视积极的一面，这点至关重要，因为可以享受工作被肯定、个人满足感、正确抉择带来的愉悦情绪。但同时我们也要注意不要一味沉迷其中，因为爬得越高，跌得就越惨。然而，负面的反响却往往能给我们提供比正面反响更有力的支持。它会告诉我们正在偏离自己的目标，误入歧途，彻底紊乱。也就是说，负面反响会为我们提供具有重要价值的信息。的确如此，面对负面反响时，我们能够采取的最有效的行动就是改变自己的想法。

可以把负面反响定义为"机会促进者"。生命时刻在告诉我们应该在哪些方面改进和如何改进，如何优化正在做的事情。总会有些事情我们能够做得更好，因此，在处理问题时，我们变得更加灵活，更易于学习新事物。而且，负面反响也为我们指出该如何改变我们的行为，认识事物的真实情况，准确把握事物的重要性。所有这一切都在促使我们日渐接近梦想的目标，不管这个目标是赚取更多的金钱，占有更大的市场，拥有更好的团队关系，团结更多的人，还是让自己获得更好的健康状况或实现更优的平衡状态，等等。

作为推动者，要更快地实现我们的目标，需要辨识和面对所有反响，并心存感激，将所有反响全部转化为促进自己和团队成员成长的机会。

## 做企业团队的 CPU

每位企业领导所探求的和企业所探求的目标从根本上来讲是一致的，即如何使企业的力量发挥到极致。在实现这个目标的过程中，企业所展现的特质在某种程度上正是企业领导者个人特质的体现，可以说，一个卓越的企业领导者就是一个企业快速发展的发动机和CPU。

靠观念致富的英雄"微软",既不"微"也不"软",它凭借硬邦邦的股票市值,让人们看到了信息网络时代的神话。微软公司上市之后,市值也超越了波音、IBM,以及三大汽车公司市值总和,直至突破5000亿元大关超越通用电气(GE),成为全球市场价值最高的公司,年营业额超过世界前五十名软件企业中其他49家的总和,即使在被司法部和19州围追堵截的情况下,仍被评为"最受尊崇的公司"。

微软的成功在很大程度上应该归功于比尔·盖茨个人的成功。盖茨当年白手起家,创立了微软公司,在31岁时成为有史以来最年轻的亿万富翁,37岁时成为美国首富并获得国家科技奖章,39岁时身价一举超越华尔街股市大亨沃伦·巴菲特成为世界首富;同年,以一票之差击败通用电器的杰克·韦尔奇,被《工业周刊》评选为"最受尊敬的CEO";盖茨被誉为电脑奇才、20世纪最伟大的计算机软件行业巨人;被《时代》周刊评为在数字技术领域影响重大的50人之一。

比尔·盖茨和微软,创造了20世纪最美丽的神话,吹响了信息经济时代最嘹亮的号角。他的成功不是靠幸运取得的,微软也不是建立在偶然基础上的软件帝国。盖茨不仅是个电脑天才,更是一个经营和管理的天才,他坚持雇用顶尖的人员做事,以全公司的前途做赌注,鼓励员工正视失败并不断向成功挑战。正是比尔·盖茨本人的远见卓识——发现了一条与时代紧密接轨的新型道路,并引领微软在这条道路上不断前进,大胆创新,把握机遇,壮大规模,铸造了IT历史上的一大奇迹与辉煌。

微软公司最让人称颂的一点就是它的创新精神。比尔·盖茨有一句名言:"我的企业离破产只有12个月。"这就是告诫他的全体员工,如果企业无法不断地创新进步,也许一年后就不复存在了。因此,只有依靠不断地创新进步,企业才能不断发展并取得成功。

微软总部的建设很像一座大学,那里没有高楼大厦,30多座建筑都建得比较低。总部的每一位员工都有一间相对封闭的办公室，无论是开发人员、市场人员、还是管理人员，都可以保持个人的独立性。这种工作环境体现着微软崇尚高度独立的企业文化，且能做到对员工的挑战和考验。公司的每一座办公地点都有 X 形的双翼和各种各样的棱角，员工可以通过办公室的窗户很好地欣赏附近的风景，但也只有聪明人可以在这复杂的过道中找准自己通过的路线。在这种氛围中，让人始终保持着学习向上的意识，独立性又鼓励人们始终要拿出自己的东西。于是，微软也在这种氛围中坚持着始终如一的创新精神。

微软人始终把自己作为市场的开拓者——创造或进入一个潜在的大规模市场，然后不断改进一种成为市场标准的好产品。于是微软公司不断进行渐进的产品革新，并不时创造重大突破，在公司内部形成了一种不断的新陈代谢的机制，使竞争对手很少有机会能对微软构成威胁。其不断改进新产品，定期淘汰旧产品的机制，始终使公司产品成为或不断成为行业标准，创新贯穿了微软经营的全过程。

但是，如果没有一个胸怀宽广，有远见卓识的领导人，恐怕这种"容许独轮车"的创新机制早已荡然无存。因为创新就意味着改革，就意味着挑战过去，挑战权威。如果不是比尔·盖茨本身就是一位创造奇才，一位英明的领导者，那这一切是根本无法实现的。

比尔·盖茨给人的印象极其随和，他身上绝没有大公司总裁常有的威严外貌和高高在上的作风。他经常顶着一头好像从来不梳理似的蓬乱的短发，戴着高度近视的眼镜，他几乎从来不曾衣冠楚楚，穿得像模像样。当然他也有十分严厉的时候，但他却绝不会因别人冒犯他而记恨在心。相反，他很尊重那些敢于反对他、冒犯他的人。哪怕是对那些有可能对他形成威胁的人，他也有自己的容人雅量，这也正是微软得以不断发展的秘诀之一——使有才能的人有一种"士为知己者死"的冲动。

可以说，至今为止微软的成功和盖茨个人的管理风格是密不可分的，他个人的大将风范使其形成了一种独特的人格魅力，同时这种人格魅力也越来越被植入于微软公司的管理机制之中，吸引了越来越多的有才之士，为微软的发展奠定了基础。

一位卓越的领导者为企业所带来的不仅是某种管理经验或是理念，还是一种精神，一种风范，是企业真正的灵魂所在。

罗伯特·凯利说："企业的成功靠团队，而不是靠个人管理大师。"一个高效的团队有着共同的信仰，共同的目标，它是一个既有分工，又有合作的团结紧密的整体，就像一部汽车的零件一样，没有哪个是最重要的，少了谁都不行。

管理者是保证团队实现目标，保持精诚合作的主驾驶人，掌握着团队前进的方向。他需要通过团队合理的搭配，技能的互补，自发的合作，优势的发挥，共同的任务，矛盾的调解，高效的激励，不断的学习，严格的执行，持续的创新，才能建设一个高效的团队，不断为企业创造绩效。

通常，只有两种方式能够维系团队与成员之间的关系，一种是靠劳动契约，就是签个劳动合同，在合同中规定双方的权利、责任和利益关系；另一种是心理契约，就是建立一个共同愿景和价值观，并且为团队所有成员所拥有。

美国管理学家豪斯曾经提出过以价值观为本的超凡魅力领导理论，他认为团队应该是价值观认同的人聚集并实现各方价值的场所，那些拥有超凡魅力的领导者，正是通过提出一个有想象力的、更远大的目标，并细心地创造一个成功而又能胜任的形象，然后再以自己为榜样来表达他所坚持的价值观的方式，从而赢得团队成员的追随和支持的。

团队的愿景和价值观，就是整个团队的旗帜、航标、灯塔，它规范和统一了团队的价值取向，能够为整个团队指明方向，能够使个人利益服从团队利益，使个人目标和团队目标实现了高度的统一，使销售团队增强凝聚力和战斗力。

飞利浦公司曾经由于缺乏广大员工对变革的支持，导致一些重要问题始终得不到解决。存在于公司管理层和员工之间的矛盾已经阻碍了变革。高层管理者所宣扬的是一套，而基层管理人员及其下属所实际执行的又是一套，二者完全不统一，导致员工不愿比地位高于自己的人更勤奋地工作。

新任 CEO 简·蒂默到任不久，便邀请了公司最顶层的 100 位管理人员进行脱产休整。他毫不掩饰地指出公司生存出现了危机，并给大家报道了一份虚拟新闻："飞利浦公司即将破产"，这大大惊醒了高层管理人员。

接下来，蒂默与这 100 位管理者逐一商讨新的个人合同，与每一个分部经理就裁员和削减经营成本的目标达成口头协议，在此基础上生成了正式预算协议并签字，以表明他们个人对协议条款的承诺。

这些高层管理者又在充分沟通的基础上与他们下属的部门主任签订协议，依次类推，直到公司中的每一个成员。建立了书面和心理双重契约的飞利浦公司，终于解决了困扰已久的问题，变革因而获得了成功。

劳动合同只是企业与个人之间达成的一个书面契约，但契约的形式不应该仅此而已，还应扩展到企业与员工之间的心理契约，就是作为管理者，应该引导团队成员们认同企业或者团队的愿景、目标、使命和价值观。

对于这种核心理念，不能只是当成挂在墙上的豪言壮语、空洞口号，而是要让它们成为思想和行为的标尺和准则，既不能随着时间而改变，也绝不能向短期目标妥协。一个高效能的团队，一个高效能的管理者，不管遇到多大的诱惑和困难，都应该坚持到底。

# 第三篇

# 说——沟通力

　　说是说服他人的能力，你需要有意识地去挖掘他人的潜意识，让彼此产生共鸣。没有什么是不可以谈的，关键在于你对输或赢的认识程度。

# ● 第五章　能说令客户满意的话语 ●

## 如何快速获得客户的信任

在企业管理中，企业领导者经常会和下面的销售员接触，在此过程中，领导者要用自己的行动让销售员明白：在销售工作中，如果都能对客户以诚相待，那么，生意会越做越容易成功，并且经久不衰。

其实，销售是一门直接与人打交道的艺术，销售人员每天都要面对客户，处理客户的各种疑问和难题，如果你了解并善待人的各种特性，就会与客户建立真正的信任关系，从而发现他们的真实需求，一切问题都可以得到解决。

销售是一项辛苦的工作，没有捷径可行，但是有一条就是：销售人员只有让顾客产生信任感，他才会相信你销售的产品，才会因此与你成交。如果无法与客户建立信任，就无法销售。如果客户对销售人员的信任是有限的，他对于你说的每一句话都会抱着审视的态度，倘若再加上不实之词，其结果可想而知。

当销售人员以一个陌生人的身份向客户销售商品时，客户开始当然是怀着半信半疑的态度来看待你的商品。从这时起，你就应致力于与客户的沟通，让顾客觉得你是个与他志趣相投的好伙伴，逐渐地博得他的信任，让他的疑虑逐步消失，最后对你完全信任，交易也就可以顺利完成了。

销售人员向客户销售产品，就是向客户销售人品，也就是向客户销售诚实。美国销售专家齐格拉对此深入分析道："一个能言善道而心术不正的人，能够说服许多人以高价购买低劣甚至无用的产品，但由此产生的却是三个方面的损失：顾客损失了钱，也丧失了对他的信任感；销售人员不但损失了自重精神，还可能因这笔一时的收益而断送了销售生涯；以整个销售来说，损失的是声望和公众对它的信赖。"

要博取素不相识客户的信任并非易事，加上自己要在很短的营销时间里就要得到他的信任，更显其难。但是你要知道，他既然来看你的商品，就表明他对你的商品感兴趣，至少没有厌烦。只要抓住你们在这一点上的共识，大家都有一个共同的目标，其他一切都好商量了。在这个基础上找到突破口，投其所好，对他讲的一些有道理的东西加以附和，并不时地以自己的语言表达他的意思，渐渐地他就觉得你们在一些问题上有共同语言或在某些方面有许多共同之处。于是，他便慢慢地与你靠近了，不再像开始时那样存有很多的疑虑和不信任感。此时，你应趁热打铁，向他介绍你的商品，并留有适当的思考想象的余地。当他提问题时，可以以那种老朋友、知心人的语气给他讲解、回答问题。当他对某些方面还有疑问时，应主动详细地向其介绍，并逐步排除他的一切疑问。

从某种程度上来说，客户的信任，不只是客户对你产品的信任，更是对你自己本人的信任，而这也恰恰更为重要，做销售最重要的就是信守承诺，讲信用，说到做到。作为销售人员，你不光要销售出你的产品，而且要能站在客户的角度来想。

日本企业家小池先生出身贫寒，20岁时在一家机械公司担任销售人员。有一段时间，他销售机械非常顺利，半个月内就达成了25位客户的业绩。

可是有一天，他突然发现自己所卖的这种机械，要比别家公司生产的同性能机械贵一些。他想："如果让客户知道了，一定会以为我在欺骗他们，甚至可能会对我的信誉产生怀疑。"

深感不安的小池立即带着合约书和订单，逐家拜访客户，向他们如实地说明情况，并请客户重新选择是否还要继续与自己合作。

这样的行为使他的客户很是感动，并为他带来了良好的商业信誉，大家一致认为他是一个值得信赖的销售人员。结果，25 位客户中不但没有一个人解约，反而又给小池介绍了更多的新客户。

在与客户接触的过程中，取得顾客的信任是买卖能否成交的一个关键环节，也是销售过程的第一个阶段，是开始更是基础。销售人员只有取得顾客的信任，才能谈及成交与否。如果顾客不信任你，当然也就不信任你的商品，那么交易的成功也就无从谈起。

顾客往往会觉得，交易中存在着无数的陷阱，价格的陷阱、产品的陷阱等，当他们面对销售人员的时候，本来就已经怀着这种敌对心态，如果销售人员还继续编织自己的谎言，那么，得到的只能是无休止的拒绝。

一位优秀的销售人员，需要做的是让别人感觉到你的诚实与守信。如果成为客户信任的销售人员，你就会受到客户的尊重和信赖，而且能够和客户形成亲密的人事关系。一旦形成这种人事关系，客户就会因为信赖你，自然而然地购买你的产品。

## 时刻记住对客户的尊重

尊重是一种修养，一种品格，一种对他人人格与价值的充分肯定。人人都有被他人尊重的需要。每个人都希望自己的能力和成就能够被社会所承认。尊重每一位客户，销售员才能赢得更多客户的尊重与信任。

人与人之间的关系是相互的，你在尊重他人的同时，也是在尊重自己。作为一名销售人员，尊重每个客户，视他们为朋友、为亲人，才能赢得客户的尊重与信任。

富兰克林年轻的时候，把所有的积蓄都投资到了一家印刷厂里。他又想办法使自己成为费城州议会的文书办事员。这样一来，他就可以获得为议会印文件的工作，那样可以获利很多。可是，期间却发现了一件意外的事情，议会中有位有钱又能干的议员，非常不满意富兰克林的这一行为，他不但不喜欢富兰克林，还公开斥骂他。

面对这种情形，富兰克林决心要改变对方对自己的态度。那么，该怎么办才好呢？

听说那个议员的图书室里藏有一本非常稀奇而特殊的书。富兰克林于是就给他写了一封便笺，表示自己想一睹为快，请求他把那本书借给自己看几天。那个议员有点感到意外，不过还是马上叫人把书给富兰克林送去了。

过了大约一个星期，富兰克林把书还给那个议员，还附上一封信，表达了自己强烈的谢意。当他们在议会上再次相遇时，那位议员居然跟富兰克林打了招呼，并且极有礼貌。从那以后，那位议员变得乐意帮助富兰克林，直到富兰克林被选为总统。他们渐渐地成为了挚友，关系一直持续到富兰克林去世为止。

在市场营销当中，尊重客户的重要性更是明显。尊重客户才能赢得客户的心，不尊重客户就会让自己在市场竞争中败得一塌糊涂。

速溶咖啡产生于美国20世纪初期，在上市之初，速溶咖啡制造商麦斯威尔咖啡的决策层认为，速溶咖啡与传统的手磨咖啡相比，能让美国的家庭主妇从烦琐的咖啡制作中解脱出来，省时省力。因此，他们决定向美国家庭主妇展开宣传攻势，大力宣扬速溶咖啡省时省力的这一基本特点。此策略推出了许久后，市场却反应平平，没有达到推广速溶咖啡的目的。可以说，当初的营销策略是失败的。

麦斯威尔的营销人员百思不得其解，只好求助于营销心理方面的专家。通过营销心理专家广泛而深入的分析，终于找到了问题的症结所在。原来在 20 世纪初期，美国家庭主妇的观念里，制作咖啡的烦琐过程会被视为勤劳的表现。主妇们自己制作咖啡，是一个勤快的家庭主妇的标志，而购买速溶咖啡则有悖于这一观念。购买速溶咖啡是省时省力，但却成了懒惰的家庭主妇的表现，难怪速溶咖啡不能被家庭主妇所接受。

了解到这一微妙的消费心理之后，麦斯威尔咖啡决定重新调整营销策略方案，转而诉求速溶咖啡的醇香美味，并邀请当时的总统罗斯福为之做广告。在罗斯福总统的那句"滴滴香浓，意犹未尽"的强力感召下，广大的美国家庭主妇争相品尝速溶咖啡的醇香美味。从此，速溶咖啡进入美国的千家万户，麦斯威尔也因此成为美国最具竞争力的咖啡品牌。

当然，尊重客户讲究的是有礼有节，不卑不亢。尊重客户，必须是有原则地尊重，得体地尊重。而在实际的销售过程中，有的推销员却是彻头彻尾的阿谀奉承客户，大气不敢出，更不会说半个"不"字。这样低三下四的行为也不是正确的尊重，过犹而不及，有时反而让客户讨厌和反感。在销售中必须要做到自信与自强。

还有一种情况是一部分客户喜欢在销售员面前摆谱，故意刁难销售员，碰到这种客户，一味的尊重也是谈不成生意的，因为这种客户本身就没有尊重我们销售员。对他们，必要时给予硬气的回击，效果会更好。

## 善于聆听客户的心声

有位人际交往大师说过："若是我们的感觉够敏锐开放，眼睛够锐利，能够捕捉身体语言表达的信息，那么，言谈和交往就容易得多了。"同样，销售员在与客户进行沟通时，也要练就察言观色的本领，从客户的表情中看出他的喜怒哀乐、内心欲望。很多时候，客户也会把不想说或不便说出的话用眼神和面部表情表达出来。比如，微笑表示高兴、皱起眉头是不喜欢或厌倦等。销售员要读懂客户通过眼神和表情流露出的感情，尽早了解销售中潜在的危险信号，如不耐烦或态度冷漠等。在观察客户中所表现出的倾听和关注，不仅可以使销售员获得客户的好感，而且能够全面深入地了解客户的需求。

优秀的销售员善于捕捉客户面部表情中流露出的信息，销售员希望全面、及时地了解客户的意愿，必须学会读懂客户的表情。当客户从你的语言中体会到你的关注时，他会以同样的感情回报你。我们一起来看一下最平常的几种客户类型：

理智型客户，通常表情严肃、双唇紧闭、说话速度不紧不慢但语气却非常坚定。销售员在与之沟通时最好把话题集中到与销售有关的内容上，不要东拉西扯。并自信且坚定地回答这类客户提出的问题，避免模棱两可、躲躲闪闪，造成不值得信任的坏印象。

情绪型客户，表情较为丰富且变化较快。销售员可以利用感情色彩比较浓厚的话题引起他们的强烈共鸣，给予更多的体贴与关怀。注意自己的一言一行，避免不得体的小动作使他们的情绪低落。

实际上，最能表达信息的身体语言常常是眼神等面部表情，销售员要时刻关注客户这方面的变化。眼睛是心灵的窗户，是客户表达情意的工具，要善于观察客户的眼神变化，从客户的心灵窗口中，读懂客户眼神中透露出的相关信息。

客户只关注自己的事情，对销售员的讲解爱理不理，则表明对产品不感兴趣；客户只听一半产品介绍就开始东张西望、眼神飘忽不定，则表明厌烦了销售员的讲解；客户一直盯着产品看或耐心专注地倾听，说明对产品开始关注。

销售员与客户沟通时，要留心注意客户的这些细微变化。同时要注意，眼睛正视对方，表现出平和与专注。

一个优秀的销售员在与客户沟通时，会留心客户的一言一行，细心观察对方的反应，并且能够根据客户的反应，了解客户的各种需求信号和购买倾向，然后确定下一步要采取的策略，避免做一些无用功。察言观色，就是要能够准确分辨出客户反应中所蕴藏的信息。根据这些信息，选择恰当的沟通时机。如果客户透露出购买信号，销售员要耐心等待、伺机跟进；如果客户显现出警戒信号，销售员应恰当解说客户的疑虑。当然，答疑解惑也是不容易一下子就做到的，不过我们可以从以下方面找到捷径。

销售员首先要"聆听"，善于从客户的言语中捕捉有用的信息。

如果客户不断地提出问题，则表示客户对产品或服务有兴趣，销售员要辨识问题中所代表的购买信号，针对问题给予专业性的解说。如果客户没有提问的欲望，则说明其对产品或服务缺少兴趣，此时销售员要运用适当的提问了解客户的需求和想法，然后再做出判断。

如果客户对产品或成交价格没有提任何要求，这说明客户根本没有成交的打算；如果客户提出了条件，如讨价还价、要求促销赠品、要求延长保修期、要求厂家送货等，销售员要抓住这些购买信号，尽早成交；如果客户转移与产品有关的话题，顾左右而言他，一般表示客户不想买；如果客户征求第三者意见，则表明是想寻求客观第三者的认同，来增强购买信心。

在日常生活中，人们的举手投足、一颦一笑，都会传递出大量的信息，甚至是他们的思想情感、爱憎好恶以及文化修养。比如鼓掌表示兴奋，握手表示友好，垂头代表沮丧，摊手表示无奈，捶胸表示痛苦。销售沟通中同样如此，客户会通过自己的身体语言表达不同的情感，销售员要善于观察客户的身体语言中传递出来的信息。

如果客户表现出深思动作、沉默不语，很可能表示客户已经在考虑购买，那么此时销售员就不要打断客户，等待客户的提问。如果客户在互动中总是皱眉头，则表示客户要拒绝。如果客户拿起产品反复观看，则表示他对产品感兴趣。销售员观察客户反应的目的是，从中提取出有利于销售的正面信息，消除阻碍销售的负面影响。客户的犹豫情绪是阻碍销售工作顺利进行的重要原因，如果不能从根本上解决客户的犹豫不决，销售员就很难真正抓住客户。

有些销售员在面对犹豫的客户时，要么单纯地等待客户作出决定，要么为了尽快成交而逼迫客户作决定。总是抓不住与客户沟通的恰当时机，这些办法只会让自己处于被动地位。销售员要能够从客户的言行中发现其对产品或服务的犹豫不决、疑虑重重，尽量找出客户犹豫的原因，并选择有利时机解决客户的犹豫不决，坚定客户的购买信心，进而促成交易。

一个优秀的销售人员，更多善于聆听客户的心声，而非声音！

## 让客户更容易接受你

放低姿态，主动请求反感你的客户给予批评，指出你言行中的不妥。这样，客户将一反常态，不再反感你，还可能喜欢上你，进而帮助你。因为你请求客户给与批评，是间接地向客户表示了你的尊重与谦卑。

在现实生活中，我们难免会遇到反感自己的人。这个人可能是一个不相识的陌生人、一位交往不多的邻居、一个你必须天天面对面的同事，甚至你的某位亲戚。因为这样或那样的原因，他们不喜欢你，甚至讨厌你。

一旦他们对你不满，与之相处、共事，就会有很多困难。因此，你总得想办法消除他们的反感。

也许，对于他们反感的理由，你非常清楚。但也有很多时候，对他们的不满，你百思不得其解。

如果是第一种情况，消除反感便会相对容易一些。办法有两个：一个是防止容易导致反感的言行再度发生，让对方的反感随时间的流逝而消逝；另一个是针对对方的反感，采取一些补偿性的措施，也许亡羊补牢，为时不晚，两人就此冰释前嫌。

如果遇到第二种情况，问题的解决会相对困难一些。因为不知道别人反感的理由，你就不知道在这些人面前，哪些行为得避免，什么样的补偿性措施会有效。

在这种情况下，直截了当地询问通常不会有结果，反而容易引发对抗。这时候，你不妨放低姿态，主动请求对方给予批评，指出你言行中的不妥。要知道，一个人对另一人反感，通常是对另一个人的某些言行持否定态度。

只要你心诚，对方就可能开口，一旦对方开口，他对你的反感也就消除了一半。同时，你也知道了自己的不足，对此有了对策。

如果在你的销售工作中遭受客户的反感，你也可以采用这种办法。这是一种非常简便的方法：请求这个反感你的人给予批评。少年李嘉诚就灵活地运用过。

如今的世界华人首富李嘉诚先生曾经做过推销员。有一次，李嘉诚进入一家酒楼推销铁桶，被老板毫不客气地拒绝了。

不过，李嘉诚没有轻易认输。离开酒楼不久，他便重新思考对策。他很快就有了主意，于是，又转身重新回到酒楼。

再次见到老板后，不等对方开口，李嘉诚就抢先说："我这一次不是来推销铁桶的。我只是想向您请教，在我进贵店推销时，我的动作、言辞、态度等行为有什么不妥当的地方，请您指点迷津。我是个新手，又是晚辈，您比我有更丰富的经验，在商界您已经是成功人士了。我恳求您的指点，好让我改进。"

请求给予自己批评，原本对李嘉诚反感的老板大吃一惊，也为其所动。他一改拒人千里的冷漠态度。向李嘉诚提出了一些批评建议。最后，这位老板还改变主意，购买了李嘉诚的铁桶。

无独有偶，后来升任高露洁公司总裁的立特先生也曾使用类似的手法而大获成功。

立特先生最初是一名香皂推销员。当他开始为高露洁推销香皂时，订单接得很少，他常担心会失业。经过分析，他确信产品或价格都没有问题，于是推断问题就出在自己身上。因此，每当他推销失败，他便会在街上走一走，想想什么地方做得不对，是表达得不够有说服力，还是热忱不足？

有时他会折回去，请求商家给予批评："我不是回来卖给你香皂的，我希望能得到你的意见与指正。请你告诉我，我刚才什么地方做错了？你的经验比我丰富，事业又成功，请给我一点指正，直言无妨，请不要保留。"

就这样。通过请求对方给予批评，立特先生赢得了许多珍贵的忠告、友谊，以及订单。为什么会这样呢？因为，不论是李嘉诚先生还是立特先生，他们虚心向对方求教，请求对方批评的这一低姿态，传递了以下信息：首先，我尊重您；其次，我承认您比我强；再次，我知道自己存在某些不足；最后，我渴望得到您的指教。试想，面对一个尊重自己、渴望得到自己指教、谦卑的人，客户还会心生恶意、心存反感吗？

## 怎样"捕获"潜在客户

在销售管理过程中，有很多促成交易的方法，对于销售中的"追烟法"，在大多数的情况下皆不可取。做销售最怕盲目出击，不分主次重点，四面开花，搞得村村点火处处冒烟，结果收效甚微。很多销售业绩差的销售员，付出与所得不成比例，就是因为把"网"撒得太大。

说到这里，相信有这种经历的销售员都会有相似的苦恼，也会很委屈：我一天做得很辛苦，跑了很多路，见了很多"客户"，也说了很多话，为什么我的销售业绩不好啊？其实，销售业绩差的原因很简单，到没有"鱼"的池塘去抓鱼，能有收获吗？只有到有"鱼"的地方去"撒网"，才能打到鱼，这是潜在客户开发的一个首要原则。销售员只有知道自己的潜在客户是谁，以及自己的潜在客户在哪里，才能有效地接触到潜在客户，经过有效销售才有可能满载而归。英美烟草公司在面向客户销售上，就严格遵循这样的销售宗旨："要到有鱼的地方去钓鱼，不要见湖就撒网。"正因为如此，英美烟草公司更注重与手中掌握充足潜在客户资源的零售商合作，借助于零售商的力量收获大量的潜在客户。无疑，这是一个睿智的选择。

在此，我们把潜在客户比喻成"鱼"，其实非常恰当。你看：潜在客户往往躲在"暗处"，不容易发现、不容易捕捉，并且潜在客户的购买选择也往往游移不定，更像一条游动的"鱼"。这是一个永远的销售规则，企业及销售员要想获得良好的销售业绩，那就要一定到有"鱼"的地方去"撒网"。不但要知道你的潜在客户是谁，还要知道你的潜在客户在哪里，以及如何才能"捕获"他们。我们一起来看一下，在这个"捕获"中有哪些是值得我们销售员必须要注意的。

### 1. "捕鱼"与"撒网"需要智慧

在过去，很多企业鼓励销售员采取地毯式搜索的办法来发掘潜在客户，具体做法就是销售员通过挨家挨户地访问潜在客户来获得销售额，这种方法就是通常所说的"飞鸟觅食法"，也叫追烟法。这种方法虽然也会发挥一定作用，但是具有一定的局限性。先说说商业客户，通常潜在客户具有明显的行业特征，购买需求明显，并且数量上也往往很有限，因此逐一发掘或许可以实现销售，实施追烟法似乎也无可厚非。而对于个人客户，追烟法通常只适用于直销企业，并且所销售的产品（或服务）为人人必需的生活消费品（生活性服务），以及具有非常广泛客户群体分布的日用产品。如安利、完美等直销企业，这类企业的销售理念可以概括为"人人都是客户"。而对于那些潜在客户面孔很不明确的情况，追烟法的有效性有限，并且也不具备可操作性。要知道，"广撒网"未必能够"多捕鱼"。

实际上，潜在客户开发需要营销大智慧，仅仅凭借推销手段还不够，更需要营销策略。因为销售员的力量毕竟有限，还需要企业提供大力的营销支援，如广告、公关、营业推广等促销手段。如果换一个视角，我们可以把营销工作归结为"推"的策略与"拉"的策略，"推"主要发挥销售员的作用，而"拉"则是营销策略的综合作用。营销就是这样，通过"推""拉"结合来大量"捕获"潜在客户。

无论企业及销售员采取哪种"捕鱼"的方法，都要努力遵循聚焦、集中、精准这三点原则，这样可以使潜在客户发掘工作事半功倍。这也就是到有"鱼"的地方去"撒网"的真正内涵。

在销售上，有一个著名的大数法则：企业及销售员手里掌握的潜在客户量越多，成交的机会越多，销售业绩也就越好。正因如此，企业的每一项新业务开始，以及每个销售新手登场，都需要努力寻找大量的潜在客户，积累自己的财富宝藏。不过，不要忘了，大数法则成立的前提是你要遇到真正的大量的"鱼"。到有"鱼"的地方去"撒网"，在内涵上非常丰富：第一，这是地理上的概念。在某一特定区域市场上，潜在客户可能很集中，所以要到有客户的地方去做市场开发。第二，这是组织上的概念。在某一特定的社会组织里，潜在的目标客户很集中，所以要深入这个社会组织做市场开发。第三，这是时间上的概念。如在某一特定时刻，潜在目标客户群体会集中到一起，所以要在这一特定时间有所作为。第四，这是生活形态上的概念。那些具有相同或相似价值观的群体，往往具有相似的生活方式，因此，要深入某一生活圈子，针对圈子内成员进行集体开发……可见，潜在客户扎堆的地方才是营销的真正"战场"，到这里去"战斗"，才能缴获更多的"战利品"。

对于很多散客，由于成本、物流、服务等多种因素限制，决定企业及销售员对他们单独开发可能是没有价值的。如果企业在他们身上无利可图，也就无法形成供销关系。但是，如果能够把这些潜在客户发掘并集中起来开发，或许就具有开发价值了。其实，无论是企业面向商业客户销售，还是针对个人客户开发，这都是一个不错的思路。就拿房地产营销来说，潜在客户可能会因房地产项目（住宅）价格太高而望而却步。但是，如果能够把想购房的潜在客户组织起来，组成团购大军与房地产开发商集体砍价，或许就能以可接受的价格把房子买下来。

企业要把零散的潜在客户聚集起来，可从四个方向来努力：第一，要有"主义"。企业要有独特的销售主张、有效的价值主张，而这个主张必须能引起潜在客户的共鸣，甚至对潜在客户来说就是"宗教"。第二，要有"阵地"。企业要想把散客聚集起来，那就要有聚客平台，这个平台可以是店铺，可以是俱乐部，也可以是网络平台。第三，要有政策。企业要制定吸引潜在客户的销售政策，对潜在客户形成有效激励与约束。尤其是要制定集体购买政策，有效地调动潜在客户的积极性。第四，要有"武器"。企业要有成熟的营销策略与营销工具，去搜索、教育、激励潜在客户。

对于商业客户，往往较为容易做到精准发掘与开发。所谓精准发掘与开发，即"一对一销售"，销售人员通过与每一位客户进行一对一沟通，明确把握每一位客户的需求，有针对性地为其提供专门的个性化服务，以求最大限度地满足购买者的需求。当然，也并非所有商业客户都适合采取"一对一销售"，有些也需要采取模糊销售。我们知道，企业针对商业客户销售很可能依赖于渠道中间商，由中间商负责市场开发及销售服务，而并非企业自己针对所有商业客户销售。

对于个人客户，并非都不能采取精准销售，诸如电信、保险、金融、汽车、房地产等行业领域，完全可以实现"一对一销售"。对于某些行业来说，甚至站在销售员面前的每一个人都可以说是潜在客户。在这种情况下，也可以算做"一对一销售"。除此之外，企业不得不进行"模糊销售"，就只有通过销售员的寻找或者采取传播手段，以招徕潜在的目标客户。另外，如果企业可以获得客户信息并能够建立潜在客户数据库，那么就可以开展"一对一销售"了，不过前提是获得潜在客户的信息。

### 2. 捕获潜在客户的"撒网术"

能让潜在客户上门当然好，否则就需要销售员想尽办法把潜在客户"挖"出来。在这种情况下，获得潜在客户的信息就成为销售员的工作重心。一个优秀的销售员，必然是一个机警的洞察者与敏锐的捕获者。不过，这需要销售员从自己的身边做起，潜在客户可能就在你身边，销售机会可能就在你左右。在美国，有一位名为费利民的人寿保险推销员，他卖出的保险是全世界最多的。但他的工作范围，却是家门口不出20千米，在一个小镇的范围之内。这个小镇的人口在不断地减少，但费利民先生却做了不少生意，而且是生意做得最好的一位。

企业及销售员只有找到真正的潜在客户，并让潜在客户浮出水面，直至看得到他们、研究透他们，对他们采取进一步的销售行动。

（1）市场调研法。对于市场调研法，可以从企业层面来操作，也可以由销售员自行操作。就企业层面来说，把市场调研作为一种营销行为，并加以策略化操作。不妨来看一个案例，或许从中可以受到启发。万科地产是房地产行业的龙头企业，万科地产这样来挖掘潜在客户：项目尚未开工，就通过广告广泛征集会员，然后对会员进行"施恩"（如赠送《万客会》期刊、举办论坛、文化活动等），实现与会员的深度沟通，进而达到"拉拢"潜在客户的目的。等项目开工了，通过一系列沟通，可能已经和部分潜在客户签约了，资金也在一定程度上回笼了。其实，万科地产最高明之处还是那张"会员申请表"，严格地讲那是一张房地产市场调研表，可以获得会员的调查反馈（包括客户资料和市场资料）。据此，万科地产就可以摸清当地房地产市场状况，为项目开发与营销奠定基础，更宝贵的是拥有了一大批准客户资源。还有很多典型案例，诸如汽车厂商在新车上市前，针对潜在客户开展的有奖调查、车名有奖征集等活动，都是汽车厂商网罗潜在客户的一张张"热牌"。

而对于销售员，同样可以采取市场调研法来发掘潜在客户。诸如笔者为某色彩咨询企业做策划服务时，就设计了一份调研问卷，派人到人群密集之处进行拦截访问调查。在问卷中设计了潜在客户需求意向、联系办法等条目。如此操作，既可以获得潜在客户相关信息，又可以把有意向的潜在客户定向开发，可谓一举两得。

（2）以旧带新诀。如果企业及销售员已经拥有现实客户（或称老客户）了，并且客情关系良好，或许会有老客户帮助你推荐新客户。对此，称为"以旧带新"。实际上，这是很可能的事情，并且由老客户推荐来的潜在客户成交率更高。不过，只有老客户在对你的企业、产品、服务及你的为人充分认可之后，这种好事才会光顾你。当然，企业不要被动地等待老客户的推荐，而是要利用市场政策对老客户作出激励，让其帮你介绍新客户。乔·吉拉德是一位伟大的推销员，他的聪明之处在于不走寻常路。当其他推销员坐等客户上门的时候，他就主动走出去开发客户资源。更为可贵的是，他还建立了一套客户推荐系统，每当客户介绍一个新客户，他会给予推荐者一部分佣金的提成，这套系统给他带来了一年500多辆车的销售业绩。销售员一定要向乔·吉拉德学习，更何况企业会制定相关政策激励老客户，而不用销售员自己掏腰包。

（3）中介搭桥法。中介是指为经营交易活动提供咨询、价格评估、经纪等行为的总称。中介服务机构，则通常是指介于供应者和需求者之间，依法取得资格，专门从事为供应者、需求者提供供求信息服务的组织。中介可以发挥对接供需双方的桥梁与纽带作用，并且中介服务机构手中可能掌握大量潜在客户的信息。所以，掌握客户信息的中介服务机构就是一个重要的客户源。为此，企业及销售员可以考虑从中介机构获得潜在客户信息，或者由中介结构担任销售经纪，以达到找到潜在客户并实现交易的目的。

（4）展交会征集法。行业展交会具有广泛性、集中性、直观性、群众性、综合性等特点，与会者包括上游供货商、下游经销商、采购商、新闻媒体单位、企划广告公司、同业竞争企业、关联行业企业、行业关注者、潜在客户等诸多群体。可以说，与会人群密度极高，行业关联度高，如果企业及销售员能积极投身其中，那么将获益良多。可以在展交会现场，对那些有意向的潜在客户进行现场登记，获得企业所需要的资料。不过，这需要企业在展会推广上做好文章，聚集人气，诸如采取登记领取礼品、登记获得现场体验、登记购买优惠、登记参加招商论坛等措施，把潜在客户群体吸引过来。另外，在展会后一定要进行跟踪，对潜在客户进行进一步筛选。

（5）竞争掠夺法。企业及销售员要想知道潜在客户是谁，那么看看最直接的竞争对手的客户是谁就知道了。竞争对手的客户，也往往是企业的潜在客户。对此，企业及销售员应该信心百倍。因为，企业及销售员总可以掌握竞争对手的销售渠道，总可以发现竞争对手产品（或服务）的购买者，收买与拉拢他们不失为一种销售策略。不过，在竞争对手的客户中，难免会有一部分会是竞争对手的"死党"，这部分可能无法争取过来。由于不同行业、不同企业、不同品牌的竞争力不同，挖竞争对手"墙脚"的能力也会有所差异。不过，必须学会挖竞争对手的"墙脚"。通用汽车统计数据显示，已经买过通用汽车的客户其再次购买通用汽车的比例是65%。可见，总有一些客户是竞争对手的潜在客户。

（6）信息检索法。信息载体有很多，诸如专业报刊、图书、企业登记信息公告、网络、黄页，等等，销售员都可以利用来搜集潜在客户信息。尤其是网络，更是搜寻潜在客户的重要工具，一定要充分利用。网络搜索客户有很多小窍门，诸如通过关键词搜索、行业网站搜索、网络博客征集等方式，可能会获得很多客户信息。但是，基于网络信息的繁杂性，一定要在仔细甄别客户信息的真实性后，再做出具体行动。另外，通信簿对销售员来说，绝对是不可缺少的销售支持工具，里面有大量的企业、事业及行政单位的电话、地址及相关信息，甚至有些通信簿还有各部门的联系电话，这为寻找潜在客户提供了便利。

（7）人脉衍生法。人脉即人际关系、人际网络，体现人的人缘、社会关系。根据词典里的解释，人脉是"经由人际关系而形成的人际脉络"，经常用于政治或商业的领域。不过，无论做什么行业，人人都要会使用人脉。实际上，很多销售机会就在你身边。因此，无论是企业老板还是销售员，要让你身边的人（亲朋好友）知道你是干什么的，销售的是什么样的产品（或服务）。大富豪李嘉诚说过这样一句话："随时留意身边有无生意可做，才会抓住时机，着手越快越好。遇到不寻常的事发生时立即想到赚钱，这是生意人应该具备的素质。"因此，企业及销售员挖掘潜在客户要从身边做起，利用好现有的人脉关系，多做这样的思考：身边的人有没有可能购买？他们有没有可能介绍或推荐别人购买……

（8）信息交换法。老销售员都有很多销售圈子里的朋友，包括很多同样是做销售的朋友。实际上，寻找潜在客户最大的问题是信息闭塞与信息匮乏，而这些圈子里的朋友一定是销售人员的最佳信息源。因此，销售员一定要在销售过程中，多交圈子里的朋友。这是很容易实现的，作为销售员，经常会在拜访客户的过程中遇到销售同行。只不过，销售员与销售同行们在向潜在客户销售不同的产品（或服务）。因此，销售员要与这些同行们建立密切的联系，或许他们能够提供很多有价值的客户信息，可以有效地提高你的工作效率。

（9）广告搜索法。企业可以通过多种形式的广告搜索潜在客户，让潜在客户"抛头露面"。对此，企业通过两步即可实现这个目的：一是广告传达，二是吸引潜在客户上门开展业务活动。对于传统广告，企业可以采取直邮广告、传统媒体广告等。不过，如今网络广告对搜索潜在客户可以发挥独特作用，尤其是搜索引擎。根据 2008 年的研究数据，在全球将近 8 亿网民中，使用搜索引擎的网民数占到 74.8% ——总共 6 亿网民。为此，企业要利用好专业搜索引擎，诸如百度、谷歌。企业要为自己的网站设置最有价值的搜索关键词，并优化网站结构，以及网站排名。这样做有两个利益点：一是容易找到，二是优先于竞争对手进入潜在客户的视野。如此行事，何愁潜在客户找不到呢？

（10）公关活动法。公关与广告相比，在沟通上具有双向性的特点，更容易获得潜在客户的反馈。利用公关手段发掘潜在客户，可以有很多方法，诸如新闻法、软文炒作法等。但是，效果最为明显的恐怕是公关活动法，通过策划并组织公关活动来发掘潜在客户，如会议招商法，被企业广泛应用。会议招商法通过调动并整合种种资源（包括社会资源和企业内部资源），通过组织会议或论坛的形式，对潜在客户发动种种销售攻势，让潜在客户一步步迈进企业为其设置的商业"陷阱"。这种会议招商模式具有良好的行业兼容性，有形产品、无形服务乃至大项目，都能够应用这种推广模式。尤其是新技术、新成果应用、新材料、特色服务领域、特色项目等领域内的创新产品（或服务）更适宜采取这种方式，因为这为会议或论坛提供了较好的论证素材，有利于企业借题发挥、借机造势。这在策划圈里被称为"找点"，即通过挖掘出产品（或服务）的优势点和机会点，围绕"点"造势，以势夺人。

# 适当的优惠让客户对你心存感激

从心理学上讲，人人都喜欢被他人重视，希望自己能够在同样的情况下得到特殊对待。销售中的暗盘优惠策略，就是暗地里给客户优惠，在客户看来这种优惠他人可能无法得到，会让客户有被优待的感觉。这是赢得客户内心的一个妙招。

杰克兄弟二人合伙了开了一家服装店。他们的服务周到而又热情，每天，哥哥都要站在服装店的门口，向来往的行人进行推销。只是，这兄弟二人的耳朵都有些"聋"，以致经常听错话。

情况是这样的，两兄弟中的其中一个，比如大杰克先生热情地把顾客拉到自己的店中后，就会反复地向顾客介绍某件衣服是如何的物超所值，穿上后又是如何的时尚和漂亮。经过一番苦口婆心的劝说后，感兴趣的顾客就会开始询价："这衣服多少钱？"

"耳聋"的大杰克先生把手放在耳朵上，大声地反问道："你说什么？"

顾客又高声问一遍："我问您这衣服多少钱？"

"噢，你问多少钱呀，你稍等一下，我问问老板。不好意思，我的耳朵不好使。"他转过身去向里边的弟弟大声喊道："喂，这套衣服卖多少钱？"

小杰克站起身来，看了顾客一眼，又看了看服装，然后说："是那套啊，最低62美元。"

"多少？你再说一遍？"

"62美元。"小杰克再次高喊道。

这时大杰克转过身来，微笑着向顾客说："先生，老板说了，42美元一套。"

顾客一听，马上掏出了钱包买下了这套便宜的衣服，溜之大吉。

其实，杰克兄弟两人的耳朵一点也不聋，他们只不过是借助装聋给想占小便宜的人造成一种错觉来促销而已。这就是商家们惯常使用的"暗盘优惠"招数。杰克兄弟俩就是采用此种方法经营得非常成功，赚了不少钱。

对于顾客来说，来购商品时不仅会在意自己以什么价位买下一件商品，还会关注别人以什么价位买下它，这样一来，有谁不希望自己以尽量少的成本买到同一样产品？而在销售过程中如果你运用暗盘优惠，在心理层面就会让顾客感觉这个交易对他来说是特别优待的，他从中得到了更多实惠，在这种情况下，顾客自然就喜欢来你这里多次光顾。

上面这个案例，用于管理，也是很有价值的。下面还有一例：

有个丈夫，平时在家妻子买菜，休假期间有了时间陪妻子去菜市场上买菜。结果发现妻子每次为了买一块五花肉，宁可绕过二三十个肉摊，来到一个并不特别起眼的摊子前：

"老板，给我切4斤五花肉。"

"哦！是陈女士啊，你好！"

然后，压低了声音说："今天的五花肉不够好，太肥了，怕腻人。你看看是不是改买梅花肉，今天的梅花肉特别瘦、特别嫩，我照老价钱给你好了。"

"好！那就来3斤吧！"

丈夫很纳闷地问她："你买肉怎么都不挑，也不问价钱呢？"

"不必，这家老板跟我很熟了，我是他的老主顾。他说肉不好，应该就是肉不好，不会骗我的，而且他的价钱一向都很公道。"

老板很快地切好3斤肉，往秤盘上一放，一看确实比3斤还多了一点点，然后又顺手切了块瘦肉当添头，一起包了起来。这时，丈夫才恍然大悟，为什么这个摊子的生意会比别人的好上很多。

在生意场上，这种暗盘优惠的手法，由于效果明显，经常为高明的商家采用。的确，"朋友归朋友，生意归生意"，商家跟你一不是亲戚，二非朋友，如果能给你额外的实惠和好处。作为消费者，岂能不动心？

在一些便利小店买东西时，估计你也会有这样的体验，如果碰上的是这样的老板：你付钱的时候少了一块两块零钱，他大方地说，不用给了，你一定会乐呵呵地下回再来光顾。由此想到同事老黄家附近有两家超市和一家杂货店，但他一直很习惯地到杂货店买东西。而这家杂货店货物价格并不比超市便宜，货色也不是很齐备。原因是这家店的老板在找钱时特别大方，买237元的东西，付250元，他会找给老黄15元，而不是13元；买16元的东西，付20元他会找给老黄5元，而不是4个一元的硬币。这小小的"暗盘优惠"，无形中已经牢牢抓住老黄的心。

有的饭店老板在经营中也很会采用这样的心理策略。对于回头客，一旦顾客开始第二次消费时，他们会视消费金额大小，不断地给一些优惠：今天送盘水果，明天送份点心，后天来包香烟，说是经理招待。人多的时候还会送价值偏高的葡萄酒，说是总经理奉送。给你撑足面子的同时也有看得到的实惠。这样一来，只要有应酬，顾客第一个念头就会想到它，而不是别家。

商业经营需要智慧，这种"暗盘优惠"可使许许多多的一般客户变成永久而忠实的招财童子。

## 如何应对顾客的戒备心理

当你想说服对方时，如果对方的态度变得慎重，表示他产生了戒备心。遭遇对方戒备心的阻碍，这种情形在初次见面是无可避免的。但是，有时熟人也会有这种表现，当他发现你怀有某种目的时，自然而然便会产生戒备心。此时，你正和一位戴着面具的人说话，对方隔着一道面具，你无法看清他的表情，不知他态度如何，所以你就无法采取良好的应对方法，但是，如果因为对方戴着面具而放弃了进一步销售的念头，那便是不战而败。

对方有戒备心，虽然不利于说服，但是未察觉对方的戒备心，继续说服，那就变成了自娱自乐。对方不仅戴着面具，而且还背向着你，紧锁心扉，这就像一个人身上包上了一个护盾，这就像一道防火墙，这层护盾起到保护和反弹的作用，任何对他的言语都会被这层护盾接收，而无法进到他的内心世界。所以说在进行销售时，首先要辨别客户的身上对你产生的护盾，必须破盾而入，才能有进一步的成交可能。因此，进行说服之前，必须仔细观察对方的言行举止，判断他是否有戒备心才行。

一般来说，抱持戒备心的人，不喜欢表露自己的心事，对自己的言行也不敢负责，所以打招呼或说话的态度都是冷冰冰的。可是，有时他们的态度又会显得直截了当，其实他并非轻视你，只是因为过于警戒，所以言语索然无味，给人敷衍了事的感觉。

当你和顾客谈话时，一直很顺利、很投机，但是顾客突然改变态度，变得很亲切，而口气却严肃地答道："我知道，我知道，你要说的我都知道，回公司后，我会仔细再斟酌。"结果你期待的答复无疾而终，这就是对方在谈话的途中，将面具戴上的结果。

神经质的人，戒备心也很强，为了掩饰自己的戒备心，言语便会变得模棱两可。于是说话时，常常在一句完整的话中加入一些语意不明的词句，如"话虽如此""无论如何他还是……""虽然……但是……"等，使人无法了解他的真正意思是什么。如果对方经常用这类词句，而且又一再重复，慎重选择每一个字句，说话速度变慢，这些现象都表示他的戒备心已到极点。

一位从事贸易的外国朋友说，他在中国进行生意洽谈时，闭着眼睛聆听对方的口气，比透过翻译者传达的意思，更能了解对方的真正意思，因为我们的语言和英文不同，速度方面有差别，当我国的负责人语气缓慢下来时，表示戒备心逐渐升起。

另外有一种更令人困扰的情形就是，对方几乎不表示意见，无论你说什么，他只是回答"是的，你说得有理"，这种情形表示他正在找寻你的漏洞，或你所设置的陷阱。

通常，如果没有特别的情况，我们是不会对家人、朋友、同事产生戒备心的，但是对于初次见面的人，多少总有些戒备心，这是因为尚未了解对方，所以才会对他怀有戒备心，一旦投机之后，戒备心立即消失，并且会说"既然你这么说，那我就尽力试试看"，在很自然的情况下接受对方的要求，这正是说服者比说服内容重要的证明。

但是，如果对方和自己不投机，则情况完全相反，戒备心不但不会消失，反而还会加强。根据美国的调查统计，让新进职员以 10 分为满分，评价上司，同时也以 10 分为满分，让上司评价自己的下属，以了解双方的观感。结果，两份实验报告显示，分数十分接近，这正是表示双方沟通的程度非常一致。

为了突破坚强的心理障碍壁，以便顺利进行说服，必须深入对方的深层心理，让对方对你产生好感，这才是最重要的。

客户的质疑，是给予你最好的礼物，笑纳吧！

## 把客户的姓名放在心中

当你拿起一张包括自己在内的团体照片时，你会第一眼先看谁呢？毫无疑问，一定先看自己。当联考放榜时，你会先找谁的姓名呢？不用说，当然先找自己的名字。每当我们到风景区游览时，经常会发现有人在石头或树木上刻名留念。为什么他们会有这种幼稚的行为呢？因为他们希望别人知道他们，他们希望"永远活在别人的心中"。

由于人类最关心的是自己，所以连带非常关心自己的姓名。假如你能够尊重并牢记别人的姓名，就表示你在乎他，这不仅能建立良好的人际关系，而且对销售业务的拓展也大有帮助。

原本对钢铁行业一窍不通的安德鲁·卡内基，如何成为举世闻名的钢铁大王呢？他成功的秘诀之一就是：极为尊重别人的姓名。

10岁时，卡内基偶然得到一只母兔子，不久，母兔就生下一窝小兔子。可是他的零用钱有限，没有足够的钱买食物来养活这一窝小兔子。于是，他灵机一动，告诉邻居的小朋友，只要他们肯拿食物来，他将用小朋友的名字为小兔子命名。

小朋友听了，立刻踊跃提供食物。这件事给卡内基极深刻的启示：每个人都非常在乎自己的姓名。

卡内基长大后，有一次为了竞标太平洋铁路公司的卧车合约，与竞争者布尔门铁路公司针锋相对。双方为了中标，不断削价火拼，均已无利可图。

不久，卡内基与布尔门都到纽约去见太平洋铁路公司的董事长，他们在饭店门口巧遇了。

卡内基对布尔门说："我们这不都是在作贱自己吗？"

布尔门说："你指的是什么呢？"

卡内基向布尔门陈述恶性竞争的危害，并提议化解前嫌，彼此携手合作。布尔门认为他的话有点道理，可是仍旧无法全部接受。

布尔门突然问道："假如我们合作的话，新公司要取什么名称好呢？"

卡内基想起了童年养兔的往事，毫不犹豫地回答："当然要取'布尔门卧车公司'啦！"

布尔门听了，顿时喜上眉梢，双眼发亮，两人很快就达成了合作协议。

卡内基这一套"尊重别人姓名"的本事，使他在商场上无往不利，生意兴隆，直至最后建立起了他的钢铁王国。

了解"尊重别人姓名"的重要与价值之后，我们就得进一步设法牢记别人的姓名。

我们常听许多人说："我就是记性很差，老是记不住别人的姓名。"或是说："我的记忆力不好，因此人跟名字就是对不起来。"记别人的姓名很困难吗？雪佛兰通用汽车分公司的总经理巴布·兰德能记 6000 个人的姓名，美国前邮务总长杰姆能牢记 50000 个人的姓名。巴布·兰德能够牢记全美 6000 个以上的雪佛兰汽车经销商的名字，在每一次的经销商联谊会议里，他都能一一叫出每一位经销商的名字，并亲切地跟他们交谈。他这种超乎常人的记人名本事，是他成功的原因之一。杰姆 10 岁丧父，连小学都没读完，但他在 46 岁时，获得四所大学的荣誉学位，并担任美国邮务部长。杰姆成功的秘诀就在能牢记 50000 个人的姓名。这套特异本领，甚至为富兰克林·罗斯福入主白宫起了重要作用。他的所作所为给政治人物上了最宝贵的一课——要想在选举中获胜，必须牢记选民的姓名。

或许你会说，巴布、杰姆都是特例，一般人做不到。其实记人名就跟背英文单词一样，只要肯用心，下苦功，必有所成。

对一般人而言，记几十个几百个姓名不难；可是，能记数千个数万个人名就非比寻常了，那将是成功之钥了。要牢记人名，可参考下面三个方法：

（1）用心聆听。把记别人姓名当成重要的事情去做。每当认识新朋友时，一方面要用心注意听，另一方面要牢牢记住。若听不清对方的姓名，不妨立刻再问一次。切记，每一个人对自己的名字，比全世界的所有人名合起来还关心。

（2）用笔帮助记忆。别太信任自己的记忆力，在取得对方名片之后，必须把他的特征、嗜好、专长、生日等写在名片背后，以加强记忆。当然，若能配合照片另制资料卡，就更完美了。

（3）重复记忆。因此，在初次谈话中，不妨故意多叫几次对方的姓名。如果对方的姓名很少见或很奇特，不妨请教其写法与姓名的来历。

# ● 第六章　区分聆听，聚焦合作 ●

## 从心开始，从善沟通

管理者在实施管理时一定要崇尚参与，而不是自外而内的灌输与命令，与员工的沟通方式确实有待改变，否则将困难重重。在此过程中，关键要把握好两点：说真话，千万不要打官腔；尊重他们。管理者要想与员工进行沟通，就必须对员工充满善意，这对于改善与员工的关系，共同完成团队的目标有很大的帮助。

管理者只有对员工充满善意，管理者与员工之间才能营造出互相信任、理解和尊重的气氛。如果你帮助了员工，员工反过来就会更忠心地效劳于你。管理者可以与员工共同谈论所碰到的各种问题，找出员工对工作最感兴趣的部分以及他们各人的喜好。管理者也能从中学到很多东西，掌握很多信息。当情况变化时，管理者就能够处于一种有利之势，作出一些合理的决定。

一个好的管理者应该能够根据员工在日常工作中的表现来判断他们的兴趣范围。如果仅仅是在员工中走动一下，检查一下他们的工作情况，或装出一副对他们感兴趣的样子，而不是真正关心，一旦员工发现这一点，会认为领导根本不相信他们，对他们的工作不放心。

最重要的一点是，管理者要能在员工需要时伸出援助之手。例如某位员工生活中遇到困难，感情上遭受打击，技术上出现某个问题，或者与某个员工无法相处等。如果你能帮他们解决这些问题，那么员工就会感激不尽，并尽力在工作中以业绩回报于你。

如果员工不能保持工作兴趣，那么他们的工作动力就会很快消失。因此，对员工充满善意，激发他们的工作兴趣，发挥出每个员工应有的价值，这是非常重要的，也是一个文明的管理者值得注重的问题。

1972年，美国总统尼克松访华，周总理在一次酒会上的一段演讲就是用下面一句话开头的：

"由于大家都知道的原因，中美两国隔绝了20多年……"

真可谓绝妙的切入。其中"大家都知道的原因"，就隐含着"勾话"的意味。经这么一"勾"，后面的谈话就顺畅得多了。

从周总理的谈吐中，人们不难捕捉到其"言下之意"。"由于大家都知道的原因"，其"原因"当然无须点破。周总理以广博的情怀，将"原因"归之于"大家都知道"，这样既触及了敏感问题，又缓和了气氛，还表明了己方的原则立场。

外交家由于某种原因，不方便直接明白地表示自己的态度，又希望对方了解自己的意图时，就需要用这种切入的口才，它既可画龙点睛挑明话意，又可以把握沟通的主向。

所以，在寻找对方的沟通切入点时，应该努力寻求对方身上可亲近或可认同的那个"点"。其做法具体分述如下：

### 1. 关心他身边最亲近的人

大多数人都会关心自己最亲近的人，如果一旦发现了别人也在关心着自己所关心的人，就会产生一种"知音"的感觉。

## 2. 助对方一臂之力

热情相助最能博得人的好感。日常生活中，那些具有古道热肠、为人厚道、不吝啬、好助人的人总能在邻里之间、同事之间获得好名声。因为人们一般都乐意与这些热心肠的人相识相交。比如你帮正在上楼的邻居抬一把煤气，你就可以成为他家中的常客；替一个刚刚上车的旅客摆放好行李，你的旅途就多一个伙伴；为忙碌的同事沏一杯茶，你就会得到善意的回报。

## 3. 用温情暖化冰雪

如果对方本来对你就有成见，这对于沟通自然形成了障碍，也是人际关系的冰点。但如果此时有一方能主动作出一个与对方预期截然相反的善意的举动，就会使对方在感叹、敬意之中自惭形秽，同时也会认同你的诚意，从而化敌为友。原来的冰点就成功地变成了沟通话匣的切入点了。

在一个企业或群体里，人们对自己所憎恶和讨厌的人通常是不会抱着合作的态度与其共事的。即便是他们的上司，虽然在表面上不得不迎合他，不得不听从他的指挥，但在内心里却拒绝和排斥他的操纵和驱使。大多数时候，他们只是被动地接受上司的命令，绝不会积极主动地配合上司的工作。因此，作为一个单位或企业的主管，设法赢得员工们的好感非常重要。

对上司有了好感，他们才会愿意与上司交流和沟通，愿意与上司配合共事。可以说，赢得好感就可以为沟通与合作架起桥梁。

管理者要想赢得下属的喜欢，就必须预先或及时发现他们的嗜好，并在交谈时以其嗜好为话题，行动上以其嗜好为标准，有的放矢，不打无把握之仗。回顾我们自己则可了解，当与别人交谈时，如果话题转向自己的嗜好，同时又发现对方对此嗜好寄予莫大的关心，大家心里必定是十分高兴的。

美国总统罗斯福对于每一位到他家中访问的客人，都能提供各位访客喜欢的话题，经常令访客感到十分愉快。每一次接见客人之前，罗斯福总统一定会详细地调查对方的志趣和爱好，在见面时不露痕迹而自然地把话题引到这方面来，以致所有的客人都有这样一个强烈的印象："罗斯福总统真是一位可亲可近的人。"因而他们对于关心自己志趣、嗜好的罗斯福总统，产生了好感和敬仰之意。

一个人如果想获得孩子们的喜爱，最好的方法是先去了解他们的嗜好，然后再把话题转向这方面。凡是赢得孩子们喜爱的人，在与孩子们说话时，绝不会牵着孩子们的鼻子走，而是使自己的话题配合孩子们的兴趣。举例来说，如果遇到一个喜欢拳击的孩子，开头第一句话便可以说："喂！你说拳王泰森棒不棒？"遇到一个收集邮票的孩子，你可以告诉他有关世界邮票的各种事情，并表示对他这方面的丰富常识感到佩服、赞赏。这种方法不仅对孩子有效，对于成人而言，同样也是一贴有效的灵丹妙药。

所以，在沟通中，与其说千言万语，倒不如投其所好。

## 营造和谐的团队沟通氛围

企业管理者要根据需求导向调整自己的管理方式，当你认清情况的时候，你使用什么样的沟通方式？永远要根据客户的需求改变自己的领导方式和沟通方式，唯一不变的就是我们不断的与时俱进，要变成启发式、赞扬式、互动式的管理与沟通风格，因为一个企业的风格就是一个企业领导人的风格，企业领导人能够把企业形成一个充满活力、充满激情的群体，使大家感觉到充满了机会。

要知道，我们每个人都是主导者，每个人都是创新者，每个人都是发动机，每个人都是工作的推手，就让我们自我管理，让自己有成就感和价值感；人们通常不希望别人对自己指手画脚，喜欢自己主宰自己，自己安排工作，自己做事情！

由于每个人的个性不同，每件事的属性也不一样，因此管理者在与员工沟通时，一定要慎重选择语言方式和沟通环境。

也许平时并没有察觉到，某一种信息要能够传达出去，存在着很多不同的通道。但是使用不同通道传递信息，便会产生不同的结果。而要传递不同信息，总会有较为适合的渠道与环境。至于如何选取适当的环境与对方沟通，这就要依赖实用口才和智慧了。

如果你很爱慕一个女孩子，觉得她对你也蛮有好感，有一天出游，你想要吻她，你会找个安静无人的地方，还是在交通繁忙的大马路上？当然是安静无人的地方。如果四周有人走来走去，就算她本意是愿意的，但在"众目睽睽"之下，她肯定也会不愿意。这是环境因素妨碍了你们之间的沟通。

如此看来，客观环境对形成和谐的沟通是至关重要的。

1995 年，当比尔·盖茨宣布不涉足 Internet 领域产品的时候，很多员工提出了反对意见。其中，有几位员工甚至直接发信给比尔·盖茨说，你这是一个错误的决定。当比尔·盖茨发现有许多他尊敬的人也持有反对意见时，他又花了更多的时间与这些员工见面交流，最后写出了《互联网浪潮》这篇文章，承认了自己的过错，改变了公司的发展方向。那些曾经批评比尔·盖茨的人不但没有受到处分，而且得到重用，今天都成了公司重要部门的领导。

微软的员工可以说真话不单单是因为勇敢，还因为他们知道，他们不会因为说出真话而受到任何伤害。

当然，员工不说真话或许还有别的原因。比如，很多员工还都抱着多一事不如少一事的态度。想想吧，如果你的建议对了皆大欢喜，一旦错了势必会受到方方面面的议论，甚至指责。所以，他们觉得冒这个风险不值得。

此外就是一些传统的管理手段和观念，也往往导致创新意识被压制和扼杀。例如，在开讨论会时，多半是由主持者在会议开始时率先发言，定下了讨论的基调。

大家的思维一旦被限定，创新就无从谈起。特别是在主持者权威性较高的情况下，与会者不愿意当面提出不同意见，发表的言论自然流于应付。若该团体中权威人士较多，与会者选择发言内容将更加谨慎，以避免失误，免得难堪。甚至有某些研究者给出这样的结论——参会的人数越多，讲假话、套话的概率越大。

王强是一家民营制药企业的老总，别人为员工"不听话"而发愁，他则为员工"太听话、不说话"而发愁。每次开工作会议，讨论新议题时，几乎都是王强一个人在说话。无论是部门经理向他汇报工作，还是员工向部门经理汇报工作，几乎都听不到建议。他不知道大家之所以都沉默不语，那是因为他过于傲慢自大，或是对于别人的意见常常是充耳不闻，这样次数多了，自然是谁也不想开口了。

要改变这种状况，必须在企业内部营造民主氛围，让领导与员工之间形成信任，打消团体内部的拘谨，让员工多提新思路，大胆说真话，同时还要批判员工取悦领导者的行为，以起到警示的作用。在开讨论会的时候，要注意领导讲话艺术，在提建议的阶段严禁批判或反对别人的观点，以保证提案的数量。

在例行考核方面，对提出有价值的新思路和项目的人要给予奖励，用物质激励来激发员工的创新。营造民主氛围就是要员工摆脱内心的各种顾虑，充分运用自己的智慧大胆创新。毕竟员工要为自己提出的意见负责任，所以意见也是不能乱提，必须有一定的价值。而民主气氛会让他们放下了内心里的顾虑，毫无保留地说出自己的真心话。

说真话本来不是什么难事，但是你不能指望所有的人都是那个会告诉国王没有穿衣服的孩子，你更不能指望所有的人都愿意做那个说真话的小丑、傻者、疯子。大人与孩子不同，孩子没有什么顾虑，而大人在说真话的时候，就会考虑许多因素，一旦会危及自身的利益，或者有什么风险，那么他们就会选择沉默。而大人更不愿意承认的就是自己的智商会有问题，所以他宁愿辞职也不会做个说真话的小丑。

作为管理者，要想在企业内部营造一种说真话的氛围，就要营造领导与员工之间互相信任的民主氛围，让员工毫无顾忌地说出自己的真心话。管理者可以通过利用演讲造势沟通，也可以利用媒介语言沟通，还可以在上下班路上与下属结伴同行进行沟通，通过营造语言沟通的环境，使上下级之间的距离越来越近。

# 要有全局意识，更要会细节管理

作为新时代的管理者，一定要高瞻远瞩，不能鼠目寸光。要善于跳出局部从全局看局部，跳出今天从未来看今天。坚持局部服从全局，今天为未来做准备，要有宏观意识和大局意识，同时也要有细节管理意识。

麦当劳创始人雷·克洛克说："我强调细节的重要性。如果你想经营出色，就必须使每一项最基本的工作都尽善尽美。"

有位医学院的教授，在上课的第一天对他的学生说："当医生，最重要的就是胆大心细。"说完，便将一只手指伸进桌子上一只盛满尿液的杯子里，接着再把手指放进嘴里吮吸了一下，随后教授将那只杯子递给学生，让学生学着他的样子做。

看着每个学生都把手指探入杯中，然后再塞进嘴里，忍着呕吐的狼狈样，教授说："你们每个人的胆子都够大，只可惜不够细心。你们没有发现我探入尿杯的是食指，放进嘴里的却是中指。"

尝过尿液的学生终生记住了这次教训：在科研和工作中一定要注意细节。

在现代企业中想做大事的人很多，但愿意把小事做细的人很少。我们的企业不缺少雄韬伟略的战略家，缺少的是精益求精的执行者；不缺少各类管理规章制度，缺少的是规章条款不折不扣的执行。这是《细节决定成败》一书中十分精辟的论述，仔细研读汪中求先生一书，其中有这么几段话值得思考：

（1）细节造成的差距。上海地铁一号线是由德国人设计的，看上去并没有什么特别的地方，直到中国设计师设计的二号线投入运营，才发现其中有那么多的细节被二号线忽略了。结果二号线运营成本远远高于一号线，至今尚未实现收支平衡。

（2）忽视细节的代价。白蚁确实可以造成长堤溃决的后果，必须进行科学、细致的观察和研究，才能防患于未然，任何麻痹和对细节的忽视都会带来难以想象的后果。

（3）微利时代要求精细化管理。综观国内的强势企业，都是在细节的比拼上下过很大工夫。企业靠战略就能挣大钱的想法是极其幼稚的，正是不注意细节的表现拖垮了许多大企业，诸如浪费巨大而熟视无睹，人浮于事相互推诿，对市场信息不敏感，内部各部门之间沟通障碍，员工创新动力不足等，每一个问题都会在细节上找到理由。

从上面这几段话中，你看出企业不论其规模和总量多大，都是一个系统在运行、管理，使之成为有效、快速运转的机器。而管理就是由许多的细节构成了管理的基本元素。

管理的精华，就是在特定的时间、特定的地点和特定的态势下，对细节的一种特定的运用。运用得不好，甚至可以使一个本来很优秀的企业陷入万劫不复的境地。

1984 年，国际某著名的跨国公司，因为管理上的疏忽，发生了一次毒气泄漏事故，造成 3000 人丧生，5 万人双目失明，20 万人中毒，10 万人终生致残的悲剧，酿成了 20 世纪以来最大的一起工业惨案。

1984 年 12 月 3 日子夜，该公司下属的某农药厂的一个储气罐的压力急剧上升。储气罐里装的 4.5 吨液态剧毒性异氰酸甲酯是用来制造农药西维因和滋灭威的原料。0 时 56 分，储气罐阀门失灵，罐内的剧毒化学物质漏了出来，以气体的形态迅速向外扩散。由于缺少严格的管理和防范措施，事故发生后，生产工人惊慌失措，只顾自己逃跑。没有一人去实施抢救措施，也没有人向公司领导报告，直到毒气形成浓重烟雾笼罩在全市上空。

从农药厂漏出来的毒气越过工厂围墙，首先进入毗邻的贫民区，数百名居民立即在睡梦中死去；火车站附近，有不少乞丐因怕冷而拥挤在一起，毒气弥漫到那里，几分钟之内，便有 10 多人丧生，200 多人出现严重中毒症状；毒气穿过商店、街道，飘过 25 平方英里的市区。那天晚上没有风，空气中弥漫着大雾，使得毒气以较大浓度缓缓扩散，传播着死亡。

发生事故的第二天早晨，整个市区好像遭到了袭击一样。一座座房屋完好无损，但是到处都是人和牲畜的尸体，好端端的城市变成了一座恐怖之城。

事故发生以后，警察以"玩忽职守，造成严重伤亡事故"的罪名，逮捕了公司的主要负责人。这件震惊世界的毒气泄漏事件发生后，该公司破产倒闭了。

储气罐阀门失灵，是化工企业经常会碰到的一个问题。任何一个化工企业，对于装有剧毒化学物质的储气罐的管理，都会有严格的规定。作为一家著名的跨国公司，当然也不会例外。这里的制度包括：对阀门的检验，查出问题后的维修或更换，也包括出现泄漏事故后，如何实施抢救，如何向上级报告等。制度订好后，要对生产工人进行培训，使他们知道在事故面前应该怎么办，可是问题在于这些细节没有落到实处。导致出现事故后，"生产工人惊慌失措，只顾自己逃跑。没有一人去实施抢救措施，也没有人向公司领导报告，直到毒气形成浓重烟雾笼罩在全市上空"。

一个细节上的疏忽，使一个闻名世界的跨国公司倒闭，教训不可谓不深刻。

正如麦当劳总裁弗雷德·特纳所说："我们的成功表明，我们的竞争者的管理层对下层的介入未能坚持下去，他们缺乏对细节的深层关注。"这正是那家著名跨国公司倒闭的症结。

有个著名的管理三段论法，即"管理就是把想到的事情记下来，把记下来的东西运用正确的方法去做，然后把做过的事情再写下来"，这是管理的本质，如果抛弃了管理中的本质特征，管理也就成为了一种空话。只有将管理中的细节和执行力运用、实施到实际管理当中去，管理才具效果。

市场的竞争已经演变成细节的竞争，企业只有注重细节管理，在每一个细节上都做足工夫，才能使企业和产品充满活力，确保竞争优势。

大局决定成败是毫无疑义的。大局决策是否正确，成败在所难免。反过来，大局即使正确，如果不注意细节，就有可能招致失败。所谓阴沟里面翻船，就是对细节决定成败最好的解释。

# 对不同的员工说不同的话

不同的员工有不同的性格。管理者应摸清情况，采用不同的方式与员工进行沟通。

有这样一个笑话：

一家公司门口，两个工人正在奋力地搬运一个大木箱。尽管他们累得精疲力竭，但箱子却并没有被移动半点儿。

最后，门里面的那个人说道："我看算了，我们绝不可能把箱子弄出去了。"

"你说什么？把箱子弄出去？难道不是搬进去吗？"门外面的人嚷道，"我还以为我们正试图将它搬进去呢，怎么不早说啊？"

从这个笑话可以看出，沟通不当往往会适得其反。为了正确沟通，管理者在与员工沟通的时候要注意以下几个方面。

**1. 话不在多而在精**

墨子是战国初期宋国人，是当时很有名的思想家和政治家。他的一位学生曾经问他："老师，多说话到底好不好？"

墨子为学生举了两个例子："不知道你有没有注意水边的蛤蟆和到处乱飞的苍蝇。它们总是不知疲惫地叫个不停，就是不想被人们忽视。然而，无论它们叫得多么卖力、叫得多么辛苦，人们始终对它们的叫声充耳不闻，对它们的存在视而不见。雄鸡则与蛤蟆、苍蝇不同。每当黎明时，它便站在屋顶，迎着朝阳昂首啼叫。人们一听到它的叫声，便起床迎接新的一天。"

墨子接着说道："蛤蟆和苍蝇整天叫个不停，换来的是人们的忽视；雄鸡每天早上只叫一小会儿，人们却能够闻声而动。说话也是同样的道理。"

有些管理者认为，要想让员工完全听懂自己的话，一定要多与员工沟通。于是，他们会不厌其烦地找员工交流。在这，管理者犯下了与蛤蟆、苍蝇类似的错误。这样做的后果只能让员工感到烦躁，最终对管理者的话不予理睬。

作为管理者，更重要的是表达简洁明了，使员工能够轻松理解自己的期望。这样一来，员工在短暂的交谈之后就能明白管理者的话，管理者的目的也就达到了。

### 2. 沟通要因人而异

孔子和他的几位弟子在游学时曾路过一个村庄，当时他们又累又渴，就把马拴在村旁的一棵树上，在另一棵树下休息。他们坐在地上，边喝水边聊天，正在这时，他们的马用力挣断了束缚它的缰绳，冲向附近的麦田吃起麦苗来。麦田的主人非常生气，一怒之下扣下了它。

当时子贡也在场，他是孔子弟子中特别突出的一位，不仅口齿伶俐，而且善于辩论。见到老师的马被人扣下后，子贡走上前去与麦田主人理论，争取通过和解的方式把马要回来。然而，麦田的主人毕竟是个农夫，他听不懂子贡文绉绉的大道理，不愿意理会他，子贡只好无功而返。

这时，孔子的另一位弟子表示愿意替老师要回马。这位弟子在不久前才归入孔子门下，其才华远远比不上子贡，但孔子还是同意了他的请求。

他不紧不慢地走到麦田主人的跟前，笑着说道："我的马吃了你的麦子，自然是我的不对。然而，你有麦田，我也有麦田。我们的田地离得又不是很远，难道你能保证自己不会有疏忽的时候？如果你此时扣了我的马，以后你的牛吃了我的庄稼后，我又该如何做呢？我们同是种庄稼的人，难道不能相互谅解吗？"

麦田主人听了他讲的道理后，心情顿时舒畅，表示不再追究此事。于是，这位弟子顺利地把马牵回来了。

在企业里，有些员工性格比较内向，管理者在与他们交流的时候，最好不要与他们开玩笑；有些员工自尊心比较强，管理者在与他们交流的时候，一定要更加注意自己的用语，千万不要让他们感觉到自尊心受到伤害。

如果管理者在与员工沟通的过程中，不知道根据员工性格采用不同的沟通方式，就会事倍功半，甚至无功而返。

用适合他的方式，与他交流！

# 要想交流，先要同流

如果管理者始终认为员工不理解自己的原因，是员工本身的水平有限，那么管理者是无论如何也不能与员工"同流"的，甚至令自己和员工之间的距离越来越远。如果出现了这种情况，所谓的与员工进行有效交流便成了一句空话。

战国后期，楚顷襄王在位时，宋玉担任楚国大夫。

宋玉在任期间，常有人上奏指责他。为了澄清事实，顷襄王将宋玉召入宫中，当面质问。顷襄王厉声问道："宋玉，你能不能让我的耳根清净清净？自从你上任以来，我总是听到有人向我反映对你的不满。对你不满的人不仅为数众多，而且包括各个阶层，你让我如何相信你呢？"

从顷襄王的话中，宋玉知道自己触怒龙颜，如果不能解释清楚，就会大祸临头。他立即伏地叩拜，忐忑不安地说："臣有罪，弄得大王不得安宁。任何事情的发生都是有原因的，众人对我的不满自然有他们的原因，但这并不表示我的做法是错误的。希望大王能够容许我讲一个故事，我相信大王听完后，就会明白其中的缘由。"

顷襄王示意宋玉继续说下去，于是宋玉接着说："先王时代，一位歌唱家曾在这个地方表演过。首先，他演唱了《下里》和《巴人》，这两首歌曲非常通俗，妇孺皆知，以至于数千人与他和唱，顿时歌声震天；接着，他唱了《阳阿》和《薤露》，这两首歌曲是民谣，流行程度不及《下里》和《巴人》，如此一来，和唱者仅剩下数百人；后来，他演唱了《阳春》和《白雪》，这两首歌曲不仅格调高雅，而且韵律变化无穷，令人难以捕捉，结果和唱者寥寥无几。这种现象说明，当歌曲的风格和境界达到一定程度时，能够和唱的人自然会减少，而能够理解的人将会更少，甚至没有人能够理解。

"世间的万事万物都遵循这个道理。例如，鸟中有凤，鱼中有鲲。凤凰稍一振翅，便可直上云霄。它能翱翔天空，知道天有多大、地有多高，而这些是在灌木丛中寻食的山鸡难以理解的。大鲲稍稍摆尾，便能潜入海底。它能畅游大海，知道江有多阔、海有多深，而这些是在池塘中嬉戏的小鲵难以理解的。

"既然如此，世上肯定有这样一类人，他们如鸟中凤和鱼中鲲，其思想和行为由于不平凡而难以被常人理解。所以，对我不满的人是因为他们不理解我，而不是因为我做得不对。"

宋玉的解释虽有其道理，但对于管理者而言，要想管理好员工，一定要与员工广泛接触。在接触的过程中，既要听懂员工的话、理解员工的行为，又要使员工明白自己的期望、理解自己。只有这样，才能达到交流的目的。宋玉那种被人误解的情况就不会出现了。

要想与员工进行心与心之间的交流，必须先要学会如何与员工同流。同流的方式有很多，这里列举三种：

## 1. 示弱

有位记者对一位政治家非常反感，因为他不能容忍政治家的趾高气扬。为了让政治家出丑，他前去拜访，想搜集一些有关政治家的丑闻。

记者以为政治家只会傲慢地简单回答自己几个问题，所以刚一进门就立即采访。令他没有想到的是，这位政治家却说道："今天我有的是时间，我们可以慢慢谈。"

不多时，仆人将咖啡端上桌来。政治家端起咖啡喝了一口，立即大嚷道："哦，好烫。"随手将咖啡杯扔在地上。随后，政治家把香烟倒放入嘴中，又从过滤嘴处点火。这时记者赶忙提醒："先生，你将香烟拿倒了。"政治家听到这话之后，慌忙将香烟拿正，不料却将烟灰缸碰翻在地。

政治家出了一连串的洋相，这令记者感到意外。不知不觉中，他的那种挑衅情绪消失了，取而代之的是一种模糊的同情感。

其实，这整个过程是政治家一手安排的。

政治家的做法就是一种示弱的行为。他以这一行为拉近了与记者间的距离，从而改变了记者的敌对心态。

管理者因与员工的地位不同，已经在无形中与员工间形成了隔阂。如果管理者还要刻意表示自己在某些方面强过员工，无疑会加深这种隔阂。如果双方的隔阂无法消除，也就无法顺利地进行交流。

示弱是与员工拉近距离的好方式。通过示弱，可以让员工感受到：管理者并不是一直高高在上的，他除了管理我们外，跟我们没有什么太大的区别。

示弱的方法有很多。比如，在与员工接触的过程中，可以谈谈家中的困难和难以解决的问题，如孩子不听话、与妻子的关系不融洽等。

## 2. 攻心

战国末期，名将乐毅的侄子乐英，是燕国的一位将领，他率军攻下了齐国的聊城。

此时，聊城有人去燕国离间国君和乐英的关系，于是燕王想杀了他，同时又罢免了乐毅。乐英听说后，不敢回国，可是投降齐国，又怕落个不忠之名，于是就死死把守聊城，想换得英忠之名。

齐国失了聊城后，齐王派田单率军前去夺回领地。田单在聊城苦战了一年多的时间，不仅没有攻下聊城，反而牺牲了很多士兵。正在此时，鲁仲连出现了。

鲁仲连是齐国人。他口舌伶俐，能言善辩，而且不拘形势，能够运用多种奇特而又巧妙的计策说服别人。

鲁仲连见齐军久久不能攻下聊城，于是前来出谋划策。他给乐英写了一封信，然后让士兵用箭将信射进城中。

鲁仲连在信中指出了乐英犯了不勇、不忠、不智的错误，然后分析了当前的形势，让乐英感到手足无措，最后又站在乐英的立场上为其出谋划策。

乐英看完鲁仲连的信后，悲哭了三天，还是犹豫不决，不知如何是好。他想返回燕国，可是已遭燕王猜忌，担心回去后会被诛杀；他想向齐国投降，可是已经杀了很多齐国俘虏，担心投降后会被齐人侮辱。他感叹地说："与其被别人所杀，不如自杀。"随后便了结了性命。

鲁仲连的一封书信便做到了"不战而屈人之兵"，令人叹服。他之所以能够做到这一点，就在于他的说服技巧。

堡垒之所以最容易从内部攻破，这是因为堡垒的外部是坚固的，而内部是空虚的。人也是如此。一个表面看起来再坚强的人，他的心也有脆弱的时候。管理者在与员工沟通的时候，要充分意识到这一点。

要想与员工进行顺利的沟通，先要打开员工心中的壁垒。

### 3. 微笑

张明负责为单位招聘一名员工，结果他找到了一位名牌大学的应届毕业生。与这位大学生通了几次电话后，张明得知还有几家公司也希望得到这个大学生，而且这几家公司的实力都比张明所在的公司强。所以，当这个毕业生表示愿意到张明所在的公司工作时，张明异常意外。

后来在交流中，张明得知了这个毕业生来他们公司的原因。这个毕业生说："其他公司的经理在电话里说话总是生硬的，商业味很重，让我感觉像是在做生意，可你却完全不同。我似乎能够感到你在电话的那一边微笑着与我交谈。"

微笑是礼貌的体现，它可以表现出一个人的涵养和水准。一位刚刚体会到微笑妙用的公司负责人说："我刚刚开始对员工微笑时，他们感到不可思议，可接着我从他们的眼中看到了欣喜、赞许。后来，员工们也养成了对我微笑的习惯。"

微笑能够感染员工，能够创造一个活跃的氛围。管理者在这种氛围中与员工交流，一定能够取得明显的效果。

管理者应该通过各种方式与员工进行广泛接触，消除与员工之间有形或无形的隔阂，保证自己真正融入员工的团队。在与员工同流的基础上，要再创造一个融洽的环境，用通俗的语言或简洁明了的行为表达出自己的心声。

## 换位思考，理解至上

很多时候，员工是不会主动站在管理者的角度看问题的，因为他们常常想到的是个人利益。可一旦个人利益受到侵犯，他们便会认为管理者的管理方法有问题。这时就需要管理者充分发挥才智，让员工明白自己的难处。

公元前743年，郑国第二代国君郑武公传位给郑庄公，引起了庄公的母亲姜氏的不满。因为姜氏在生庄公的时候因难产差点儿死去，所以她一直认为庄公对她来说是灾难，从来没有疼爱过他。如今，郑武公竟然把王位传给了自己不喜爱的庄公，而没有传给自己宠爱的小儿子公叔段，心里自然感到愤愤不平。

庄公继位后，姜氏与公叔段并不满足庄公给他们的封地，而是得寸进尺，起了谋权篡位的野心。庄公将一切看在眼里，等到他们里应外合、准备篡权的关键时刻，破坏了他们的计划。郑庄公杀了公叔段，将姜氏安排在离京城很远的地方居住，并立下了"不及黄泉，无相见也"的重誓。

郑庄公并不是一个绝情之人，他虽有母亲却不能相见，不仅难以消除思念之情，而且落下一个"不孝"的坏名声。他为自己的誓言感到后悔，可是誓言无从更改。

颍地官员颍考叔知道郑庄公的难处后，特意从颍地赶来为郑庄公排忧解难。来到宫中后，他以献野味为由见到了郑庄公。

中午吃饭的时候，郑庄公用新鲜的羊肉招待考叔。考叔选了几块肉包了起来。郑庄公看见后，问考叔为何这样做。

考叔笑了笑说："我想把国君这里的美味给母亲带点儿回去。我母亲虽然吃过多种食物，却没有吃过国君这里的美味，所以我想让她尝尝鲜。"

听完考叔的话后，郑庄公感叹地说："你能够与母亲在一起生活，是多么幸福啊！我却不能够拥有这样的幸福生活。"

考叔从这句话中已经听出了郑庄公对母亲的思念，但故作不解地问道："国君为什么会说出这样的话呢？你完全可以和姜夫人一起过幸福的生活啊。"

郑庄公的心弦被考叔拨动了，他把有关誓言的事情告诉了考叔，然后说："如今我时常想起母亲，却又因誓言不能去见她。每当思念的时候，我都感到非常后悔。没想到现在见母亲一面，变得这么难！"

考叔见时机已经成熟，建议道："国君不必着急，我倒有一个办法可以帮助您见到母亲。"

郑庄公让考叔快快道来，考叔说："国君可以令人挖地，挖到看见泉水为止，然后再令人挖一条通往泉水处的隧道。你与母亲在隧道相见，这既没有违背誓言，又能够解除对母亲的思念之情。如此两全其美的办法，国君为何不用呢？"

郑庄公大喜，就按照考叔教给他的方法做了。

颍考叔之所以能够帮助郑庄公解除心中的烦闷，关键在于他善于在无形中掉换双方的位置，以自己对母亲的爱引发郑庄公的共鸣。于是，原本就思念母亲的郑庄公对母亲更加思念，不知不觉就将心中的烦闷告诉了颍考叔。

晏婴在劝谏的时候，也用过这种方法。

晏婴是齐国人，是战国后期杰出的政治家。他在齐国做官时，先后辅佐过齐灵公、齐庄公和齐景公，因为节俭和尽职而得到齐国的重用。齐景公在位时，晏婴在齐国担任相国。他关注着景公的一举一动，见到景公有做得不合适的地方就立即进言，时时刻刻提醒景公不要犯错误。

一次，景公在宫中设宴，与群臣共乐。饮至酣处，景公趁着酒兴对群臣说："今天是个好日子，我打算与诸位痛饮一番，希望大家不要顾忌平常的礼制，只管开怀畅饮。"

晏婴见景公出言不慎，立即对景公说："大王如此说话是不对的。大王应该明白这样一个道理，天下有各种各样的人，有的人力量巨大，有的人勇猛无比，他们完全有能力杀死自己的君主，但他们却没有这样做。这是因为每个国家都有符合自己国情的礼制，礼制使他们不敢产生杀害君主的念头。同时，这也是人和飞禽走兽的区别。在自然界中，弱肉强食是一种正常现象。弱小就意味着灭亡，强大就意味着生存。也正是因为如此，动物界中首领的位置总是不安稳的。如果一个国家失去了礼制，那么君主也将面临动物界首领要时刻面临的危险。如果大王让群臣不遵守礼制，如此下去，一些臣子待羽翼丰满后便会谋权篡位，大王还如何称王呢？正是因为有了礼制的约束，群臣才会忠于自己的国君，才会断绝犯上的念头。希望大王慎重考虑。"

然而，景公对晏婴的话置若罔闻，只顾享受美酒。晏婴见言语对景公毫无作用，决心用行动来证明没有礼制的害处。

不久，景公离席，晏婴不行礼；景公入座，晏婴仍不行礼；景公与群臣碰杯同饮时，晏婴一声不吭，不等碰杯便一饮而尽。

景公见晏婴如此无礼，勃然大怒，拍案问道："你让我用礼制约束群臣，自己却不顾礼制肆意妄为，这是为什么？"

晏婴见自己的行为激怒了景公，立即起身行礼，回答道："大王是否从我身上看出了没有礼制的危害性？如果大王不能够忍受我的做法，就应该用礼制约束群臣。否则，比这更糟糕的情况也会发生。"

景公体验了没有礼制的危害性后，立即意识到了礼制的重要性。此后，景公按照晏婴的建议，在国内推行法制和礼仪，把齐国整顿得更加安稳。

企业管理者在管理员工的过程中，也可以这么做。

松下电器成立初期，员工的工作情绪不高，处处都表现得比较懈怠。迟到、早退、开小差等已经成为了普遍现象。松下电器总裁松下幸之助看到这种现象后非常不满，认为如果任凭发展下去，公司早晚都要倒闭。为了让这种现象彻底消失，松下幸之助召开了全体职工大会。

召开大会的那一天，松下幸之助等职工到齐后，庄严地走上了主席台。他大声说道："今天，我有一件很重要的事情要向大家宣布。"会场顿时变得异常安静，职工们都想听听总裁到底有什么事情要宣布。然而，松下幸之助说完这句话后，竟然头也不回地走出了会场。会场的安静气氛在刹那间被打破，职工们先是窃窃私语，接着大声议论，然后开始喧哗，会场变得热闹非凡，人声鼎沸。

正在职工们吵得不可开交的时候，松下幸之助又出现了。会场很快恢复了安静，但职工们脸上愤怒的表情并没有改变。松下幸之助再次走上主席台，扫视了一下台下的职工后，感慨地说道："从你们的表情，我看出了内心的愤怒。你们之所以愤怒，是因为对我的突然离去感到不满。不过，你们有没有想过，当我见到你们中的一些人迟到、早退、擅离岗位等怠工现象时，我又有什么样的感受呢？如果你们有兴趣知道的话，我愿意告诉你们。那时候，我的感受与你们现在的感受是一样的。我今天要郑重宣布的就是这件事情。现在我已经讲完了，可以散会了。"

正在大家低头思索的过程中，松下幸之助利索地走出了会场。

令人感到惊奇的是，松下幸之助召开的这次简单的会议竟然起到了神奇的效果。从那以后，松下公司的员工如同脱胎换骨一般，很少出现怠工现象。

为了让员工认识到管理者的难处，同时让员工认识到自己的行为会给企业带来什么样的影响，管理者不妨主动采用一些方法，让员工站在管理者的位置思考问题。如此一来，员工就能够更加理解管理者了。

# 正确处理下属的矛盾冲突

领导者既然有协调的责任，那么在面对冲突的时候，就应该义不容辞地站出来，处理这些矛盾和冲突。

## 1. 了解矛盾冲突的原因

作为一名优秀的领导者，在团队发生冲突之后，不要因忽视冲突的存在，而不予行动。更为关键的是，要正确地处理这些矛盾和冲突，才能把团队的损失、内耗降到最低。当然，要想做到这一点，要树立正确的观念及态度，平日多吸取有关冲突管理的知识与技巧，及时妥善地防止与消除冲突。要想解决冲突，就应该先了解冲突。一般来说引起矛盾冲突的原因有以下几种情况。

（1）处事策略不同产生矛盾冲突。个性和认识决定了一个人的处事策略，而每个人的个性和认识往往是不一致的，这就导致了人与人之间在处事策略方面的差异，这些差异之处如果没有得到有效调和，就会产生矛盾冲突。换句话说，由于人们处理事情的方式、方法以及对问题所持有的态度与重视程度不尽相同，在很大程度上会导致人与人之间的矛盾。

（2）责任归属不清产生矛盾冲突。部门的职责不明，或每一个职务的职责不清，这样也会造成冲突。职责不清主要体现在两个方面：一是某些工作没人做；二是某些工作出现了内容交叉的现象。许多人际关系方面的矛盾与责任常常是混淆不清掺杂在一起的。

（3）个人情绪产生的矛盾冲突。人的情绪无法预测，很难控制。由于个人情绪因素产生的矛盾冲突相对而言是较难处理的。情绪矛盾有它的短暂性，正如情绪变化一样，但若不认真对待，也会在组织人际关系的和谐上留下深深的划痕。

（4）对有限资源的争夺。有限资源具有稀缺性，这种稀缺性导致人们展开了各种形式的争夺，这种争夺在一定程度上会导致冲突。对一个组织来说，其财力、物力和人力资源等都是有限的，不同部门对这些资源的争夺势必会导致部门之间的冲突。

（5）价值观和利益不一致。价值观和利益的不一致是冲突的一个主要成因。价值观是一个人在长期的生活实践中形成的，在短时期内是很难改变的，因此，价值观的冲突也是长期存在的。利益的冲突体现在两方面：一是直接利益冲突；二是间接利益冲突。比如待遇不公平就是直接利益冲突；而培训机会、发展机会等问题引起的冲突，则体现为间接利益的冲突。

（6）角色冲突。由于企业的角色定位不明确或员工本人没有认清自己的角色定位，也会引起冲突。例如，某部门经理未经授权干涉其他部门的正常工作，两个部门之间肯定会发生冲突。在企业中，角色冲突的根源在于企业角色定位不明确，由于领导没有进行有效的工作分析，有关企业的岗位职责等文件照抄照搬其他企业的模式，没有认真考虑是否符合自己企业的实际情况，这样做肯定会导致企业的角色定位不明确。

### 2. 有效地消除矛盾冲突

领导在知道了引起矛盾冲突的主要原因后，为了有效地消除冲突，领导除了要因势利导，具体问题具体分析外，还必须要注意下述几点要求。

（1）正确对待员工间的"小圈圈"。时下公司中，很多都具有一些按同乡、同学或兴趣、个性等不同性质组合的"小圈圈"，这些或大或小的"圈圈"在领导者周围或明或暗地存在着。在处理员工间的矛盾冲突中，要注意这些"小圈圈"的影响。对这些"小圈圈"的形成，领导者不必太担心，那只是在说明人性"归属感"的强烈需要，也就是弗罗明所言的人因害怕孤独所衍生出的"关联需求"。领导者可以巧妙地利用这些"小圈圈"，在其行为过程中激发他们的动力，以便形成更大的团队凝聚力，为整个公司的发展壮大作贡献。

（2）不掺和是非。"掺和是非麻烦多"，这句话对领导来说是一个真理，虽然这听起来有点明哲保身的味道，但为了预防万一，免得使自己陷入是非旋涡中纠缠不清，领导必须注意在解决矛盾时要置身事外。

如果双方的争论是因为对公司不满来找领导者评理，领导者的立场就更困难，但是如果此时领导者保持缄默也很不礼貌，不妨这样告诉他："公司的制度正在不断改进，这次你们觉得不公平，或许是新政策的过渡期，大家不妨开诚布公地谈一下，犯不着坚持己见。"如此轻轻带过才是上策，既不犯众怒，又维护了公司的利益。

（3）不"火上浇油"。当职员间产生矛盾冲突后，如何才能妥善处理是很能显示领导者的办事水平的。领导者如果能处理好，使他们"化干戈为玉帛"，共同进步，不仅能让上司赞美领导者办事得力，对领导者留下好印象，还能让下属们认为领导者是一个好的领头人。

### 3. 避免将权力当做管理的武器

优秀的领导者都应该清楚，把权力当做管理的武器，不仅无法换取员工信任，而且还会让员工对领导者充满敌意。那么对于领导者来说，该如何避免把权力当做管理的武器呢？有以下几个比较实用的方法。

（1）尽量少发布或者不发布强硬的命令。在实际工作中，有的领导者动辄就发布强硬的命令，进行粗鲁的指挥、控制和监督，甚至对员工随意地斥责、诋毁，毫不顾及员工的感受，更不理会他们的想法和意见。

比如有的领导者经常这样说："小张，把这份材料赶出来，你必须尽你最快的速度，如果明天早上我来到办公室在我的办公桌上没有看到它，我将……"或者是"你怎么可以这样做？我说过多少次了，可你总是记不住！现在把你手中的活儿停下来，马上给我重做！"

这时，员工一定会面色冰冷、极不情愿地接过上司派给他们的任务，去完成它，而不是做好它。

因此，不要以为自己是领导者，就有权在员工面前指手画脚、发号施令；就可以对别人颐指气使，呼来唤去；就可以靠在软绵绵的椅子里，指挥别人去干这个、干那个。以为这样可以使自己更加高高在上，更加智慧、理性、有权威。事实上，这种做法并不能使自己显得更加睿智，相反却很愚蠢。

（2）尊重员工，不要出言不逊。很多领导者自以为自己很了不起，把员工不当员工，当成自己的孙子，随意辱骂，毫无尊重可言。很显然，这样的领导者也是无法管理好员工的。

有一位负责管理印度尼西亚海洋石油钻井台的美国经理，一天，在钻井台看到一个印度尼西亚员工工作表现比较糟糕，不问青红皂白就怒气冲冲地对计时员说："告诉那个混账东西，这里不需要懒散的人，让他搭下一班船滚开！"这句粗话使这位印度尼西亚雇员的自尊心受到极大的伤害，他被激怒了，二话不说，抄起一把斧子就朝经理砍来。经理见状大惊，连滚带爬地从井架上逃到工棚里。那位雇员紧迫不舍地追到工棚，恶狠狠地砍倒了大门。这时，幸亏钻井台的其他人及时赶到，力加劝阻，才避免了一场恶战和灾祸。

在处理问题上，这位美国经理祸从口出，极不尊重员工，以为自己高高在上、有权有势，就可以对员工命令、斥责，没想到险些招来一场灾祸。

领导者应该认清的是，指责应该根据事实就事论事，要具有充分的指责理由。而不应因为被赋予了权力、赋予了使人服从的权势而滥用职权。把强制及使人服从的力量深藏不露，才是最聪明的办法。

（3）靠本身的威信取信于员工。身为员工，就算不受强制，也会有服从的心理，如果领导者用一种以上压下的态度对付员工，即使性格温顺的人也会心生反感。所以，领导者不能借助权力压人，靠本身的威信使人服从是重要的办法。

戴尔公司是一家"个个员工皆老板"的公司。它的领导者在所有的员工中建立了一种共同的信念，其中包括责任、荣誉和有福同享。戴尔的领导者尊重每一位员工，将企业的成功归功于员工的努力。任何一位员工都能够感受到自己的工作是有价值的，任何一位员工都可以通过最直接的沟通渠道，得到自己所需要的信息。

戴尔公司十分排斥等级制度，更不必说领导者以命令方式行使自己的管理工作了。在这种提倡平等交流的管理方式下，员工的意见和建议得到了充分的肯定，从而使得每一位员工都能够发挥出自己的潜能，为公司的发展而努力。戴尔的领导者为每一位员工投资，让员工的责任感、荣誉感被充分调动，也使得公司的每一个问题都成为员工和领导者共同面对的问题。

（4）试着主动关心员工。没有人会喜欢在领导者的监督和管制之下工作，大部分人都喜欢享受工作，喜欢有领导者魅力的中层领导，员工如果能得到领导者的关心、尊重，就愿意为自己喜欢的工作付出，愿意为自己的中层领导分忧解难。

但一些顽固、刚愎自用的员工，见领导者以一种友善的态度与他们交谈，反而摆出一副盛气凌人的架势。对于这种员工，当然不妨使用强制的手段。大部分情形是不需要用压制方法来解决问题的，权力不是万能钥匙，作为领导者，在管人理事中，不用多表现大家也知道你是领导。如果领导者经常把权力当做羊倌儿手中的鞭子使用，就会像那不可一世的专制统治者，不会收到好的结果，反受其累。

在企业管理中，聪明优秀的领导者很少会像封建社会那些专制的皇帝一样，随心所欲，把世间万物为己一人所驱使，更不会像旧社会封建官僚那样做权力的奴隶，信奉权力至上。他们往往是通过一点一滴，通过自己能力的施展，通过自己良好的品德风范，来逐步建立自己的威信，最终达到管人理事的目的。

一个领导者不讲方式地随意使用手中的权力，只会使自己失去威信、自信心下降；而学会如何巧妙地使用权力，建立领导威信，则会使自己信心大增，会使自己得到员工的信任支持，自然就可以得心应手地管好人、理顺事情。

冲突，是团队回归理性思考的最佳时机！

## 不要忽视感情投资

人一旦在竞争模式下生活时间长了，就会不由自主地变得人情淡漠。这也是领导者对员工进行感情投资的好机会。如果领导者在管理协调的过程当中，能够把感情因素掺杂进去，不仅可以获得很好的管理效果，而且还能切实提高领导者的领导力。

### 1. 领导者要善于对员工进行感情投资

领导者若想把自己所在的单位管理好并做出成绩，仅靠命令和指挥是远远不够的，还必须激发员工的主动性、积极性，充分发挥员工的能力和智慧。这是领导者对员工进行感情投资的最根本原因。

凡是优秀的领导和管理者，都是善于对员工进行感情投资的领导。只有通过感情投资，才能使员工感到自己受到了领导和管理者的重视与关爱，因而愿意尽己所能，踏实工作，充分发挥自己的潜力。

陶华碧，一个没有上过一天学、仅会写自己名字的农村妇女，白手起家。居然在短短的 6 年间，创办了一家资产达 13 亿元的私营大企业——"老干妈"公司。她到底是如何创办和管理好拥有1300 多名员工的大企业？她有什么"绝招"和"窍门"，可以被人们借鉴呢？

一名记者在采访中发现，她的成功，在很大程度上得益于她既朴素又管用的"绝招"：实行管理亲情化，自始至终对员工进行"感情投资"。

陶华碧把感情投资视为最基本的要素。比如：在员工福利待遇的制定上，陶华碧考虑到公司地处偏远、交通不便，员工吃饭难等问题，便制定了所有员工一律由公司包吃包住的规定……当"老干妈"公司现今已发展到1300 多人后，这个规矩仍然没有废除。如此庞大的企业，一直实行全员包吃包住，这样的事情谁敢想，谁又敢做？然而，陶华碧不管花多大的"血本"，却始终如一。

制度虽然这样制定了，但她还亲力亲为，总是在人们意想不到的时候关心人、体谅人。公司里有一名厨师来自农村，父母双亡，还要抚养两个年幼的弟弟，可他爱喝酒抽烟，每月1000 多元的工资，几乎都被他挥霍了。陶华碧得知这一情况后，很是担心。有一天下班后，她特意请这个厨师到酒店喝酒。

酒桌上，陶华碧和蔼地对他说："孩子，今天你想喝什么酒就要什么酒，想喝多少就喝多少。但是，从明天开始，你一定要戒酒戒烟。因为，你要让两个弟弟去读书，千万别像我一样大字不识。"这番语重心长的话语，使这个厨师深受感动，当即表示愿意戒酒戒烟。但陶华碧还是不放心，她只让他每月留200元钱零花，其余的钱则由她替他保管；什么时候他弟弟上学要用钱时，再从她那里支取……

只是关心个别员工，陶华碧觉得还不够。每当有员工出差，她还总是像老妈妈送儿女远行一样，亲手为他们煮上几个鸡蛋，一直把他们送到厂门口，直到看着他们坐上了公交车后，她才回去……

一个大企业的董事长，谁能像她这样为一个普通打工仔理财？谁能这样从细微处关心每个员工？不说是绝无仅有，也难找到第二个啊！虽然没有文化，但陶华碧明白这样一个道理：帮一个人，感动一群人；关心一群人，肯定能感动整个集体。果然，这种亲情化的"感情投资"，使陶华碧和"老干妈"公司的凝聚力一直只增不减。在员工的心目中，陶华碧就像妈妈一样可亲可爱可敬；在公司里，没有人叫她董事长，全都叫她"老干妈"。

当然，对于"老干妈"公司来说，陶华碧不是一个管理者，而是一个高层领导者。但是从中我们可以看到，一旦领导者对员工实行亲情化管理，所能起到的效果将是什么样子的，企业的凝聚力将会有多大。甚至我们可以这样断言，如果没有实行亲情化的管理，陶华碧的"老干妈"公司根本就做不到这么大，做不到这么好。

感情就是凝聚力，感情有时甚至就是生产力！凭着最朴素的感情，凭着企业家最精明的直觉，陶华碧悟出了这个道理。为员工多花一点钱进行感情投资，绝对值得，感情投资花费不多，但换来员工的积极性产生的巨大创造力，是任何一项别的投资都无法比拟的。世界上什么投资回报率最高？日本麦当劳的社长藤田所著畅销书《我是最会赚钱的人》中谈到，他将他的所有投资分类研究回报率，发现感情投资在所有投资中，花费最少，回报率最高。

**2. 领导者如何有效地进行感情投资**

一般而言，领导者对员工进行感情投资，有很多种方式，其中最常见的就是语言的鼓励。领导者在采用语言鼓励式的感情投资方式时，最好选择以下几种时刻进行。

（1）当员工顺利完成工作，取得较大成绩时。员工辛辛苦苦完成了一项工作，交差时如果领导者反应平平、态度冷淡，那么他就会感到受到了伤害，并在心里说："以后再也不如此卖力了。"反之，如果领导者在此时能够表扬员工，说上几句贴心的话语，表示出对他的理解，并鼓励他以后好好干，则结果就会截然相反，员工会因此而认为领导者重视自己，对自己的努力还是心中有数的。

（2）当员工在工作中碰到困难时。无论做什么工作，都会碰到一些难题。这时，领导者就应该表示理解和支持，而不是批评和嘲讽。只有这样，才能充分鼓舞起员工的勇气，使其努力克服困难完成工作。

（3）当员工提出创意，勇于表达自己的不同意见时。对于敢于提出新看法尤其是与领导者不同的看法的员工，领导者往往都会有反感。然而，如果你想成功地管人理事，就必须克服这种弊病。对于此类员工，不仅不应反感，而且应该进行鼓励，无论他的看法是否正确、是否可行，你都应该对其具有的勇气和精神表示认同，给予鼓励。

此外，领导者对员工进行感情投资，重要的是"以小见大"，于细微处见精神，使员工感到自己确确实实被领导关心着、照顾着，在领导心中占有一席之地。从细微之处入手进行感情投资，既方便又有效，还可以体现出领导的细心和对员工的关心。

总之，在管人理事中，不懂得对员工进行感情投资的领导者，不可能成为成功的、卓越的领导者。想让员工听从你的指挥，不能只靠强制和命令，还必须通过感情投资激发员工的巨大潜能。

### 3. 领导者要正确对待犯错误的员工

领导者几乎每天都在面对员工、面对员工的工作。自然而然，要经常面对员工所犯的错误。面对这些错误，领导者该怎么办？是明确指出这些错误，让员工承担责任，还是分情况而为，只要错误不严重，就没有必要抓住不放呢？聪明、优秀、懂得人心的领导者往往会选择后者。因为人非圣贤，孰能无过？很多时候，我们都需要宽容，宽容不仅是给别人机会，更是为自己创造机会。作为企业的领导者，一定要懂得这一点。

通用电气公司的总裁查理·里德在他的自传里说："当人们犯错误的时候，他们最不愿意看到的就是惩罚。"面对员工的过错，正确批评，令其改过绝对必要，但绝对不可揪住员工的过错不放，而应给他一个改过的机会，让其放下包袱尽其职责。

在企业中，员工犯错是难免的，就是最优秀的人也会有犯错的时候。作为领导者，应该有一颗宽容之心，能接受与自己不同的意见，能容忍一些难免的错误，这样员工才会放开手去展示自己的才能、发挥自己的优势。作为员工，本来对领导者就有一种敬畏感，害怕被领导指责，而加倍小心地努力工作。如果领导对员工出现的每一处错都不放过，斤斤计较，就会加剧员工的恐惧感。试想，一个员工和领导互为敌人的公司，又怎么能做大做好呢？所以，面对属下的错误，特别是优秀人才的错误，领导者应该善待，一定要懂得宽容。

索尼公司的一个部门经理对董事长盛田昭夫抱怨说：公司里有时会出点差错，但又找不出该负责任的员工。

盛田昭夫赶紧说，找不出是好事。他的理由是：如果真的找出是哪位员工，会影响其他员工。他说："我们不可能不犯错误，何况从长远来看，这些错误也不至于动摇整个公司。而如果一个员工因犯错误而被剥夺升迁机会，也许就一蹶不振，更别说为公司作更大的贡献。"所以，只要犯错误的原因找出来了，公之于众，无论是犯错误的人，还是没犯错误的人都会牢记在心。

盛田昭夫还对这个部门经理说："即使你找出了犯错误的人，你也不好处理。这个人如果已经在公司里干了一些时间，即使你把他开除了也于事无补，你还得另外找一位熟悉情况的员工接替他。如果他是一位新员工呢，那犯点儿错误更不奇怪，你就像对待小孩犯错误一样，要帮助他而不是抛弃他。特别要耐心找出犯错误的原因，以免他或别人重犯。这不但不是损失，反而获得了教训。在我多年的领导生涯中，还真找不出因犯错误而被开除的人呢。"

盛田昭夫的宽容和明智，深深地触动了这位部门经理。为了追究一个错误，又犯另一个错误，这其实是两个错误了。索尼总是流动着自由豁达的空气，保持着不断追求"更新""更有特色"的历史。这种独特的人事管理哲学使公司充满活力，大批人才不拘一格地脱颖而出，为公司带来了巨大的财富。

索尼公司宽容员工的错误，不为追究一个错误而去犯另一个错误，这体现了领导者的博大胸怀。这样，员工才敢放心大胆地探索、实践、发挥创意，才有利于调动每一个员工的聪明才智。

别人有功劳，应该感到高兴，千万莫心胸狭窄，害怕别人的功劳大了对自己构成威胁——"功高盖主"。须知，有功之人，对企业、社会作出贡献，也就是领导者的光荣。

人各有所长，取人之长补己之短，才能相互促进，事业才能发展。领导者要善于发现员工的长处，并允许员工比自己强。有的管理者，嫉妒别人长处，生怕员工超过自己，而想方设法进行压制，其实这种做法是很愚蠢的。

古语说:"宰相肚里能撑船。"对于现代人来说,领导者的肚子里要能跑火车才行。领导者要有宽广的心胸,善于求同存异,虚心听取各种不同的意见,不要发现员工的一点错误就抓住不放,更不要对一些陈年旧账念念不忘。一名优秀的领导者,首先要具备豁达、开放、包容的胸襟,而后事业才能有成。俗语说:"有多大肚量成多大事。"心胸狭窄、不懂得宽容的人,是成不了气候的。

一名领导者要以宽容的心来对待员工。对员工的宽容首先表现在能容忍员工对自己的不满,还表现在能容忍员工的缺点和过错。有高峰必有低谷,才干越高的人,缺点往往越明显。在企业管理中,在于其长,而不在于求其完美。

# 第四篇

# 做——执行力

做指的是效率与绩效的提升，为什么没有行动力？为什么总是效率低下不满意结果？每个人总是选择认为是对自己好的，动机总是对的，行为却产生偏差，这在于我们的动机还是不够完整。

# ● 第七章　会做工作目标制订 ●

## 给员工一个共同的目标

曾有人力资源管理专家做过这样一个实验：

将参与实验的人员分成三组，让他们分别向二十千米外的一个村庄徒步前进，看哪个组能够以最快的速度准确到达目的地。

其中，第一组人员，对村庄的名称和路程的长短一无所知，他们所能做的只是凭着自己的感觉与判断往目的地前进。

第二组人员，知道他们将要前往的村庄的名字和路程长短，但是路边没有路程牌，他们只能凭借自己的经验与直觉去估算行程需要的时间和距离。

第三组人员，则详细地知道村子的名称、距离、路线，而且在他们行走的路线上，每隔一千米就有一个路程牌可供他们参照。

最终的实现结果又是怎样的呢？

第一组人员，刚走了四五千米就有人叫苦不迭，走了一半时有人几乎想退出了，他们都抱怨为什么要走这么远，何时才能走到。又走了几千米，在离终点只剩二三千米时，终于有人坐在路边不愿走了，看不到目标在哪里让他们放弃了。最终，坚持走到终点的只有一半人左右。

第二组人员，尽管知道目的地的名称和所要走的距离，但对于自己已经走了多远，心里却没有底，当走了一半路程的时候，也开始有人失去耐心了，当他们听到那些比较有经验的人说"大概走了一半的路程了"时，大家就又簇拥着向前走去；当走到全程的3/4时，很多人的情绪开始变得低落，觉得疲惫不堪，而路程似乎还很长；当有人说"看，快到了"时，大家则又振作起来加快了步伐。

第三组的人员，由于详细地了解和目标相关的一切情况，并且能够边走边看路程牌，这样一来，每缩短一千米他们便会感觉离目的地又更近了一步，并且能够随时了解到距离终点还有多远。于是，他们就在行程中用歌声和笑声来消除疲劳，而且情绪一直很高涨，所以很快就顺利到达了目的地。

上述实验证实了目标的重要性，目标的作用在于：一旦员工的行动中有了它，他们就会把自己的行动与目标不断加以对照，从而能随时清楚地知道自己的行进速度和与目标之间的距离。由此其行动的动机就会得到维持和加强，进而就会自觉地去跨越一切障碍，直指目标。

鲍勃·汤森在《步步高升》一书中说："领导人的重要作用之一，是使机构全体同人全神贯注于既定的目标。"因此，为下属界定其任务与目标可以说是管理者的一项重要工作，也只有具备了明确的目标，员工才能找到努力的方向。然而很多管理者却意识不到这一点，其下属因为没有明确具体的目标，只能盲目前行。

但是，在当今崇尚团队精神的大背景下，仅仅让员工有目标是不够的，还必须给员工树立一个共同的目标；否则，员工各自为战，就算个人绩效再出色，最终也很可能不利于团队目标的达成。

有一天，三个和尚在一座庙里相遇。

"这庙为什么荒废了？"不知是谁提出的问题。

"必定是和尚不虔，所以菩萨不灵。"甲和尚说。

"必定是和尚不勤，所以庙堂不修。"乙和尚说。

"必定是和尚不敬，所以香客不多。"丙和尚说。

三人争执不休，最后决定都留下竭尽所能，看看谁做得最成功。于是三个和尚虔心礼佛，很快，访客开始增加，络绎不绝，破庙又恢复了往日的喧闹。

"都因我礼佛虔心，所以菩萨显灵。"甲和尚说。

"都因我重修庙堂，所以庙宇堂皇。"乙和尚说。

"都因我讲经化缘，所以香客众多。"丙和尚说。

从此，三人日夜争执不休，庙里的盛况又逐渐消失了。

每个部门、团队中都拥有具备不同才能的人，就像上面的三个和尚，这本是团队的基本要求。但若团队因分工而无法合作，或不知个人的职责即完成部门、团队的共同目标，让部门、团队可以永续经营，而争功诿过，那么部门、团队终将面临难以为继的困境。

一个部门、团队要有战斗力，首先要有一个员工都充分一致认可的目标，这个目标足够让员工兴奋起来、行动起来。它可以激发员工的内在潜能，达到调动人的积极性的目的；同时，这也是团队以人为本、尊重个人的目标体现。它激发了每个人自动自发的工作意愿，善用它将是成功的保证。

在现实工作中，一个部门或一个团队，只有拥有了一个统一而明确的目标，整个部门、整个团队的员工才能凝成一股合力，往同一个方向努力，这样才能促成目标的达成。

## 1. 设定目标的 SMART 原则

要想制订明确的目标，首先应该知道，怎样的目标才是好的目标。通常，一个好的目标应该符合 SMART 原则，即：

S——Specific：明确具体的。目标应该是明确的、具体的。所谓明确就是目标的工作量、达成日期、责任人、资源等都是一定的，可以明确的；所谓具体就是与任职人的工作职责或部门的职能相对应。

M——Measurable：可衡量的。如果目标无法衡量，就无法为下属指明方向，也无法确定是否达到了目的。如果没有一个衡量标准，具体的执行者就会消极怠工，尽量减少自己的工作量和为此付出的努力，因为他们认为，没有具体的指标要求约束他们工作必须做到什么程度，所以只要似是而非地做些工作就可以了。这种问题可能出现在工作量化起来比较困难的行政部门或技术部门中，上司不十分了解具体的业务，无法进行有效的工作控制，在最终的工作评估中，又会因此产生争执。

A——Acceptable：可接受的。目标必须是可接受的，即可以被目标执行人所接受。这里所说的接受是指执行人发自内心地愿意接受这一目标，认同这一目标。如果制订的目标是上司一相情愿，员工内心不认同，只是迫于上司的领导权威而不得不接受的话，也不利于下一步的执行。

R——Realistic：切实可行的。目标在现实条件下不可行，常常是由于乐观地估计了当前的形势。一方面可能过低估计了达到目标所需要的各种条件，如技术条件、硬件设备、员工个人的工作能力等，制订了不恰当的工作目标；另一方面可能是错误地理解了更高层的公司目标，主观地认为现在给员工的工作，员工能够完成，但从客观的角度来看，目标无法实现。一个无法实现的目标，从最基本的出发点就无法使目标管理进行下去。

T——Timetable：有时间限制的。如果没有事先约定的时间限制，每个人就会对这项工作的完成时间各有各的理解，领导认为员工应该早点完成，员工却认为时间有的是，不用着急。等到领导要下属交东西的时候，下属会很惊讶，一方面使领导暴跳如雷，指责员工工作不力，因此对员工做出不好的工作评价；另一方面员工觉得非常委屈和不满，打击了他们的工作热情，同时，员工还会感到上司不公平。

## 2. 将员工个人目标与团队共同目标有机统一

科学合理的部门、团队目标一定要是和谐的、统一的，就是能够实现组织目标和个人目标的有机统一。如果只有组织目标而忽视团队成员的个体需求，这个团队仍然不会有很高的绩效。

构建共同的奋斗目标，要求管理者做到以人为本。也就是要求管理者不仅要重视整个组织和团队目标的实现，同时也要关注团队成员个人的目标，要容忍和接受每个人的内在要求，尊重和利用每个人的个性差异，实现组织目标和个人目标、个人与个人、领导和下属之间的和谐发展，这样才能够有效增强团队的生命力和战斗力。

C公司是一家中外合资企业，在该企业市场部经理的办公室里，放着一块写满了密密麻麻小字的大白板。走近一看，上面竟然是每个员工的姓名和他们这一年的目标。每个人的目标都各不相同。比如有争取升职的，有渴望加薪的，有希望把父母接到身边一起生活的，有想要生个小宝宝的，也有想多攒点钱买一套属于自己的房子的，等等。

市场部经理把写满员工个人愿望和目标的白板挂在了办公室最显眼的位置，以便自己随时能看到并熟记于心。每次与员工见面交谈的时候，他都能够对号入座。一边在头脑中回忆团队的总体目标和他们当年的个人目标，一边与他们进行交流。可以想象，这样做的效果是出奇的好。

后来，有人问该经理，为什么会想到这种目标管理方式，他说："如果没有员工的齐心协力，部门、团队就无法生存下去。因此，管理者有责任和义务去帮助员工实现各自的愿望和目标。如果能够时刻关注员工的目标和期望值，并在适当的时候给予真心诚意的帮助，那么，员工回馈给部门、组织的，将比投入的多得多。"

该经理显然深谙目标的融合之道，因为他明白团队目标和员工的个人期望是并行不悖的，是可以有效地融合在一起的。

相对而言，确定团队目标还是比较容易的，但要将团队目标和员工的个人期望融合起来，将团队目标灌输于团队成员并取得共识，形成责任共担的团队目标，就不那么简单了。但也并不是无法可循，要形成团队成员认可、供团队共享的目标，可按照以下步骤进行：

第一步，对团队成员的期望进行摸底。

对团队成员进行摸底就是向团队成员了解他们各自的期望和他们对团队整体目标的意见，通过此举，一方面可以激起员工的兴趣，因为团队目标是和他们的个人期望息息相关的，让他们参与进来，使他们觉得这是自己的目标，而不是别人的目标；另一方面可以获取成员对目标的认同，即团队目标能为组织作出哪些别人不能作出的贡献，团队成员在未来应重点关注哪些事情，团队成员能够从团队中得到什么，以及团队成员个人的特长是否在团队目标达成过程中得到有利发挥等。

第二步，对获取的信息进行深入加工。

在对团队进行摸底收集到相关信息以后，不要立即就确定团队目标，而应就成员提出的各种期望、各种建议进行思考，找到将它们和总体目标融合到一起的途径，并要留下一个空间，给团队和自己一个机会，综合考虑这些提出的观点。不要匆忙作出决定，以免带来不利影响。

第三步，与团队成员讨论目标的最终表述。

与团队成员讨论目标表述是将其作为一个起点，以成员的参与而形成最终的措施，从而获得团队成员对目标的承诺。这样做虽然有些麻烦，但这一步却是不能省略的。具体操作的时候，管理者可运用一定的方法和技巧，比如头脑风暴法——确保成员的所有观点都讲出来、找出不同意见的共同之处并辨识出隐藏在争议背后的合理性建议，从而达成团队目标共享的双赢局面。

第四步，确定团队目标。

通过对团队成员的摸底和集体讨论，再修改一下团队目标的表述。虽然，很难让百分之百的成员都同意目标表述的内容，但求同存异地形成一个成员认可的、可接受的目标是重要的，这样才能获得成员对团队目标的真实承诺。

# 选对目标才能确定行动的方向

狼的狩猎原则是：始终将自己的全部精力集中在那些能使它们获得成功的目标上，从不在目标以外的事情上浪费时间。因此，狼群从来不会漫无目的地乱跑，它们的出击向来都是精准的。

我们在制订目标时，也要有狼的这种智慧，锁定目标并坚持下去，才有取得成功的可能。目标是一个人行动的指南针，有目标的人才会为了美好的结果而努力，没目标的人只能在原地踏步。

## 1. 选对目标

在射击场上，要先瞄准，再射击，没有瞄准的射击是没有意义的！只有朝着正确的目标努力，你的忙碌才有价值，才会得到应有的回报。

在竞争激烈的职场上取得成就的人最明显的特征就是，在做事之前就清楚地知道自己的目标，明白为了达到这样的目标，哪些事情是当务之急，哪些事情是无足轻重的。他们在一开始就确立了目标，因而总能事半功倍，达到卓越。

有人曾问罗斯福总统的夫人："尊敬的夫人，您能给那些渴望成功，特别是刚刚走出校门的年轻人一些建议吗？"

总统夫人谦虚地摇了摇头说："没有什么特别的建议，不过，先生，你的提问倒令我想起了我年轻时的一件事。那时，我在本宁顿学院念书，想边学习边找一份工作，最好能在电信业找份工作，这样我还可以修几个学分。我父亲知道我的想法后，便帮我联系，安排我去见他的一位朋友，也就是时任美国无线电公司董事长的萨尔洛夫将军。

"等我单独见到萨尔洛夫将军时，他便直截了当地问我想找什么样的工作，甚至是具体到哪一个工种。我当时就想：他手下的公司任何工种我都喜欢，无所谓选不选，便对他说，随便哪份工作都行！

"听到我说这话，将军停下手中忙碌的工作，注视着我，严肃地说：'年轻人，世上没有一类工作叫随便，成功的道路是由目标铺成的！'

"将军的话让我面红耳赤，无言以对。这句发人深省的话语伴随着我的一生，让我以后非常努力地对待每一份新的工作。"

可见，我们每个人必须明确自己的目标，并朝着这个方向不懈努力、不断前进。要知道，一个人如果什么都想要，结果往往是什么也得不到。

任何执行都必须有明确的目标，就像射箭一样，要对准靶子，要有针对性，否则，就是白费力气。力量并不代表执行力，有目的、有意图、有针对性、有收获的力量才代表执行力。

要使自己成为一个目标明确的人必须注意以下几点。

（1）制订目标。明确自己近期要完成的任务，分析自己的性格特质、所处环境的优势和劣势、可能遇到的机遇与困难，然后制订一份详细的执行计划。

（2）长期和短期的目标。根据实际情况，将长期目标分解为一个个短期目标。

（3）找出阻碍。写出阻碍你实现目标的缺点与不足。这些缺点一定是和目标有关系的，而不是分析自己所有的缺点。当你发现自己的不足时，就要下决心改正它，这能使你不断进步。

（4）提升计划。在实现目标的过程中，你可能需要掌握某些新的技能，提高某些原有技能，或学习新的知识。

（5）寻求帮助。外力的协助和监督会帮你更有效地完成这一步。

我们做任何事情都要有明确的目标，并有达到目标的计划。例如，早上开始工作时，如果不能确定当天的工作计划，就很容易像无头苍蝇一样，不知道自己将要飞往何处，把时间浪费在不该做的事情上。有目标才能减少干扰，把自己的精力放在最重要的事情上，快速而有效地解决问题。

## 2. 不能同时设置两个目标

如果你只有一只手表，就会明确地知道现在是几点，但是如果你拥有两只或者两只以上的手表，就无法确定了。两只手表并不能告诉一个人更准确的时间，反而会让看表的人搞不清准确的时间，这就是著名的手表定律。

一个人不能同时为自己设置两个目标，否则他会感到无所适从。如果他按照轻重缓急制订完成目标的计划，每一阶段专注于一个计划，那么他成功的可能性就会更大些。

李彦宏是全球最大的中文搜索引擎"百度"的创始人和当家人。他成功的主要原因就是只专注于一个目标。曾经有人劝他转做将英文网页翻译成中文网页的事，但他说："我十几年来一直关注的都是搜索引擎这个市场。"之后，短信激活了很多网站，游戏又让很多网站发了财，但他自始至终只专注于搜索这一件事情。

"外界很多人觉得我的事业很 Boring（烦闷），你们媒体也一直喜欢问我下一步会有什么新东西。我很无奈，因为我觉得'搜索'这个市场潜力很大，足够我们花费相当长的时间去开拓，我不会考虑其他的东西。"李彦宏说。

阿里巴巴的 CEO 马云也曾说过："看见 10 只兔子，你到底抓哪一只？有些人一会儿抓这只兔子，一会儿抓那只兔子，最后可能一只也抓不到。

CEO 的主要任务不是寻找机会，而是对机会说‘NO’。机会太多，只能抓一个。我只能抓一只兔子，抓多了，什么都会丢掉。"

在传媒界流行着这样一句话："一个人围着一件事转，最后全世界可能都围着你转；一个人围着全世界转，最后全世界可能都会抛弃你。"

许多人做事效率低，就是因为目标过多，导致自己无法将精力集中在重要的事情上。

成功学大师奥里森·马登曾经在一项调查研究中要求参与者写下自己的目标，不限个数，但是要相信自己能够完成这些目标。

若干年后，他在对这些人进行回访时发现：那些只写下少量目标的人，大部分目标都实现了；但那些写下多个目标的人，基本上已经放弃了大多数的目标，剩下的目标他们也完成得很有限。

没有人具备三头六臂，目标太多很容易造成混乱，导致最后变成了"没有目标"。

王宏是一个非常忙碌的人，他有很多大大小小的目标：

他希望能够升职，因此揽下了很多新业务；

他希望能够锻炼自己的口语，所以报了英语口语培训班；

他希望能够锻炼自己的交际能力，所以参加了几个经理人俱乐部；

他希望能够修身养性，所以每天晚上都要去学习瑜伽；

他希望能够尽快找到女朋友，所以正忙于相亲。

一个月之内定了这么多目标，他能不忙吗？他的忙碌有清晰的目标，并不算瞎忙，但是他的目标太多了，所以很难把每一个目标都顾及到。

美国著名半导体公司得州仪器公司的口号是："写出两个以上的目标就等于没有目标。"戴尔·卡耐基在分析了众多个人事业失败的案例后发现："年轻人事业失败的一个根本原因，就是精力太分散。"

目标太多等于没有目标，因为你不得不在多个目标之间疲于奔命。只有盯紧一个目标，并专注地去实现这个目标，才能最大限度地摒弃干扰，最快速、最准确地达到目标。

### 3. 认定目标不放松

"咬定青山不放松，立根原在破岩中。千磨万击还坚劲，任尔东西南北风。"这首赞美青松的诗说明了，站稳脚跟，目标明确，就能立于不败之地。

赫伯特·斯宾塞在 76 岁的时候终于完成了他的巨著的第 10 卷，世界上很少有什么成就能超过这件耗尽一生的宏伟作品。斯宾塞在写作过程中经历了无数挫折，尤其是在健康状况很差的情况下，他仍然朝着既定的目标努力。

认准目标不动摇是所有成就伟业者的共同特征。在职场中，想要做出一番事业，就要有坚韧的品格。无论遇到多少反对和挫折，都要坚持下去。

一个下定决心就不再动摇的人，无形之中能给人一种可靠的印象：他做起事来一定敢于负责，一定有成功的希望。因此，我们在做任何事之前，都应制订一个明确的目标，一旦目标确定之后，就应该遵照已经制订好的计划，按部就班地去做，不达目的绝不罢休。

随着"哈利·波特"系列小说风靡全球，它的作者罗琳成了英国很富有的女人。但是很多人可能并不知晓她曾经遭遇的窘迫。

罗琳从小就热爱文学，喜欢写作和讲故事，写一部科幻类著作一直是她的目标。大学毕业后，她只身前往葡萄牙发展，随即和当地的一位记者坠入情网，并结婚。无奈的是，这段婚姻来得快去得也快。婚后不久，罗琳便带着三个月大的女儿杰西卡回到了英国，栖身于爱丁堡一间没有暖气的小公寓里。

婚姻没有了，工作没有了，居无定所，身无分文，还得养育年幼的女儿，罗琳一下子变得窘困不已。她不得不靠救济金生活，经常是女儿吃饱了，她还饿着肚子。但是这些磨难并没有打消罗琳写作的积极性，她依然坚持写作。有时为了省钱、省电，她甚至待在咖啡馆里写上一天。

就是在这样艰苦的环境中，在女儿的哭闹声中，罗琳的第一本《哈利·波特》诞生了，并创造了出版界的奇迹，她的作品被翻译成 35 种语言在 115 个国家和地区发行，引起了全世界的轰动。

罗琳从来没有放弃过，即使她生活艰难，她也坚信有一天，必定会实现自己的目标。罗琳的成功告诉我们，只有时刻牢记自己的奋斗方向，才能够取得成功。

要成功就要设定目标，没有目标就不会成功。设定目标的内容包括：我想做一个什么样的人？我想要什么？我想得到什么结果？

要设定目标，就要先了解设定目标的好处。我们大部分人做事都需要理由，理由越充分，行动力就越强，达到目标的欲望也就越强烈。目标对于一个人的影响非常大，概括起来，主要有以下几点：

（1）目标可以使人们产生积极的心态；

（2）目标使人们感觉到生存的意义和价值；

（3）目标可以把重点从过程转到结果；

（4）目标使人们更有效地分配时间；

（5）目标使人们产生信心、勇气和胆量；

（6）目标使人们有方向感，不易迷失自己；

（7）目标使人们能集中精力，全力以赴。

职场中的强者有一个普遍的特点，那就是他们的目的性都很强，做事情不会漫无目标，他们清楚自己在做什么以及这么做的原因。

所以，我们要想让人生有所作为，就应该找到奋斗的方向，给我们的生活树立目标。请切记，生活不是吃饱穿暖那么简单，要使一生过得更有价值和意义，就应该把眼光放远些。锁定目标，才能给成功找到方向。

# 聚焦于团队愿景目标

在任何一家企业中，管理者与员工都应该是自成一体的，公司的每一个人都要为了共同愿景而努力奋斗。共同愿景是指组织中的人所共同特有的意象，它创造出众人是一体的感觉，并渗透到组织的方方面面中，从而使各种不同的活动融会贯通，用彼得·圣吉的话说，如果有任何一项理念能够一直在组织中鼓舞人心，凝聚一群人，那么这个组织就有一个共同的愿景，组织就能够长久不衰，永远保持活力。

共同愿景对于建立高效团队是至关重要的，因为它为团队提供了焦点与能量。主要表现在以下几个方面：

## 1. 激发了无限的创造力

由于团队的共同愿景是团队全体成员发自内心的愿望，并由此产生了对全体成员长久的激励。为什么会产生无限的创造力呢？那是因为全体成员有了一种同心力，他们渴望能够归属于一项重要的任务、事业或使命。用彼得·圣吉的话说，是因为"共同愿景会唤起人们的希望，特别是内生的共同愿景。工作变成是在追求一项蕴涵在团队的产品或服务之中，比工作本身更高的目的。这种更高的目的，亦能深植于团队的理论或行事作风之中"。

## 2. 激发强大的驱动力

合理而又美好的共同愿景可以产生无比强大的驱动力，带动团队的全体成员产生追求目标愿景的巨大勇气，并把这种勇气转化为自己发自内心的行动力。事实已经证明：如果没有一个强大的驱动力把人们拉向不想要实现的目标，那么维持现状的力量将牢不可破。一个美好的共同愿景会引导人们一步步排除干扰，沿着正确的方向实现自己的目标。

### 3. 创造机会，避免威胁

共同愿景是全体成员发自内心的未来欲实现的愿望，这种具有未来特性的愿望实际上为组织未来发展提供了机会。

共同愿景既然具有那么多的能量与作用，那么该如何建立共同愿景呢？共同愿景一般由四个部分组成：景象、价值观、使命、目标。景象是指未来团队所能达到的一种状态及描述这种状态的蓝图。它具有一定的气魄和诱人性，给人以希望和激情。使命是指团队未来要完成的任务过程。目标是团队在努力实现共同愿景中的短期目标，这种目标代表了愿景的发展方向。

团队成员所具有的目的、愿景与价值观、目标，是构成共同愿景的基础，共同愿景的建立是从个人愿景汇聚而成的，它根植于个人的价值观、关切与热望之中。彼得·圣吉认为，建立共同愿景的团队必须持续不断地鼓励成员发展自己的个人愿景。如果人们没有自己的愿景，他们所能做的就仅仅是附和别人的愿景，如果是服从，绝不是发自内心的愿望。另外，原本各自拥有强烈目标感的人结合起来，可以制造强大的绩效，朝个人及团体真正想要的目标迈进。

共同愿景是在把握方向的基础上，塑造整体图像。方向即团队的经营理念，这种理念是团队将以什么样的姿态树立在顾客、市场中。有了方向，共同愿景就比较鲜明。在把握方向的基础上，鼓励团队成员发展自己的个人愿景，然后塑造整体图像，这样的共同愿景，一方面使个人愿景中的闪光东西保留下来让它继续发光，另一方面使个人愿景中不够清晰的图像在共同愿景的图像中清楚起来，使得共同愿景成为员工们的共同创造物，让员工们真正感到这愿景既是你的也是我的，是我们大家共同的。

共同愿景要具有使命感和价值观。一个共同愿景必须简练明了，具有向心力、魅力和使命感，员工在这种使命感的指导下，会产生努力工作、积极创造的强烈欲望。团队的价值观是团队关于自己、未来社区、社会等各方面的看法和价值取向，一个团队如果没有价值观，那么共同愿景只是一句漂亮的苍白无力的口号。

总之，共同愿景的建立是在自我超越的基础上发展起来的，这个基础包括了个人愿景，同时包括了忠于真相和创造性张力。

# 把团队变成一个拳头

加入到实现计划中的人员代表着胜利之树的树干、企业的主体代表着大树的结构和力量。这些人员构成了企业的人力资本，比财富资本更具价值，更为重要。

事实上，团队工作是机构或企业内部认知的一项共同实践。如果我们意识到当前各项计划的复杂程度和令人目不暇接不断变化的发展速度，我们就会认为开展团队工作是自然而然的事。大多数企业都需要以团队的方式来应对不断变化的市场状况。然而，只有极少数的领导者知道如何建设一支能够将知识、智慧、经验、才能运用到实践，并调动人员参与的团队。我们不费吹灰之力就能很容易找到大量团队建设失败的例子，这不仅仅是在企业经营这个领域，而且也在其他任何领域，比如体坛甚至政界。正因为这种失败经常发生，于是他们放弃了团队工作，更愿意单独行动。

推动者是推动团队建设迈出第一步的领导者，这支团队将在未来制订计划和准则。我们不应该忘记，领导者在实践中应该拥有一个清晰愿景：建设一支团结一致和具有创造性的团队。但是，什么样的团队才是团结一致和具有创造性的团队呢？这支团队又将给企业带来什么样的好处？

创造性的团队：

（1）对于出现的问题总是能超越极限找到具有创意的解决方案；

（2）热爱自己从事的事业，乐于与企业齐头并进；

（3）感觉到自己是整体的一部分，以身作则，全心全意地投入工作以支持推动者。

团结一致的团队：

（1）通常是一种不可见的力量，可加快企业运作的节奏；

（2）是企业内部和谐的表现；

（3）是面对客户时的可见学识与能力好处；

（4）运用团体智慧，展开发散性思维和想象，致力于革新；

（5）使团队成员和推动者的时间最大化；

（6）提升个人、领导者、团队其他成员和整个企业的生产力和满意度。

现在我们已经大致了解了什么样的团队是团结一致和富有创造性的团队，也认识到了这种团队给我们带来的好处，此时，我们就该环视四周，观察团队的运作情况。

使团队成为枝繁叶茂的胜利之树有两个必不可少的条件：

（1）团队与企业愿景以及使命紧密联系，意识到团队是实现愿景与使命的一分子；

（2）团队每个成员都能意识到自己所从事的工作与团队最高梦想息息相关。

很多人每天都充满怨气地赶往自己的工作岗位，因为他们觉得现在所从事的工作不是自己真正想要做的事情。我曾经帮助很多人认识到他们在从事自己认为毫无意义的事情时，其实是在向自己更高的梦想迈进，正因为如此他们才身处当前所在的位置而不是在别处。

在向他人提供服务时，推动者的使命是懂得倾听团队成员的心声，这一点毋庸置疑。沟通并理解团队成员的价值观念，并促使他们将自己的观念与企业的价值理念相联系。如此一来我们才能建立一条日渐稳固的主导性沟通管道。

开放和灵活的思维将在这方面提供很大帮助，但是不应该忘记：也会有人不愿意成为团队的一员。他们更加封闭，行为举止跟我们上述所描述的特性相悖。但如果我们不把这些人看做团队中的一员，那么我们也在用一种闭塞的方式行动。我们需要认识到这是企业和团队的平衡及和谐不可回避的一部分，是硬币的另一面。如果我们对他们视而不见，那我们也就变成了"封闭"的人。我们应该感谢他们的存在，正是他们使我们跳出自身的模式化思维，转换视角从他们的角度来看待问题，开阔视野，逐步建立立体思维，以全方位角度看待整体。

大部分人对工作团队这一概念比较熟悉，但不太清楚以团队方式工作的含义。前者是一种组织结构，而后者是一种工作方式，要求全体成员积极参与，使企业成为真正意义上的企业。工作团队被认为是一个机构生产和服务的第一线。这个认识来源于一个陈旧的概念：企业是一个控制严格、管理生硬、责任重大的机构。那些相当于推动者的人行使领导职权，制订大部分决策，其他雇员只需要按部就班地执行即可。这个概念曾广为人知，但现在已经发生了变化。

新型的现代企业需要一种全新的理念、一种新型的团队模式，这是出于多方面的需要。快速变化时刻都在发生，因此快速决策至关重要。如果这一责任只由一个人来担当，那么找到解决方案的过程就会变得漫长，我们的市场反应速度也会变缓，导致我们在竞争中失去优势；除此之外这一责任将给制订决策的人带来巨大的压力，而那些无法参与决策的人就会产生挫败感，因为他们只能坐等别人的决定。这些都会延长整个决策制订的过程。

这样的企业无法在竞争中占据优势，员工也不会感觉到自己的价值受到足够重视，这就导致缺乏参与热情和积极性，并造成企业效益低下。只有拥有全新的视野，以全新的方式运作，才能使我们的工作团队获得成功。

# 目标是团队的指南

有人说："没有行动的远见只能是一种梦想，没有远见的行动只能是一种苦役，远见和行动才是世界的希望。"

### 1. 目标就是方向，它事关整个团队及其所有成员的利益

一个团队只有树立明确的目标，才能有前进的方向和动力，才能提高团队成员的积极性和主动性，充分调动团队成员的才能，并推动他们自觉克服一切困难，一起努力达到目标。因此，明确的目标是团队高效的第一出发点，目标就是指导行动的纲领。对于团队来讲，也是同样的道理。一个团队要想发展壮大，形成一个有战斗力的团体，首要任务就是要确立团队的目标。

通用电气公司总裁韦尔奇的终极目标，是使通用成为全球最具竞争力的企业。虽然通用电气公司在 20 世纪 70 年代获得了巨大的进步，然而，人们当时对它的印象仍然是"也可能是一流企业，但好像没有生气"。于是，韦尔奇决心改变这种现象。他于 1981 年 4 月就任公司董事长兼总裁时就说过，他打算把公司带到这样一种境地——"从现在起十年中，我希望通用电气公司被看做一个举世无双、具有企业家气质的企业，一个杰出的、无敌的、超水平的公司，我要使通用电气公司成为一个世界上获利最高的公司，并使它的每一个产品具有世界先进水平"。

正是根据这种宏大的志向，韦尔奇给自己和通用电气公司的所有员工

制订了四项雄心勃勃的战略目标：

（1）通用电气公司的每一种产业，都必须在同类产品中处于世界第一或第二的位置。

（2）通用电气公司应将其全部资源集中于真正能产生增长的产业和业务方面。

（3）必须彻底改变公司传统的产业结构，大幅度提高科技产业和服务业在公司全部产业中的比重。

（4）要实现高于美国国民生产总值增长率的发展速度。

韦尔奇的四项战略目标是通用电气公司 20 世纪 80～90 年代的蓝图。到了 20 世纪 90 年代，韦尔奇终于实现了他的目标，从 1995 年开始，通用电气公司成为世界上最有实力的公司。而创造这一辉煌业绩的通用精英们，则成为了一支团结、高效的团队。

到目前为止，通用电气公司的业绩相当惊人，韦尔奇的经营绩效已经超越美国企业界的所有主管，他所创造及试验的一些实际管理原则，足以作为 21 世纪全球企业的经营指南。而通用电气所拥有的那支高效而团结的团队，也早已成为全世界无数团队的楷模。

清晰、明确的目标是团队在日常管理和运行过程中的行动指南，有了明确的目标，团队成员也就有了努力的具体方向。团队目标是团队生存的基础，没有目标，那么团队的存在也就失去了意义；没有目标，就不能形成团队发展的合力和动力，整个团队就会陷入瘫痪状态。

在某一个地方，人们吃猴子就如同吃猪或者鸡鸭一类的牲畜家禽。一户人家的一个笼子里面关着十几只大小不一的猴子，每次有人打开笼门。猴子们都会十分恐惧，争先恐后地往笼子的角落里钻。总有一只被选中，当它们中间的一只被选中拎出笼子时，其余的猴子就会放下心来，快乐地在笼子中嬉戏……

猴子越来越少，最终只剩下一只，当笼门再打开时，这只猴子拼命地躲向角落，试图离那只抓它的手远一点。无奈的是，它只要逃不出笼子，就一定会被抓到。在出笼门的一瞬，猴子咬了抓着自己脖子的那只手一口，鲜红的人血流淌到猴子小巧光滑的身体上。被咬的人十分愤怒，一刀结果了猴子的性命，而后说："多亏只是一只来咬我，要是多来几只恐怕还没有办法对付呢。"

如果这些猴子在开始就树立一个共同的目标，彼此互相配合，心往一处想，劲儿往一处使的话，或许还有活命的一线希望。但是，它们目光短浅，得过且过，总认为别的猴子的结局不会降临到自己头上，十几只猴子如同一盘散沙，结果都成了人的盘中餐。可见，没有目标的团队就像汪洋中的一条船，不仅会迷失方向，触礁也在所难免。

目标具有把团队人员的集体力量集合起来的"魔力"，可以最有效地协调不同个人的行为；目标还能够为团队运行过程中的决策提供参考，并且可以成为判断团队进步的可行标准；目标影响着团队战略、决策的制订，而且团队进步与否最终要看其绩效是否符合团队目标及目标的实现程度。因而，在这个意义上我们说明确的目标是团队高效的第一出发点。

明确而坚定并且得到广大员工认可的目标可以产生强大的动力。员工一旦有了明确的目标，下定了决心，有一种对成功的渴望，就会产生强烈的使命感和激情，在这样的情况下，没有什么能阻止我们勇往直前的脚步。

黄埔军校号召全校师生，从入校的那一刻起，就要立一个远大的志愿："造就理想的革命军，完成拯救中国的大业。"为此，学校要求学生除了要有坚强的革命意志和理想外，还要有"高深的学问做根本"。因此，一定要学好革命理论和军事技术。

在这一崇高目标的影响下，黄埔学生努力学习和训练，真正做到了不怕苦、不怕累，甚至不怕流血牺牲。所有的学生都有一个共同的信念，那就是将自己奉献给崇高而伟大的革命事业。

由此可见，具有挑战性的目标，一旦得到团体所有成员的认可，其爆发出的能量是超乎我们的想象的。日本索尼公司的目标管理就是一个明显的例子。

日本索尼公司的创始人盛田昭夫在开发家用录放影机时，先给自己寻找到目标，然后引导员工进行开发。

当美国几家主要的电视台开始使用录影机录制节目时，索尼公司就看好这项新产品，感觉它完全有希望"打入"家庭，只要从内部结构和外观设计上加以改良，就会受到千家万户的欢迎。一个新的目标就这样确立了，开发人员有了努力的方向。他们先研究美国现有的产品，认为既笨重又昂贵，这是研究开发加以改进的主攻方向。新的样机就这样一台接一台造出来，一台比一台更轻盈、小巧，终于成功研制出划时代的录放影机。

### 2. 制订目标的原则

卓越的领导者设立的目标，一定是具体的、清晰的、明确的、可以测度的，并且可以转化为各项工作。

组织的目标不但使员工的行动有了依据，使员工的思想有了明确的转向，而且还能激励员工的斗志，开发员工的潜能。所以，从这一意义上说，组织目标可以直接拉动员工士气的提升。制订员工的共同目标必然会给企业带来较高的业绩，要发挥目标对员工的激励作用，必须注意这样几个问题。

（1）坚定的目标是成功的起点。1953 年，耶鲁大学对当年的毕业生进行了一次有关人生目标的调查，当被问及是否有明确的目标以及实现目标的书面计划时，结果只有 3% 的学生给予了肯定回答。20 年后，有关人员对这些毕业多年的学生进行了跟踪调查，结果发现，那 3% 定有明确目标的学生在经济收入上要远远高于其他 97% 的学生。

明确而坚定的目标是成功的开始。古往今来，凡是成功的人无不在他们成就事业之前就为自己树立了明确的目标。

明确而坚定的目标可以产生强大的前进动力。当我们面对各种困难和挫折时，如果我们咬定目标，就会有无尽的激情催我们奋进。当我们将目标锁定心中并愿意为之努力时，我们就会发现所有的行动都在引领我们朝着这个目标迈进。

（2）目标应具有挑战性。远大的目标一旦实现，给人的感觉就会更加强烈。因此，那些卓越的管理者总是将目标定在看上去似乎遥不可及的水平上，只有达到那样的目标才能给他们带来愉悦的感觉。

（3）制订目标简单明了。目标的制订，一定要言简意赅，简单明了，要言不烦，千万不要洋洋洒洒、枝枝蔓蔓，不得要领。

优秀的领导者认为，一个真正的团队目标具有强大的吸引力，人们会不由自主地被它吸引，并全力以赴为之奋斗。它非常明确，能够使人受到鼓舞，而且中心突出，让人一看就懂，它几乎完全不需要解释。

# 用竞争激发员工的潜力

领导者有责任引导企业良性竞争的风气，竞争是激发员工潜力最有效的方法之一，一个拥有公平竞争氛围的企业是最能给予员工安全感的，员工在这样的环境中也可以全心全意地为企业付出，并创造出乎意料的成绩。

每一个企业都希望自己公司员工的业绩能够做的更高，而这似乎并不是员工的期望。他们更希望得到舒适的工作环境、干最少的事情拿最多的钱。这就导致了管理者和员工之间目标诉求的不匹配。很多员工认为商人很"俗"，工作就是为了赚钱，因此，我们可以通过员工不服输、争强好胜的心态，采取个人与个人 PK、班组与班组 PK 等方式，尽可能的让员工自己提出承诺，这种承诺比奖金对他们的激励效果要大的多。使得公司与员工之间拥有共同的目标诉求，大大提高工作效率。

海尔集团在张瑞敏的带领下创造了从无到有、从小到大、从弱到强的发展奇迹。海尔集团从一个亏空 147 万元的集体小厂，一举成为了中国企业中的翘楚，张瑞敏本人也屡获国内外大奖，成为中国企业家的代表和领袖人物。

张瑞敏最让人称道的领导理念就是"人人是人才，赛马不相马"，他在海尔集团实践的赛马机制是一个人才发现与培养的动态过程，是一个实践—认识—再实践—再认识的过程，同时也是一个引导良性竞争的机制。

这一机制最初体现在海尔内部实行的"三工转换制度"，将企业员工分为试用员工、合格员工、优秀员工三种不同类型，三种员工间实行动态转化。通过细致科学的赛马规则，进行严格的工作绩效考核，使所有员工在动态的竞争中提升、降级、取胜、淘汰。成绩优异者，试用员工可以转为合格员工乃至优秀员工；否则，不努力者，就会由原来的优秀员工转为合格员工或试用员工。更为严格的是，每次考评后都要按比例确定试用员工，实行末位淘汰，如此一来，每个人都有危机感。在海尔集团中"今天工作不努力，明天努力找工作"这一理念就被树立了起来，所有员工都有了竞争意识。

海尔的赛马制度是全方位开放式的，集团内部所有的岗位都可参赛，岗位是擂台，每个人可升迁，而且向全社会开放。在这里，没有身份的贵贱、年龄的高低、资历的长短，普通而有能力的员工可以升迁为管理人员，平凡而有才华的农民也可以走上领导岗位。每个走进海尔的人都被这里这种竞争向上的氛围、朝气蓬勃的气息所深深感染。

在张瑞敏看来，相马是将命运交给了别人，而赛马则是把命运牢牢掌握在自己的手里，所以他倡导"赛马而不相马"。海尔的赛马，遵循着"优胜劣汰"的铁的规律，任何人都不能满足于已有的成绩，只有创业，没有守业；只有进取，没有退缩，谁要是守业就要被严酷的竞争所淘汰。

在海尔，人们的竞争已经上升到了精神的竞争，每个员工的心中都装着神圣的海尔事业，并不断进取，不断创业，让海尔始终立于不败之地。

竞争，最重要的就是让每一个员工都感到自己被公平对待，通过公平竞争所选拔的人才才能让所有的员工都心服口服，才能让员工认为命运是真正由自己主宰的，每个人才会愿意使出浑身解数，发挥最大的能量为企业服务。

和海尔类似，美国最大的邮政快递、物流跨国公司——联邦快递也一直秉承着这种公平竞争的精神，让所有员工都能感到自己被公平对待。他们通过严格的制度让员工来评判自己的管理者，以保证领导者的公平。

联邦快递制定了严格的制度，以严格训练和密切监督每一位管理者为切入点，每一位管理者每年都要接受上司和下属的全方位评估，如果一位管理人员连续几年所受到的评估都低于一个预定的数值，那么等待他的只能是解雇。员工们每年会收到一份调查问卷，问卷里面一共有29道题，其中前10题都与其直接主管有关，比如"主管做事公平吗"这类的问题，接下来的问题一般会涉及直属上司的管理态度，以及公司的一般情况，最后一题则问公司去年的表现。公司在收回问卷后则将调查结果按不同团队做成表格，并列出各位主管的成绩。前10题的综合得分为领导指标，关系到公司300位高级主管的红利，这一部分可高达资深主管底薪的40%。如果某位主管的领导指标不合格，就拿不到这笔红利。联邦快递的这项制度对所有主管而言就意味着他们必须要引导一个公平的良性风气。

企业需要一个公平竞争的环境，要能够建立起完善的制度，对表现好的员工能够及时表彰，而对工作表现欠佳的员工能够迅速处理，这样就能极大地满足员工的心理需要。对员工而言，很多时候，心理上的满足要远远高于物质上的满足。只有领导者公平地对待每一位员工，引导他们进行良性的竞争，才能推动企业不断发展，为企业带来无穷的活力。

# 激发员工的战斗欲

领导者激励员工应该学会利用对方"取胜的欲望"。每一个人都有自尊心和自信心，每个人都希望自己能够"站在比别人更优越的地位上"，或"被当成重要的人物"。从心理学上说，这种潜在心理就是自我优越的欲望。人的成长正是由于这种欲望的作用，在"取胜的欲望"支配下，人们才会努力成长，乐于接受挑战。

这种欲望也应该成为领导者的撒手锏，利用员工的这一心理激发起他们的干劲。通常员工都很在意其自身价值的实现，并强烈渴望得到领导者的认可。几乎每一个人都热衷于接受更具有挑战性的工作，他们愿意把克服难关当做一种乐趣，一种体现自我价值的方式。

通用电气的前任总裁杰克·韦尔奇说："做成事情的最好办法就是使他们感到一种挑战，激起其取胜的欲望。"

查理士·斯瓦普是一家连锁工厂的大老板，厂里的工人总是不能很好地完成生产指标，这已经严重影响到了公司的业绩。斯瓦普对此十分不解，他认为工厂的负责人是一位能干的人，不应该出现这种情况。一次，他十分生气地责问该厂的负责人："怎么回事？像你这样能干的人，为什么不能使工厂完成规定的生产指标呢？"

"我不知道。"负责人回答说，"我曾严厉地批评他们，扣除他们的奖金，甚至恫吓他们，但无论采用什么办法也没有效果，他们就是不愿干活。"说话间，上白班的工人下班时间到了。斯瓦普看了看工人，对负责人说："给我一支粉笔。"然后，他转向旁边的一个工人，问道："你们这班今天做了几个单位？"

"6个。"

于是，斯瓦普便在地板上写了一个大大的"6"字，然后，一句话也没有说就走了。当夜班工人进来时，他们看见地板上这个"6"字，便互相询问是什么意思。

"总裁今天来这里了，"白班的人回答，"他问我们做了几个单位。我们告诉他6个，他就在地板上写了这个6字。"

第二天，斯瓦普又来到工厂，他惊奇的发现，夜班工人已将"6"字擦去，而是换上一个大大的"7"字。当白班工人来上工的时候，他们看见的是一个大大的"7"写在地板上。

"他们以为比咱们做得出色吗？好吧，给他们点厉害看看！"白班工人的求胜欲望也被激发了起来，他们更加努力地工作，在下班前，他们留下了一个神气活现的"10"字。

······

就这样，这家工厂的业绩一天天好起来，不仅没过多久就赶上了其他工厂的业绩，而且还大大超过了他们的效益。

每个人都有热衷于挑战的欲望，但往往这种欲望埋藏在人们的内心深处，需要依靠外力来激发。优秀的领导者都很善于利用这种欲望，他们通过一点点压力来激起员工的"战斗欲"，迫使员工努力挑战自我，取得更大的成绩。

压力其实是一种挑战，如果领导者学会通过压力来施予员工动力，让他们感受到挑战的激情，激发起工作的热情，往往就能取得出乎意料的效果。压力实际上是一种动力，如果一个人没有一点工作的压力，就会失去前进的动力，这实在是件十分可怕的事。领导者要记住，只有赋予员工具有适当压力的工作，才能激发起他们前进的力量，往往压力越大，所取得的成就也就越大。

# 管理者坐下了，部下就躺下了

### 1. 榜样的力量是无穷的

张瑞敏说："管理者要是坐下，部下就躺下了。"管理者的下属叫做被管理者，领导者的下属叫做追随者。被管理者往往是被动的，而追随者往往是主动的。管理者要成功领导下属，让下属心甘情愿地接受领导，由被动变主动，自发地追随管理者，就必须树立卓越的管理能力和超强的人格魅力，成为下属的精神领袖。

可以说，具备了领袖特质的管理者，是企业最具价值的活财富，是提升企业凝聚力，增强整体战斗力的强大支柱。

在管理界，流行这样两句话："企业文化就是老板文化""部门文化就是领导文化"。举例来说，一个公司的老板喜欢抽烟，该公司一定烟文化盛行，相反，如果公司老板是个 100% 的禁烟拥护者，烟在这家公司一定没有市场；如果部门经理喜欢 K 歌，不管之前这个部门的人是否喜欢，都会加入到卡拉 OK 大军中来，甚至当管理者喜欢骂某句脏话，当下属的对于某些范围之内的脏话也能坦然地接受。

曾经有一部热播的电视剧《亮剑》，在中国的影视业引起很大的轰动。剧中主人公、独立团团长李云龙每次冲锋陷阵都想抢在最前面，政委赵刚及其他指战员对此都很担心，但他却回答说："如果我不冲锋在前，那么战士们又有谁会勇猛作战呢？"他正是以这种激情影响着每一个战士。

这就是身先士卒、以身作则的作用。俗话说："上梁不正下梁歪""火车跑得快，全靠车头带"。如果管理者能积极地示范，给下属作导向，就可以调动下属的热情和积极性，激发他们努力向上的干劲；反之，如果管理者态度消极、逃避责任，只能削减下属的斗志，甚至让下属对前途失去信心。对下属来说，管理者的行为示范具有巨大的激励作用，它远比豪言壮语、规章制度更能激励人心。

在微软，有一种浓厚的工作氛围，就是"工作第一，以公司为家"。每个员工对于工作都怀着极高的热情，经常没日没夜地工作，甚至一连几天都不休息。在微软，比尔·盖茨对工作非常地狂热，这带动了员工的工作热情。比尔·盖茨对员工的期望值很高，表现出来的是大量的批评、极大的压力，员工一旦出错，他绝不手软，但对于表现出色的员工，则给予极高的物质和精神奖励，这大大提高了员工的工作热情。

比尔·盖茨表现出来的这种狂热，让人们觉得他是在做榜样，是在培养一种工作狂的气氛。微软的所有员工，工作压力都很大。哪怕只是刚来微软公司的员工，都很少在晚上 9 点以前回家。一位员工这样评价比尔·盖茨：他不但是个工作狂，而且要求很严格，如果部下认为办不到的事，他会自己拿回去做，且迅速而准确地做到几乎完美的地步，让大家佩服得五体投地。

因此，微软公司的全体员工，都能够以一种"日也操劳、夜也操劳"的工作方式毫无怨言地努力工作。他们厌恶好逸恶劳的人，对那些没有什么才能的人更是一点都不客气。在比尔·盖茨的带动下，员工们相互追赶，夜以继日地为电脑奋斗着。

振臂一呼，应者云集的人格魅力，不是一个管理岗位所能赋予的。没有了作为追随者的下属，作为被追随者的管理者，只是一个靠职位实行威慑管理的空壳，甚至可以说是下属成就管理者。管理者永远是下属目光的焦点，要想让下属工作积极、态度认真，管理者必须以身作则，养成同样良好的工作习惯和道德修养，以供下属模仿和学习。我们通常所说的"言传不如身教"，就是这个意思。

日本本田技研工业总公司的创始人本田宗一郎每当遇到棘手的事情

时，总是自己率先去干。因此，公司里的年轻人非常佩服他的这种身先士卒的垂范作风。

一天，为了谈一宗出口生意，本田宗一郎和同事藤泽武夫在滨松一家日本餐馆里招待一位外国商人。外国商人上厕所时，不小心将假牙掉进了洗手间的粪池，外宾的心情由此而受到影响。本田宗一郎二话没说，跑到厕所里脱光衣服，跳下粪池，用木棒小心翼翼地慢慢打捞，找到了假牙。然后，他反复冲洗干净，并亲自消毒处理，然后试了试，确保完好无损后才将假牙交还给客人。

这件事让那位外国人很受感动，立即与他签订了合同。藤泽武夫目睹了这一切，感慨不已，认为自己可以一辈子和本田宗一郎合作下去。

这正如著名管理学家法约尔所说的："领导做出榜样是最有效的工作方法之一。"身为老板，本田宗一郎本可以选择用钱来解决这个问题，甚至可以选择暂停谈判，等对方心情好了再继续，但他没有这么做。他亲自示范，做了最棘手的事、最艰苦的活，让员工们明白，要想成功，就得这样敬业，这样付出。

孔子说："其身正，不令而行；其身不正，虽令不从。"意思就是说榜样的力量是无穷的。管理者的一举一动都会被下属看在眼里，给下属留下深刻的印象。"喊破嗓子，不如干出样子"，与其整天为下属不努力工作而大伤脑筋，不如自己一心一意地工作；与其大张旗鼓地要求下属为企业拼命，不如自己先拿出一百倍的激情。

管理者不可能时时刻刻管着下属，最高明的管理是"无管理"，也即中国的最高境界"无为"，其实就是实现下属的自我管理。不过这有一个前提，就是管理者首先要做好自我管理，争取成为下属的榜样，这样才能让下属变"照我说的那样去做"为"照我做的那样去做"，心悦诚服地听从我们的管理。

### 2. 让自己的员工满意

许多企业都习惯于将客户满意度挂在嘴边，并为此绞尽脑汁翻新着服务的花样，以求让顾客成为企业的忠实消费者，让企业有长期稳定的顾客群，从而获得最大的回报。但往往企业会发现，这些新花样后期所起到的效果越来越差，并非像希望的那么显著。原因何在？其实是因为很多企业忽视或者没有足够重视首先"让自己的员工满意"。

在一条完整的服务价值链上，服务产生的价值是通过人，也就是首先是企业的员工在提供服务的过程中体现出来的。员工的态度、言行也融入每项服务中，并对客户的满意度产生直接、重要的影响。而员工是否能用快乐的态度、礼貌的言行对待顾客，则与企业提供给员工的各方面的软硬件条件的满意程度息息相关。因此，加大对员工满意度与忠诚度的关注，是提升企业服务水平的有效措施。

企业光靠优厚的薪金、稳定的福利，很难长久地留住员工、让员工为企业勤恳工作。只有想办法让员工热爱工作，在工作岗位上越做越开心，才能很好地发展下去。如何让员工在工作岗位上越做越开心呢？

（1）赋予员工使命感，是提高员工满意度的一种不错的方式。使命感可以驱使人向前走，企业必须赋予员工使命感，鼓舞企业员工接纳公司的理念，分享公司管理者的感受及态度，认同公司的方向，并且去执行。

这样员工就有可能在工作中更投入，更多地关心公司的成长。

让企业的每一个成员都更深刻地体会到自己也是企业这个大家庭中的一员，并身体力行地做一回管理者，不仅可以充分调动他们的积极性和主动性，也对从多角度发现管理上的不足有积极作用。

韩国精密机械株式会社实行着一种独特的管理制度，即让职工轮流当厂长管理厂务。一日厂长和真正的厂长一样，拥有处理公务的权力。当一日厂长对工人有批评意见时，要详细记录在工作日记上，并让各部门的员工收阅。各部门、各车间的主管，要依据批评意见随时核正自己的工作。这个工厂实行"一日厂长制"后，大部分员工都坐过厂长的"交椅"，工厂的向心力大大增强，工厂管理成效显著，这项管理制度开展的第一年就为公司节约生产成本300多万美元。

（2）让员工满意的另一个重要方法，就是为员工创造各种发展自己的机会，对他们实行成长管理。企业是由员工组成的，企业的成功是建立在员工成功的基础之上的，企业的发展与员工的个人发展密不可分。在成长的问题上，企业和员工并不是对立的两个方面，如果能够从员工成长的角度管理，可以激发出员工发展自己能力的愿望，同时提高积极性，从而全身心投入工作。

当然，员工的成长需要企业和员工两方面的努力，主要原因是员工自己。如果员工自我设限，那么，即使他有一定的能力，也会因为心理因素而难有大的成就。

### 3. 员工也要积极融入工作

有一个让人感到沮丧和惋惜的故事。

一位牛津大学的毕业生，毕业后没有找到合适的工作，就干起了搬运工。不想，这一干就是十几年。有人问他："为什么不换份工作？"他却说："换工作？我虽有学历，但这么多年来，我已经把它忘得差不多了，而且没有什么经验，谁还会要我呢？"于是他一直在当搬运工。但天不遂人意，公司由于经营方面的原因开始裁员，这位牛津大学毕业生连搬运工都做不成了。

公司总经理在谈及裁他的理由时说："像这种有吃有喝就满足、不求上进的人，根本创造不了什么大的价值，他的存在与否，对公司无足轻重。"

这不是造化弄人，也不是怀才不遇，是自我设限的思想毁了他的前途，他安于现状，不思进取，不敢进取。其实，企业除了搬运工作以外，还有很多岗位可供他选择，他完全可以选择一个更能发挥自己专业所长、能对企业有更大贡献的岗位，然而他没做。

美国前总统罗斯福说："没有你的同意，没有人可以让你觉得你低人一等。"如果我们觉得自己低人一等，那是我们自己决定的，虽然我们本来并非如此。自我设限思想把我们放在一个本不属于我们的低水平上，实际上，我们应该远远高于那个水平。

亨利·福特说："我最喜欢积极工作的员工。因为他一积极起来，便会调动顾客的积极情绪，生意便做成了。"

如果我们能够以积极的心态去面对每一项工作，就可以让自己的心灵引擎中沸腾起无穷的能量，继而推动自己的进取心和创新意识。这样，即使在平凡的工作岗位上，也会创造出不平凡的业绩。

许多人认为自己的公司没有一个好的人文环境和氛围，自己在公司里每天好像是依附在一台大的、没有人性的机器上的齿轮，因此失去了积极的心态，认识不到自己工作的重要性。

每天，除了懒散地应付别人要他做的事情，也不想在工作中学习任何东西，有何进步。结果，浪费了时间，耗费了精力，而没有取得任何成就，相反，倒会把工作搞得一塌糊涂，给不尽如人意的工作环境又增添了些许不快。其实，不论做何工作，都应尽心尽力地去做。这样，我们才会每天取得一定的进步，这是一种对自己和他人负责任的表现。

所以，一个员工能力再强，如果他不愿意付出，或不能付出，他就不能为企业创造价值，而一个愿意、能够为企业全身心付出的员工，即使能力稍逊一筹，也能够创造出具大的价值来，这就是我们常常说的"用二流人才办一流事情"。这也需要企业为员工提供一个能够充分发挥才能的机制和环境，团队和谐民主的氛围很重要。当一个人愿意干自己的工作，能够充满激情，尽情发挥的时候，他便会全身心地投入。这时候，他的自发性、创造性、专注精神等便会在工作的过程中表现出来。

融入工作，拥有清晰的目标，明确前进道路，都会赋予我们力量和受到认同的必要能力，这些行为也是共同目标的一部分。当我们团结一致时，就没有任何障碍能阻挡我们。不管面对任何不利情况，只要有创造力，我们就有可能找到成功之路。

我们可以通过一个三角形来形象地解释共同目标的力量：我们位于三角形的顶端，而客户和工作伙伴就位于另两个角上。

融入工作，将企业的使命变成员工自己的使命。这样，在和客户打交道时，我们都会觉察到一种特殊的能量。这种能量使我们感觉自己也是计划的一部分。

以下是个实例：

翻译公司常通过电话与客户联系，市场部经理便整日守在电话旁边。每次铃声响起就像是有人在敲门，而接听就像是去开门。如果开门的人态度冷冰冰，对企业品牌和产品不具认同感，我们的访客就可能感觉受到排斥或者没有被热情接待，这样一来我们就流失了一个客户；如果开门的人对我们的事业具有高度认同感，不仅热爱这项工作，也将我们的道路视作自己的征途，那么客户们就会感觉宾至如归，愿意与我们交谈。

举出这个例子是想说明，当员工感觉自己不仅是企业的一员，更是代表企业灵魂的愿景的参与者时，便会感到企业在实现宏伟目标的过程中，自己是不可分割的一部分。这时，员工表现出的态度也会不一样，客户满意度、忠诚度和感激度相应提升。客户接受到的，除了出色完成的工作，还有与之相伴的价值。

如果我们从事的是我们热爱的事业，我们参与的是一个使命清晰的计划，领导及其他工作伙伴的关系就会更加稳固顺畅。每一天的工作中，我们都应该学到新知识，享受真正想做的事，这会给我们带来极大的满足。我们会变得更有创造力，我们的想法也会启发团队的其他成员，让他们变得更加出色。

# ● 第八章　理清权责，直达多赢 ●

## 领导者是执行的指挥官

领导者在执行中扮演着非常重要的角色，领导者是整个企业的指挥官，肩负着控制执行的重任。作为领导者应该避免成为一名微观的管理者，陷入企业日常管理的细节当中，而是要站在一个较高的位置上去控制全局，把握整个企业的执行状况。领导者首先要把自己变成一个执行者，才能提升整个企业的执行力，带领企业在竞争中获胜。

利盟公司的成功就可以归功于领导者的首席执行官作用。利盟公司是享誉全球的镭射、喷墨和点阵式打印机以及有关产品的发展商、制造商与供应商，他们致力于为办公室及大小家庭提供高质量的打印产品及服务，该公司在 1998 年的销售额高达 30 亿美元。利盟在美国 Lexington 设有行政大楼及公司最具规模的生产中心，此外在美国德尔波尔德、苏格兰 Rosyth、法国奥尔良、墨西哥 Juarez 及澳大利亚悉尼都设有生产中心。利盟公司创立于 1991 年，在私人投资公司 Clayton Dubilien & Rice 成功收购之后由 IBM Information Products Corporation 衍生出来，并在 1995 年正式成为一家上市公司。

由于利盟是从 IBM 公司分离出来的，在其身上体现出了强烈的蓝色巨人的气质，公司的 CEO 柯蓝德也有着浓浓的蓝色背景。他曾在 IBM 不同产品开发和管理职位上做了 17 年，并成为 IBM 桌面激光业务领域的负责人。1991 年，柯蓝德正式出任利盟公司全球 CEO。长达 17 年在 IBM 的浸润对柯蓝德执掌利盟公司带来了难以言说的影响，他认为："单纯的发明对于创造价值来说是远远不够的，关键是如何迅速将这些发明应用于各种新的产品和服务之中。"昔日郭士纳的经典之语，如今已经成为利盟的战略法宝。从 1991 年推出打印解决方案，站在企业运营的角度提高打印效率，到 2004 年在数十个不同行业提出"随需应变"商用打印方案，利盟的成长轨迹都体现了这种"执行"精神。

首先，利盟在打印领域有完善的产品线，可以保障为用户提供各种解决方案。这样可以降低硬件在解决方案中的成本比例，并使客户对服务需求增加，提高服务的利润贡献率。柯蓝德认为产品线是公司生存发展的前提，只有拥有了完善的产品线，才有机会投入更多资本对客户运营流程进行研究，并获得更多利润空间。然而产品线又不是问题的全部，只有不断提高产品技术能力，才能满足用户的各种需求，并使用户使用成本不断降低。与此同时，这种需求又为利盟的技术创新指明了方向。当技术与市场形成良性循环时，利润自然就会不断增长。因此，利盟的执行战略是围绕客户整合资源，而不是按照产品或者地域分布来划分资源。这样一来，就能在打印领域内联合不同部门对付共同的敌人，或者在一个有竞争力的行业中去共同争夺市场。

同时，利盟也注重通过识别客户需求和打印业务流程细分，对现有产品进行变革和再设计，在产品、客户和技术研发等各因素之间实现决策的平衡。这使得利盟可以在发现客户价值，继而分析技术和财务的因素后，直接进入执行的实施阶段。

其次，柯蓝德花了很多时间解决官僚机构的问题，他认为，官僚机构存在不是什么坏事，每个机构都有存在的道理，关键问题是如何让这些机构以协同的节奏运转。为此，他在利盟内部强调统一的跨部门管理。局部业务管理由各部门独立完成，跨部门管理机构成为调度公司运行秩序的中心，并成立了全球统一技术数据中心、全球统一市场推广部以及知识产权保护部门，这些跨部门的管理机构对于内部沟通和协调起到了重要的推动作用，并保障了公司的执行能力。

接下来，柯蓝德面临的任务是如何在利盟内部实现经营业务与管理职能结合，如何推进跨部门的合作，并使用户服务的策略有力执行。他认为，组织的执行力与 4 个有效运作的 DNA 密切相关——结构、权力、信息、激励——持久、良性的执行力正是通过这几个深层次因素的协调去实现的。在组织架构以及人事激励等方面，他提倡使员工的能力得到最大限度的发挥；在信息沟通方面，则致力于基于整体价值链的沟通，他认为这样可以使公司的运营精益求精。同时，他还注重竞争对手或同类厂商的市场动作，一个例子是，当利盟的竞争对手推出集中式的商用打印解决方案时，利盟立即开始研究分布式办公环境中以低成本实现打印的解决方案。他们专门成立了技术和服务部门对全球策略进行统一部署，5 个月内就使这个计划产生了良好的执行效果。

柯蓝德在利盟的领导强调的是对技术和商业策略的共同推动力，利盟是打印技术解决方案的专业提供商，在打印技术方面处于绝对的领先地位。利盟公司的成功就在于其 CEO 柯蓝德强悍的执行风格和贯彻到每个员工的执行效力。

由此可见，领导者的执行风格影响着企业的执行力，只有领导者自身具备强有力的执行效力，才能提高整个企业的执行力，从而获得竞争优势。

# 选择适合的执行者

### 1. 判断一个人是否是适合的执行者要考核其诚信度

智联招聘网的 CEO 刘浩先生说过一句话：选人首先要看诚信，一个人如果不诚信，他的执行力就会大打折扣。

孟子说得好："听其言也，观其眸子，人焉度哉？"看一个人的眼睛，听他说话，便可知其一二，藏是藏不住的。所以，如果有心想要测试一个人的诚信度，很多小地方都可以将其测试出来。

美国通用电气有一句名言："任何人，如果他'很愿意裁员'，他就没有资格做企业的经理人；反之，如果他'不敢裁员'，也同样没资格做企业的经理人。"

杰克·韦尔奇先生运用优胜劣汰的原则把通用电气打造成了人才工厂。杰克·韦尔奇说，一家企业有 20% 的人卓越，有 70% 的人合格，另外 10% 的人则要被淘汰。讲起来容易，但实际做起来却很难。杰克·韦尔奇又说，如果那 10% 的员工没有被淘汰，对于企业中 20% 的卓越员工和 70% 的合格员工来说就是不公平的。

在选择执行者的时候，要特别重视以上提到的第一类员工，因为他们既有工作意愿又有工作能力，应该把他们培养成将来被授权的对象。

有些人在企业工作时间不长就想离开，因为他不知道该企业会不会重用他。海军中有个见习官制度，在打仗时，如果舰长牺牲了，见习官马上就能接替舰长的位置。这个制度给人很大的启示，在企业里也可以设立见习官制度。如果某个员工符合条件、够资格，哪怕企业里暂时没有空缺的职位，也要让他做个见习官，如见习厂长、见习副厂长、见习经理、见习副经理、见习督导等。这样做有两个好处：一是提醒在位者注意，他如果不尽职尽责地工作，这个见习官就可以替代他；二是见习官随时有机会转为正职。这样人才就不会因不确定升迁渠道是否通畅而离开公司，因为他知道自己的工作能力获得了肯定，可以被任命为管理者，只是暂时没有空缺。

**2. 对于接班人，要在实际工作中认真地进行考察，不断地锻炼、培养**

也许有人会问，万一选中的执行者不合格怎么办？企业应规定经理级以上职务要经过两次升迁才能被确定，第一次要加一个字——暂，表示暂时。经过一段时间的考查，如果表现良好，就去掉这个"暂"字，进行第二次提升，升为正式的经理。如果发现第一次提升错误，就不会进行第二次提升。管理者的任命是一件重大的事情，如果人选不合格，势必要付出一定的代价，所以要尽量避免授权错误。暂时性升迁的优点就是可以给决策者留下一条退路。

总经理不在时，副总经理代替，这叫做暂时性的授权。角色扮演一定不能等于暂时性授权，它指的是在短期内给员工机会，在一个星期或几天内由一个人扮演总经理的角色，他所说的话和所签的事，都代表总经理，完全生效。其实这种做法对总经理来讲是个压力，因为他要对董事会负责，别人说错、做错都是总经理的责任。但暂时担任总经理的人压力更大，因为这样的换位思考是对他能力的一次相当重要的考察。

授权后并不是不能收回。授权和分权不太一样，授权就是说有个位置在某段时间内你可以坐，但只是暂时占据；分权就像分月饼，切一块出去给别人吃，这个月饼就少了一块。从授权到分权的中间还有一段过程，就是被授权者真正能胜任一个新职位的角色转换的过程。例如经理向会计说，1万元以下的费用店长就可以批示，1万元以上的则由经理自己批示。后来经理发现店长批了一个1万零5元的单子，于是经理作出一个决定，告诉会计，从今以后 1 万元以下的也要由经理亲自批示。如此一来经理就收回了这项权力。所以，授权后也可以根据实际情况随时收回权力。

授权，是权力的下放，而非权力的放弃！

## 没有服从就没有执行

处在任何一个团队中，每一位成员都必须服从上级的安排，就如同每一个军人都必须服从上司的指挥一样，服从是行动的第一步。一个团队，如果下属不能无条件地服从上级的命令，那么在追逐共同目标时，则可能产生障碍；反之，则能发挥出超强的执行能力，使团队胜人一筹。作为公司的一员，本着忠诚敬业和绝对服从的态度，我们才能够成为一名优秀的员工。忠诚敬业和绝对服从意味着我们带着工作的激情彻底地融入公司，恪尽职守，处处都会为公司着想。但是忠诚和服从并不是表面的行为，如果在执行的过程中，表面上是服从，心里却隐藏着对立的情绪，那么这将会导致我们的工作受到阻碍，越来越不顺畅。

这个时代无疑给予了每个人前所未有的展示空间。社会的分工越来越精细，每个人都有更多的机会展示自己的才华。然而，很多人都觉得个性解放、自我实现与忠诚敬业和绝对服从总是无法协调，是对立的。他们以玩世不恭的姿态对待工作，或者频繁跳槽，总觉得自己是在出卖劳动力；他们认为敬业精神不过是剥削者提倡的，所谓的忠诚也是老板愚弄下属的手段。他们认为自己很现实，认为一切不过是生计需要，生活充满了欺诈。

很奇怪的是，很多员工总是觉得自己是在为老板工作。在他们的思维中，从来没有自己是为公司工作的概念。不管他们到任何地方，这种把自己独立出来的观念总是让他们无法融入公司的整体利益里去，而且很容易产生对立的情绪。实际上这样的人的确应该换个想法，那就是：我们是在为公司工作，我们是公司的一分子，这无疑会给我们带来更为饱满、更为踏实的工作状态。

一个公司也是社会的一个小单元，就人类社会来说，"团结就是进步"可能是从原始时代就产生的基本的社会观念。社会不是由一个人来推动的，公司也不是由一个人来发展的，社会的发展总是基于大家的利益的方向来进行的，公司只是它的一个小缩影而已。当然，如果说在一个公司，我们的利益总是无法与公司发展的方向达到统一，那么我们就去寻找其他的机会。但是如果公司的发展与给我们提供的利益是相符的，那么毫无疑问我们就应该以公司的一切要求来作为自己行动的基准。

或许我们认为自己有才华，可是一直没有表现的机会，而且现在的上司居然还不如我们，每次在面对工作安排的时候，我们总是觉得很不服气。或许我们从没有让这些情绪暴露出来，我们认为我们与同事或领导的相处没什么问题。其实这只是我们自己的想法而已，人是敏感的动物，时间长了，什么都会显现出来，重要的是这些意念会给我们的工作造成不必要的羁绊。而且，在任何公司，我们首先应该面对的是公司这个集体，而不是其中某一个直接领导，或者某个部门主管，或者某个同事。我们所有的利益和想法，都应该统一在公司这个整体范围内。不要担心我们的工作成绩没有人能了解，努力就有回报，这是毫无疑问的。

没有服从，就没有优质的执行，而这种良好的服从精神是建立在高度的纪律意识上的。而我们的企业，所急需的便是这种具有高度的纪律意识、服从意识的员工。因为，当所有员工都具有了这种强烈的纪律意识和服从意识之后，才能真正地朝一个方向共同努力，在不允许妥协的地方绝不妥协，在不需要借口的地方不找任何借口，最终获得企业的成功，个人价值的实现。

为什么这么说呢？因为企业作为一个整体，它必须有着严格的纪律和规章制度，唯有让整个团队中的成员动作协调而整齐划一，才能真正地达到一加一大于二的效果。没有了这种纪律的约束以及服从意识，整个团队便难以真正达到团结统一，便不会出现整体成员向一个共同目标前进的局面。再者，我们都知道，在现今的职场中，对企业和员工而言，敬业、服从、协作等精神永远都比任何东西重要。但这些品质不是员工与生俱来的，不会有谁是天生不找任何借口的好员工。所以，我们就需要不断地加强自我的纪律观念和服从意识的修炼，自觉地遵守企业的规章制度。

一个团队，如果下属不能无条件地服从上级的命令，那么在追逐共同目标时，则可能产生障碍；反之，则能发挥出超强的执行能力，使团队胜人一筹。

# 制度激发执行力

## 1. 执行力是一种制度和文化

一本畅销书《执行力》曾经刮起一股执行力飓风，时至今日仍然经久不息。很多企业大有"一语惊醒梦中人"之感，于是纷纷将其奉为圭臬，大讲执行力，但是宣传来宣传去，企业的执行力仍然不见长。

执行应该是一种制度和文化。抛开文化谈执行，完全就是本末倒置，是一种"速效救心丸"式的管理方式，它忽视甚至可以说是牺牲了让企业基业常青的基础。在现实中我们可以看到，那些所谓的好公司，往往有着很强的执行力，比如丰田、麦当劳、可口可乐等，即使是一名曾经在执行力很差的企业里工作的员工，到了这些公司，用不了多久，也会被培养成训练有素、执行能力强的优秀员工。

为什么同一个人会有如此大的差别呢？正如《谁动了我的奶酪》的作

者约翰·米勒所认为的那样：执行不力的背后，是问题重重的企业文化。那些执行力强的公司，无不有着更强有力的执行文化作为后盾和支撑。

很多人不了解鸿海集团董事长郭台铭，为什么能从一家小小的制造黑白电视机旋钮的工厂做到台湾第一大民营制造业。答案就是超越常人的执行力。

郭台铭一向雷厉风行，他经常随身带着一只小闹钟，他剖析自己最大的缺点，就是没有耐心，看不得年轻人不上进，看不得事情没效率。有一段时间，为了提升技术水准，郭台铭曾经将办公桌放在冲压生产厂领班的桌子隔壁，监督指导，跟现场作业人员一起改善。他把会议厅设在领班的办公室，用木板隔出一小空间。这样运作了 6 个月，终于将冲压技术提升至国际水准。

郭台铭提倡亲自参与，他说："非常重要的一点是：领导人、管理阶层、负责经营的人，要以身作则。真的错了，就必须最先负责任。"每个高级主管都必须和执行层共同作业，比如说开发产品，都是由各种方案的组织会议推动，每个专案组织都由高级主管带领。这是很重要的一个文化：责任由管理者来扛。在鸿海，如果品质的执行力发生问题，必须由上到下负责，而不是由下到上。如果客户对品质不满意，首先要通知经营主管，然后通知制造线长，因为大家就是按照这个流程工作的。

每当媒体问及企业文化，郭台铭都会说："上行下效，就是鸿海的文化。"鸿海要求严格，任务过程出现问题，主管必须最先到工作现场处理。执行力要从高层做起，上面这样做，底下员工就会跟着做。

速度加上执行力，让郭台铭得以征战全球，所向披靡，并被美国《商业周刊》评为"亚洲之星"中的最佳创业家，也连续攀登《福布斯》的全球富豪排行榜。

## 2. 执行文化是提高执行力的根本

提高执行力，必须抓住执行文化这个根本，不要舍本逐末，如果只停留在技术层面，为了强调执行而执行，只会把执行变成一句空洞的口号，甚至会陷入执行的泥潭。

形成了执行文化，可以同化员工的思想和观点，改变员工的态度，"态度决定一切"，态度改变了，必然体现在行动上，比如严格按照标准执行、凡事都努力做到位，并且养成一种良好的执行习惯，这些习惯经过重复、积累会沉淀成新的执行文化，形成一种良性循环。这就是执行文化的魅力所在。

松下幸之助认为："人要有激情，但激情必须建立在共同信仰的基础上。而所谓共同信仰，就是价值观。"培养和形成一种执行文化价值观、形成统一的信仰，是打造执行文化的根本。这种执行文化价值观，必须让所有的员工认同。员工认同了企业的核心价值观，企业才会有凝聚力，大家才会心往一处想，劲往一处使，才会自动自发地把工作做到位。

在很多企业，执行文化的最主要来源是公司的管理团队，甚至说是最高领导人。执行文化成败与否，最关键的不在于员工怎样做，而在于整个管理层，在于领导人，在行为上做出了什么榜样。也就是说，推行执行文化不要总是拿员工"开刀"，管理者必须做出表率，要求员工做到的事情，管理者必须首先做到。

执行文化同一般的企业文化一样，属于意识形态的东西，不能"现上轿现扎耳朵眼儿"，不能"三天打鱼，两天晒网"，它需要长期的潜移默化。简单地说，就是要天天讲、月月讲、年年讲。不过，要注意方式，要形成氛围，不要搞"填鸭式"的强力推行。强调执行没有错，但强制会让员工怨声载道。

# 别让执行制度变了样

制度虽好，关键是落实好、执行好，才能有成效，否则是一纸空文。如果有制度，却不执行，比没制度危害更大。基本上所有的企业都有制度，而且五脏俱全，就是执行力度不够，就像一部好的电影一样，一部好剧本当然必不可少，但更重要的是导演和全体演职人员的共同努力。

有一家大型企业因为经营不善而宣告破产，被一家日本企业收购了。破产企业的员工被日方原封不动地接受了，他们都觉得日本企业会带来一些先进的管理方法，但出人意料的是，日方只派出了几个高层管理人员来到企业，企业原来的制度、人员、设备等都没有变动。

他们所做的只是把企业以前制定的制度和标准稍微做了调整，就坚定不移地执行了下去。而在实际的执行过程中，日方高管严格执行制度，一丝不苟，奖惩分明。结果不到一年，企业就扭亏为盈了。

美国 ABB 公司董事长巴尼维克曾说过："一个企业的成功，5% 在战略，95% 在执行。"这话也许有一定的片面性，但是回顾一下中国乃至全世界的众多企业，没有多少是因为战略失败而破产的，更多的是由于执行力不够、企业管理基础不牢而轰然倒地的。没有执行力，再天才的战略、再完美的制度，也只是一句空话，只是挂在墙上的摆设。

一个企业没有必要把精力集中到制定更多的奖惩规则上，只要能把现有的最基本的制度全部执行到位，各项工作就能上一个台阶。

## 1. 强调制度的执行力，关键在于管理层

联想公司董事长柳传志是一个"制度主义者"，他有一个名言：爬喜马拉雅山，可以从南坡，也可以从北坡，但是联想一旦决定从北坡爬，大

家就不要再争了。哪怕北坡看似更远，更陡，更危险。他的意思是：联想的制度不是用来讨论的，而是用来执行的。

在联想的发展过程中，曾经有这样一件事：联想有一条规则，开20人以上的会，迟到者要罚站一分钟。没想到，第一个被罚的人竟然是柳传志原来的老领导，罚站的时候他本人紧张得不得了，一身是汗，柳传志也一身是汗。柳传志对这位老领导说，你先在这儿站一分钟，今天晚上我到你家里给你站一分钟。

柳传志本人也被罚过好几次，其中有一次他被困在电梯里，电梯坏了，他咚咚敲门，想叫别人去给他请假，结果没找到人，还是被罚了站。

正是柳传志的这种以身作则严格遵守制度的行为，让其他管理者都以他为榜样，自觉地遵守着各种有益于公司发展的"天条"，使得联想的事业得以蒸蒸日上。

制度好，但执行起来困难，很重要的一个原因就是管理者"逍遥法外"。身为管理者，做遵守规章制度的典范，是提高制度执行力的基本保障。制度面前人人平等。任何一个管理者，都不能凌驾于制度之上，应该担负起推动制度执行的职责。

如果管理者能够严格要求自己，自觉地遵守制度，不折不扣地执行制度，按照制度规范自己的一言一行，时刻提醒自己不要违反制度，就会为员工树立起良好的榜样，不会轻易违反制度。如果管理者自己都不遵守制度，员工必然会跟着我们"学坏"。

### 2. 执行的过程中要完善制度

制度执行不力，有时候并不是管理者的示范行为做得不好，而是制度本身存在问题，这就需要管理者在执行制度的过程中，及时调整。比如说，制度存在的条件已经不存在了，甚至已经成了一种障碍，就没有必要再执行下去，应该立即调整，甚至是废止。

制度具有很强的强制性，如果不平等、不规范，针对性不强，必然会引发争议，触犯众怒。在一些制度里，有些明显是"霸王条款"，根本不公平、不公正，甚至是"一边倒"，完全是针对员工的，员工们拒绝执行，有抵触情绪，实属正常。

现在很多企业制定制度都是这样一个流程：管理者、人力资源部或者秘书、文员，从网上拷一份下来，修修补补，就算起草完毕，然后提交总经理审阅，接着就签发、公布、执行了。整个过程没有一个员工的参与，没有征询一个员工的意见，没有倾听一个员工的想法，严重缺乏群众基础，这当然就为下面的执行埋了"雷"。

为了保证制度的可执行性，不管是制定过程，还是执行过程，都要有员工的参与，毕竟制度更多的是涉及员工的切身利益。尤其是那些比较敏感的制度，可以考虑试行一段时间，以检验它的可行性，以防在执行的过程中，因反对声太大，导致"流产"。

# 硬性管理向弹性管理转变

### 1. 管理者不要时刻监管员工

在现代企业管理中，员工容易接受凸显个性风格的工作方式。因此，企业可以根据自身实际情况适当采用以结果为导向的自由式管理方式，限定工作总量，不硬限工作时间。如 IBM 公司最早实行弹性工作制：员工每月不需要天天朝九晚五，只要完成上级交给的工作项目就行。

杜拉克认为："我们有太多的管理者使人无法工作。"长期以来，传统的观念认为，在企业中，管理者的职责是监视、监控，管理者只要监督下属的工作就行了。整个公司管理层只是到处举办高层会议，以确保企业和其他基层的工作运行正常，不出问题。结果，高级经理们沉溺于文件、报告、会议中，不给基层管理者做决策、展示才能的机会，渐渐失去了与下级沟通的机会。这就是那些管理者所做的一切，而且他们还认为这就是他们的工作。事实上，一个聪明的高层管理者，是不用事无巨细，全面管理的。宝洁公司的事例就是最好的证明。

在宝洁公司，当时他们提倡的是"办公室景观"的新观念，所有的办公室都是开放的，只是用盆景、可移动的壁板、书架、柜子之类的东西隔开。一家商业杂志社想对这个新观念加以报道，于是派人采访了总经理史旺生。

公司总经理带着杂志社的编辑参观办公室，这位编辑看到了美丽的办公空间和漂亮的员工休息间后问道："你们对员工喝咖啡的时间和休息的时间是怎么规定的？"

"我们唯一的规定就是，不能在工作地点吃东西或喝饮料，因为我们不敢冒险弄脏这些整片的地毯，也怕会搞坏其他装潢。至于我们的员工，他们随时都可以到休息室舒展筋骨，也没有人为地规定喝咖啡时间。"总经理微笑着回答。

"完全没有规定？"编辑惊讶地问，"那你们如何防止滥用权力？员工岂不是想偷懒就偷懒？"

"我们不用防止权力滥用，也不怕员工偷懒，这些问题员工自行防止。"总经理说，"舆论和与生俱来的自尊就足以使每位员工都努力维护自己良好的形象。"看到记者迷惑的眼神，他接着说："当我们准备进行办公室美化时，一位心理学顾问建议我们实行这种政策，结果真的有效。你已经看到了，休息室像其他办公室一样，包括主管人员的办公室——全都是开放的空间——所有经过的人可以清清楚楚地看到里面的一切。每个员工都知道：自己离开工作的地方别人都看得很清楚，而且每个经过休息室的人都能看见他们在抽烟、聊天、吃东西时，他们当然就不会再滥用权力了。"

最后，这位总经理开了句玩笑道："让公众注意一个人的行动是最好的管理方法，而公司不必为此付薪水。"

这位总经理的话实际就是杜拉克的观点：管理者不要时刻去管理监督员工，每个人都会在各种各样的原因下自己管理自己。好多管理者过于迷信制度的作用，经常把制度提升到管理的核心位置。可是，管理者依然困惑：为什么制度很难执行？明明是大家应该做的东西，而这样对他们只有好处没有坏处，他们为什么不愿接受？

人的本性证明：不论是什么样的东西，凡是"强加"的就会遇到本能的抵抗。管理者不必把公司里所谓的精英者的地位放得高高的。在以前的管理中"精英者与员工的工作关系是管理与被管理"的观念必须改变。要记住，人是不喜欢被其他人管理的。

### 2. 自我管理小组

在 1976 年，雷夫寇提出了"关掉噪声"的实验报告。实验中，一些被研究的人员在进行解谜和校稿工作，周围不时制造出非常嘈杂的噪声。被研究的人员分成两组，第一组仅被要求要尽力完成工作，第二组则增设了一个可以关掉噪声的按钮。结果有按钮的第二组表现较佳，解谜是第一组的五倍，校稿的错误率也相对较低。但令人感到意外的是，第二组并没有人使用可关掉噪声的按钮。由此可见，只要让人们知道能自行调控，就可产生极大的差异。这一观念所体现的精髓便是"自我管理小组"。

自我管理小组没有安排任何直属主管，成员都是先接受培训以便承担工作挑战。只要赋予小组所需的资讯与任务，让他们自行安排每日的工作内容，自行设定目标，对质量管理、采购出勤和成员行为负责，并且让每一名成员都了解该小组职责范围内所有的工作内容。自我管理小组成功地实现了"放弃对员工的控制以便控制他们"的观念。如果实行得当的话，这种小组往往可产生很高的生产力。

宝洁公司实行"自我管理小组"已有 40 年的历史。20 世纪 60 年代初，宝洁公司的管理者们开始接触自我管理小组的观念，当时，他们就认定这是主要的竞争优势，并把这项方法视为商业秘密！

人可以在不得已的情况下被强制，但是却永远不愿接受强制管理，甚至是作为他人意志的体现而强加于自己。这是人的本性，你不可以违背人的本性，否则，便会带来不必要的麻烦。人只能服从自己的意愿，只能自我管理。当企业的员工自己管理自己时，他们会去做企业希望他们做的事，而不是由任何管理者强迫他们去做。

员工不是资源，而是资源的掌握者，所以管理者不可以像使用任何资源一样使用员工，管理员工，控制员工。如果管理者有这样的观念，就肯定会受到来自员工阶层的各种形式的抵触，尤其当被管控的员工是公司里的最有"价值"的知识员工时，这种情况尤为严重，因为知识员工的自主性最强，他们绝对不会被动地接受强制管理。

随着管理新时代的到来，管理意味着是帮助而不是控制，是变复杂化为简单化。管理者不能再终日忙于计划、组织、指挥和控制。管理者必须通过培养积极的工作关系以加强员工的自尊；必须运用适当的人际关系技巧来激励员工；必须建立起一种关系，使集体的效率远大于简单的个体相加。管理者还要对员工进行必要的培训，让每位员工都能发挥自己的才能，以促使员工提高工作业绩；同时，管理者还必须创造良好的工作环境，为员工提供发展平台；另外，管理者还要对有贡献的员工给予必要的奖励。

现代管理不是要削减公司的管理层次和管理规模，更不是要减少"管理者"，而是"管理"观念从根本上的变革，使"管理者"变成以人为本，引导员工实现自我控制、自我管理的新型"管理者"，在公司形成一个宽松的工作环境，达到高效的工作效率。这种观念上的变革，其意义远远大于简单的精简管理层次。

每一个人都是自己的主人，管理者的职责应该是引导员工成为自己的主人。每个人都会有某种强烈的需求，并希望能够控制自己的未来，哪怕仅仅一部分，这一点就是人的自主性。员工只要相对能控制自己的生活，就会觉得心情舒畅，也就会更具有生产力。

# 再好的制度不执行也等于零

## 1. 完善制度，归责于内

俗话说："没有规矩，不成方圆。"管理者管理员工也是如此。管理下属离不开制度，好制度胜过一切说教。世界上任何一家大的企业的管理制度体系，都是贯穿其经营理念，实现企业愿景的保障机能系统。其人文精神应体现"完善制度，归责于内"的思想内容。

所谓"完善制度，归责于内"，是针对历史文化中"人治"的传统提出来的。时至今日，尽管我们的"法治"建设已取得较好发展，但由于制度体系或议事规则不健全，企业中以权代法、有法不依的现象仍随处可见。由于以法治企意识的淡薄，致使企业管理制度失去了应有的严肃性，法律与制度没有成为人格化的行为规范，而是长官意志取代了法制。卓有成效的企业文化，应当一切凭制度说话，各级管理者成为制度的代言人，无论谁触犯管理制度，都能敢于承担责任，将责任归于自己，而非推诿他人。

对于企业管理者来说，如何经营企业，如何管理企业中的人，以及成功的企业最需要什么样的素质的问题，也许不同的人有不同的回答。比如有人强调要具有创新精神的企业家，有人看重充足的资金和高素质的人才，还有人倚仗良好的市场大环境和国家政策的倾斜；等等。当然，这些各有侧重的看法无疑都是正确的，也是企业发展所不可或缺的因素，但这些都只是些硬件的表面的要求。而对于软件的呢？制度、文化的因素又是不可忽视的。毕竟企业是关于人的组织，企业管理归根结底还是关于人的管理，而人的复杂多样的价值取向和行为特质，要求企业必须营造出有利于共同理念和精神价值观形成的制度和文件环境，并约束、规范、整合人的行为，使其达成目的的一致性，最终有助于企业实现最大的效益。

因此，无论制定什么样的规章制度，事前都要详细了解实际形态、整理分析各类问题，再制定规则，这样才有意义。若是徒具冠冕堂皇的条文，而与现实情形背道而驰，则无异于一纸空文。

规则制定的目的是对一些工作中不明的事项，定出一个明确的标准。因此，它的时间性很强，同时也是为适应时代环境而定出来的，因而绝非是千古不变的定律，当时间、环境发生了变化，规则本身也必然发生变化。

因此，作为一个管理者，必须时刻关注本单位的规则，发现不切实际或不合情理的规章制度要及时革新，这一点很重要。可以这样说，一个好的规章制度，必然是不断发展不断改革着的。这样的规则是活的规则，而只有活的规则才有意义。

传说英国古老的剑桥大学有一位著名的校长，治校有方，培养出了很多成就大业的学生。有人问他为何能把学校经营得这样好，这位著名的校长说，因为他总是用一条鞭子来惩治那些不听话不学习的学生，并且奖罚严明。又说，如果政府允许给他一把手枪，他会把学校管理得更好，培养出更多的品学兼优的好学生。

故事的深刻现实寓意是说只要有了科学的制度并严格执行，就一定能把学校治理得井井有条，培养出更多更好的优秀的学生。这里的"一条鞭子"就是能够严格执行的合理制度。其实，不单管理学校如此，从某种程度上讲，经营企业更需要这样的鞭子。

曾经有八个人住在一起，每天分一大桶粥。但是，粥每天都不够。开始的时候他们决定通过抓阄的办法来决定谁来分粥，每天轮一个。这样每周下来，他们只有一天能吃饱，就是自己分粥的那一天。

后来他们就开始推选出一个道德高尚的人出来分粥，强权就会产生腐败，大家于是开始挖空心思地去讨好他、贿赂他，搞得整个小团体乌烟瘴气，高尚的人也腐败了。大家又开始想新的方法了，他们开始组成三人的分粥委员会及四人的评选会，但他们常常互相攻击，争吵不休，结果吃到的粥全是凉的。

通过一段时间的争吵后，他们终于制定了一个好的制度，那就是八个人轮流分粥，但分粥的人每次都是等他人都挑完后拿剩下的最后一碗。为了不让自己吃到最少的，每人都尽可能地分平均。

自从实行了这个制度以来，大家快快乐乐，和和气气，日子越过越好。

同样是八个人，不同的分配制度，就会有不同的风气。可见，制度决定一切。

企业里如果没有合适的制度，就不会有好的工作风气。所以，如何制定一个科学、合理、有效的制度，是每一个管理者最值得花费心思考虑的。

一个团队离不开英明的制度，如果没有制度的约束，大家心底里的那点自私就会暴露无遗，为了维护各自的利益难免就会产生摩擦，使得每个人都觉得自己受到了不公平的待遇。而如果制定一个与大家的利益都息息相关的制度，那么对大家的行为有一个约束，使结果相对公平，每个人也都无话可说，这样就会把精力花在工作上。

当艾柯卡接管克莱斯勒汽车制造公司的时候，发现制度的缺乏使这个美国第三大汽车制造公司陷入了一片混乱当中，员工们各行其是，对管理者的指挥充耳不闻。于是艾柯卡便开始从制定公司纪律着手进行管理，之后，这种情况就逐渐好转起来。

**2. 领导者要善于用规则管理下属**

制度的制定是为了发挥其作用，如果制度制定出来根本无法实施，就说明这个制度是失败的。所以，一个严明的制度要符合以下两个条件：

（1）纪律是多数人都能够遵守得了的，即纪律要合情合理。反之，如果纪律不够合情合理，不仅不能够起到遵守纪律的目的，而且可能使职工产生对纪律的反感情绪，出现负面效应。

（2）有赏就有罚。由于所定纪律是符合大多数人的利益，是合情合理的，因而大多数人都能遵守。这时，如果只对遵守者给予奖励的话，就违背了奖励的差异性原则，从而达不到激励的作用。

所以，作为主管，要想管理好企业，首先就要检查企业是否有严明的纪律制度及是否在实际管理中严格实施。

当前的市场竞争已经深入到企业经营运作的各个层面，高效的管理水平对企业生存和发展有着决定性的意义。实践证明，科学的组织制度是保证整体管理效率的基础，企业拥有的制度体系是否科学与完善，往往决定着企业能否健康高效地运转。

管理者执法不能徇私舞弊，如因情枉法，不但不能严肃法纪，而且会使法律成为虚设，从而影响领导形象。

我国历史上汉武帝执法不徇私情的做法很值得后人学习。他的胞妹隆虑公主唯一的儿子昭平君娶汉武帝的女儿夷安公主为妻。隆虑公主病重时，拿出黄金千两、铜钱一千万为昭平君无人约束预赎死罪，皇上答应了。隆虑公主去世后，昭平君一天比一天骄横，后因醉中砍杀侍女，被关进牢狱。廷尉因为他是公主的儿子，请示皇上。左右近臣也趁机为昭平君说情，并提醒武帝说："以前公主交了赎罪钱，陛下都许可了。"汉武帝断然说道："法律是祖上制定的，为了妹妹的缘故而歪曲先帝的法律，我还有什么脸面进高祖庙呢！再说也对不起百姓呀！"于是批准依法处死昭平君。诏令下后，汉武帝悲哀得痛哭流涕，抑制不住自己，左右众臣也都很悲伤。这时侍诏东方朔走近前来向皇帝祝贺说："我听说圣明的君主治理国家，该赏的，不因为是自己的仇人就不奖赏；该杀的，也不因为是自己的近亲就放纵。《尚书》上说：'不偏不党，王道荡荡。'这是古代的五帝所重视的，连夏、商、周三代君主甚至都很难办到，陛下您却做到了，这是天下庶民的幸福！小臣东方朔举杯，冒着死罪连拜两拜，敬祝您万寿无疆！"皇上开始很生东方朔的气，听完他的解释，又很赞赏他，就任用他为中郎。

此事之后，汉武帝的名声更盛，其个人形象也越加高大了。

任何一个组织，都离不开严明的纪律，否则这个集体注定会成为一盘散沙。

在洛克菲勒即将退任时，当时有望成为继任者的有两位副总裁，其中一位是洛克菲勒的弟弟。在培养继任者的过程中，他从未因为其中一位是他弟弟，便对他有一些特殊照顾，给他一些特权。

在竞选过程中，他采用了公平竞争的原则，两位副总裁受到了平等的待遇。

其结果是，另外一位副总裁获得总裁职位，洛克菲勒的弟弟失败了。

洛克菲勒在他后来的回忆录中写到，他觉得他亏待了弟弟，弟弟帮助他打下了江山，但却没能继任公司的总裁之位。

洛克菲勒这种不拘亲情，平等对待下属的做法深受下属的尊敬。有一种倾向值得注意：有的领导把同下属建立亲密无间的感情和迁就照顾错误地等同起来，对下属的一些不合理，甚至无理的要求也一味迁就，这就走进了一个误区。尤其是在面对下属之间的纷争时，更应该公平一点，千万不要偏向某一方。有失公正，就会在下属之间引起恶劣的反响，对以后的工作会造成种种困难。因此，在处理内部问题时，一定要"一碗水端平"。

纪律的水平和你教育的水平一样，是由领导者决定的。如果你希望组织的成员尊重你，尊重他们自己，而且工作出色，你就必须教会他们这样做。做到这一点并不是瞬间能完成的，你也不能很快就泄气。

如果你的组织中纪律已经涣散，你应该怎么办？

（1）你应该树立一个好的榜样。如果你自己不能做到这一点，你永远也不要希望别人自觉遵守纪律。

（2）看纪律执行的情况。假如你公司的午餐时间限定在1个小时。许多年来，这个政策开始变化，不仅午餐时间超过了1个小时，就是最短的也有一两个小时。如果你是新领导，你必须下大决心改变这种状况。如果不是，那你就做不到，你需要研究这个问题。你可以将目前行动不能接受的所有原因都列出来。如它是在欺骗公司，缺乏敬业精神；它破坏了公司的形象；它给钟点工和年轻的经理们带了一个很坏的头等。

依据公司的规则进行处罚，可以降低薪水或者延长工作时间，甚至解雇屡犯不改的员工。这些措施都取决于你，但你要确保处罚时公平、合理。

单位的任何一项制度，在制定之前，你都要广泛征求大家意见，集思广益，尽可能做到合理。

在做好充分准备之后，将所有员工召集起来，向他们讲明问题和解决办法，并要准备回答问题。当你明白你要说什么时，有的员工才会认为你是正确的，并愿意支持你。

事实上，你会发现那些仍然维持规则的人对你的新政策很高兴。因为好多年以来，他们也感到不公正：那些拖延吃饭时间的人，也会耽误这些人的很多工作。

一旦你掌握了这个问题，就应该着手解决这一个问题。你想尽快改变这种状况，而且你也应该这样。另外，如果你太乐观而行动过快，也会招致很多不满，这种不满会延缓你的进度并带来新的问题。

但是，不管情况如何改变，你应该朝着正确的方向展开行动。

（3）你一旦决定有必要采取某个行动时，为了取得最好的效果，你就要坚决地执行并奖惩分明。

邓小平说过：制度好可以使坏人无法任意横行，制度不好可以使好人无法充分做好事，甚至会走向反面。制度建设是效能建设的根本保障，也是效能建设的主要内容。管理者要想把员工管理好，要想让企业得以发展，制度建设是关键。

总之，规章制度的建立、制定是随着生产的发展、企业的进步不断变革的，而不应该一成不变。一套完整、完善的规章制度，是一个领导者管理人才、使用人才的法宝。只有规章制度完善，才能使人们有章可循，有法可依，一旦触犯这些条例，就会遭到制裁。

一个有经验的领导，应善于用规则管理你的下属。没有规矩，不成方圆，规矩坏了，也会乱了分寸。所以只有制定良好的规章制度，执行才会更有效，领导才会使自己的管理更轻松，才会真正做到一切凭制度说话，一切按规则办事。

管理制度的制定不能仅仅源于管理者的主观期望，它必须得到管理制度约束的对象，即广大员工的认同才行。为什么企业的各项规章制度要与员工的利益和期望相适应，这是根源于管理制度的设计预期和执行成本必须紧紧依赖员工的认同这一理念。因此，只有消除了员工心目中存在的制度不公平不合理的想法，才能最大限度地使制度得以实施。

# 把执行力进行到底

计划，几乎每个企业、每个团队的管理者都不缺少，但是他们却总是没有得到计划中的结果，或者与结果相差甚远。为什么？因为他们没有执行到位，工作没有落到实处。作为一名管理者，首先就应该为自己的下属做出榜样，把工作落到实处，获得计划中的结果，这样才能带动下属，帮助他们把工作落到实处。

曾经有一位非常著名的运动员想写一本传记，其选材既有趣又少见，非常诱人，专门讲述一个专业运动员自小奋发拼搏，最终为国家赢得荣誉的动人故事。这位运动员也有相当不错的文学造诣，文笔十分生动，名气也很大，这个计划将会帮助他取得更大的成就、名誉、声望与财富。可是一年过后，他仍旧没有动手，最后解释说，他太忙了，还有许多更为重要的事情等着他去处理呢，于是就这样浪费了一个很好的机会。到最后，这本传记仍旧只是一个想法，从未落到实处。

这自然不是我们愿意看到的结果，没有结果的事情，我们宁可不做，也不能去浪费时间。这样不仅仅对自己没有任何好处，而且还会削弱自己的领导能力，使得管理者对下属失去了号召力。作为一名管理者，你必须牢牢把握的一点就是：执行你的工作的时候需要把它落到实处。如果只是沉浸在不切实际的幻想之中，而不是愿意脚踏实地的付诸行动，那么再美丽的幻想也永远只能是幻想。

从前有一座山，山上有两个和尚。一个和尚很有钱，每天过着非常舒服的日子；而另一个和尚却很穷苦，每天除了念经做法事之外的时间，就得去山下化缘，日子过得很清苦。

有一天，穷和尚对富和尚说："我想去印度拜佛，求取佛经，你看这件事怎么样？"

富和尚对他说："路途那么遥远，你究竟要怎么去呢？"

和尚说："我只要一个钵、一个水瓶和两条腿就足够了。"

富和尚听完哈哈大笑，说："不瞒你说，我也曾想去印度，而且有这想法都很长时间了，一直没能成行的原因是各个方面的条件还不成熟，简单来说，旅费不够、交通工具还没有准备好等。我的条件比你好这么多，我都去不了，你又怎么去得成？"

过了三年，穷和尚从印度回来了，还带了一些从印度买来的礼物来送给富和尚。富和尚看到穷和尚果真达成愿望，惭愧的面红耳赤，一句话也说不出来。

如果不能把执行落到实处，结果就会和上述故事中的富和尚一样，一事无成。不过如果你具备了穷和尚的工作态度，能够将执行落到实处，或许你得到的结果也会和他一样，达成所愿。

在人寿保险事业里，对于一年卖出100万元以上的人设有非常光荣的特别头衔，叫做"百万圆桌"。而孟列·史威济正是拥有这一光荣称呼的人，促使他获得这一荣誉的原因就是他能够将执行落实到实处。

史威济非常喜欢打猎和钓鱼，他最喜欢的生活是带着钓鱼竿和猎枪步行50英里到森林里，过上几天以后再回来，虽然每次都是筋疲力尽，满身污泥，但是却快乐无比。

这类嗜好给他带来的唯一不便的是，他是个保险推销员，打猎钓鱼太花费时间。有一天，当他依依不舍地离开心爱的鲈鱼湖准备回去工作的时候，突发奇想：在这荒山野地里会不会也有居民需要保险？那他不就可以同时工作又能在户外逍遥了吗？有了想法就赶快执行，并且将执行落到实处，这是他多年以来养成的良好习惯。经过调查，他发现果真有这种人：他们是阿拉斯加铁路公司的部属，他们散居在沿线500里各段路轨的附近。他想：自己是否可以沿铁路向这些铁路工作人员、猎人和淘金者出售保险呢？

史威济就在想到这个主意的当天开始积极计划。他向一个旅行社打听清楚以后，就开始整理行装。他并没有停下来让恐惧乘虚而入，自己吓自己会使以后认为自己曾经的主意显得很荒唐，以为它可能失败。他也不左思右想找借口，他只是搭上船直接前往阿拉斯加的"西湖"。

史威济沿着铁路走了好几趟，那里的人都叫他"步行者史威济"，他竟然成为了那些与世隔绝的家庭最欢迎的人。同时，他也代表了外面的世界。不但如此，他还学会理发，替当地人免费服务。他还无师自通地学会了烹饪。由于那些单身汉吃厌了罐头食品和腌肉之类的食物，他的手艺当然使他变成最受欢迎的贵客了。而与此同时，他也正在做一件自然而然的事，自己想做的事：徜徉于山野之间、打猎、钓鱼，并且像他所说的"过史威济的生活"。

将执行落到实处可以改变一个人的工作态度，使他由消极转为积极，使原先可能糟糕透顶的一天变成愉快的一天。如果下定决心将执行落到实处，往往会激发潜能，往往会使你最热望的梦想也实现。"将执行落到实处"可以影响你工作中的每一部分，它可以帮助你去做该做而不喜欢做的事；在遭遇令人厌烦的职责时，它可以教你不推脱拖沓，使你取得事业的成功。此外，将执行落到实处可以治疗恐惧。美国著名心理学家——史华兹博士提到以下这个例子：

曾有一位 40 岁左右的经理人员苦恼地来见我。他负责一个大规模的零售部门。他很苦恼地解释："我怕会失去工作，我有预感我离开这家公司的日子不远了。"

"因为什么呢？"

"因为统计资料对我不利。我这个部门的销售业绩竟然比去年降低了7%，这实在很糟糕，特别是全公司的总销售额增加了6%。而最近我也做了许多错误的决策，商品部经理好几次把我叫去，责备我跟不上公司的进展。"

"我从未有过这样的恐惧，"他继续说，"我已经丧失了掌握局面的能力，我的助理也感觉出来了。其他的主管也觉察到我正在走下坡，好像一个快要淹死的人，这一群旁观者站在一边等着看我一点一点淹没。"

这位经理不停地陈述种种困局。最后我打断他的话问道："你采取了什么措施？你有没有努力去改善呢？"

"我很希望能改变现状，但是我没有勇气去执行我的工作计划。"

我反问："只是希望就够了吗？"我停了一下，没等他回答又接着问："为什么不将执行落到实处来支持你的希望呢？"

"请继续说下去。"他说。

"只有一种行动可行。那就是将你制订的执行计划落到实处，你只有去做了才能知道结果，才能帮助你克服恐惧。你要知道这是你必须采取的措施。我并不能准确指出如何帮助你提高营业额的方法，但是总会有方法的。"

这时他的眼神又露出勇气与坚定，说："我想我知道应该怎么做了。"

没过多久，这位一度遭受挫折的经理打电话给我。"我们上次谈过以后，我就努力去将执行落实。我所采取最重要的步骤就是改变我的销售员。我以前都是一周开一次会，现在是每天早上开一次会，我真的使他们又充满了干劲，大概是看我有心改革，他们也愿意更努力。"

"我们上周的营业额比去年高很多，而且比所有其他部门的平均业绩也好很多。这里的一切又变得十分美好。"

作为一名管理者，我们有必要知道"将执行落到实处"对你的领导工作具有帮助作用，它是对付"弱领导力"的良方。

可见，作为管理箴言，"看""想""说"，最终都是为了"做"，只有"做"，才能把所有的想法、计划得以落实，真正实现企业的永续经营！